ERSTES BUCH

Am Anfang taucht das Schuhgeschäft auf

Heute, am 30. Januar 1997, im Alter von 89 Jahren, beginne ich, einige mir in Erinnerung gebliebene Episoden zu schreiben. Ich weiß, das meiste ist meinem Gedächtnis verloren gegangen. Zu spät. Und doch, ich bin davon überzeugt, diese meine Kinder- und Jugendwelt mit ihren heiteren und oft so tragischen Begebenheiten ist es wert, beschrieben zu werden. Diese Welt ist auf schreckliche Weise untergegangen, nein, sie wurde ermordet.

Beginnen wir mit meinen Eltern. Mein Vater, Moritz Hirsch, im März 1867 in Witten an der Ruhr geboren, hatte eine Schwester, Johanna, und zwei Brüder, Albert und Salomon, genannt Salli. Ich bin nie in Witten gewesen, nur aus den Erzählungen meines Vaters weiß ich von dem kleinen Schuh- und Bekleidungsgeschäft meiner Großeltern, das in der Mitte des Ortes seinen Platz hatte, nicht weit von den Kirchen, der evangelischen, der katholischen und der Synagoge. Auch hörte ich von einem Gußstahlwerk dort und zwei Glasfabriken. Mein Vater, der rührigste und intelligenteste der Geschwister, verließ bald die heimatliche Stadt. Er war, das hat er oft erzählt, Lehrling in Essen in einem Konfektionshaus. Hier begann die Freundschaft mit einem anderen jungen Mann, der auch Moritz hieß, allerdings Moritz Samson. Daß er später einmal sein Schwager werden sollte, stand damals vielleicht schon in den Sternen.

Von Anfang an taucht das Schuhgeschäft in meiner Erinnerung auf. Es ist merkwürdig, die Schuhe, und zwar die Schu-

Meta Hirsch

he als Ware, haben mich von meiner Kindheit an begleitet. Der angenehme Duft der Lederschuhe hat mich lange Zeit nicht verlassen. Mein Vater hatte in Krefeld in der Hochstraße, Ecke Dreikönigenstraße ein Schuhgeschäft, in diesem Hause bin ich zur Welt gekommen. Und ebenso merkwürdig, alle meine Ver-

Die Eltern Meta und Moritz Hirsch, August 1905

wandten hatten mit Schuhen zu tun. Ja, ich stamme aus einer wohlbehüteten, wohlhabenden jüdischen Kaufmannsfamilie vom linken Niederrhein. Meine Eltern waren Freidenker, doch sie blieben der Synagogengemeinde verbunden. Mein Vater, ein sehr lebenslustiger Mann, der mehr Interesse für seinen

Garten, für Geselligkeit, für seine Bildersammlung und auch für seinen Weinkeller hatte als für sein Geschäft, starb verhältnismäßig früh.

Oft erzählten mir meine Eltern, wie mein Vater als Junggeselle in dem belgischen Modebad Ostende einem gewissen Moritz Samson begegnete. Sie kannten sich ja aus ihrer Lehrlingszeit. Jetzt führte Herr Samson ein angesehenes Schuhhaus in Essen. Ganz besonders fand mein Vater Wohlgefallen an der jungen und charmanten Frau des Moritz Samson, Elli. Und während eines Spaziergangs auf der Strandpromenade bedauerte Moritz Hirsch, der Charmeur und Junggeselle, daß er zu spät gekommen sei, Frau Elli hätte er vom Fleck weg geheiratet. Aber leider, eben zu spät.

Dann sagte er spielerisch: »Wenn Sie eine jüngere Schwester hätten ...«. Wie der weitere Ablauf dieses Gespräches war, wurde mir nie mitgeteilt. Aber das Resultat lag ja auf der Hand.

Es gab also wirklich diese eine jüngere Schwester, unverheiratet. Sie wohnte noch in dem Stammhaus der Samsons in der Kettwiger Straße in Essen. Und von ihr, meiner Mutter Meta Samson, wurde mir immer wieder die rührende Geschichte erzählt: Als beide noch klein waren, saßen die beiden, Elli und Meta, gemeinsam in ihrem Kinderstühlchen vor dem Wohn- und Geschäftshaus. Damals war Essen noch eine Kleinstadt. Die Krupps hatten gerade erst angefangen, eine Gußstahlfabrik zu bauen.

Die beiden Schwestern waren unzertrennlich, und die Kinder, die mit ihnen spielten, betrachteten sie als eine Einheit. Je nachdem, wer gemeint war, redeten sie nur von der großen oder der kleinen Elli-Meta.

Ihr Bruder Willy erbte das Stammhaus der Samsons. Und er führte das Schuhgeschäft an der Kettwiger Straße bis zum Jahr 1938. Ich muß mich korrigieren: Die Kettwiger Straße, als eine Hauptgeschäftsstraße in Essen, wurde nach 1933 eiligst umbenannt: Nun hieß sie Adolf-Hitler-Straße.

Der Lebensbaum.
Einige Jahre nach der Geburt von Rudolf Hirsch ließ sein Vater einen Lebensbaum anfertigen in Anlehnung an die Sprüche Salomon, Kapitel 3, Verse 13 und 18: Glücklich der Mann, der Weisheit gefunden, der Mensch, der Einsicht verlangt! Wer nach ihr greift, dem ist sie ein Lebensbaum. *Und Kapitel 13, Vers 12:* Hingehaltene Hoffnung macht krank das Herz; ein Lebensbaum ist aber erfülltes Verlangen. *Das Haus unten im Stamm symbolisiert den Bund der beiden Familien Samson und Hirsch. Auf der Tafel darüber ist der Name Hirsch in hebräischen Lettern eingeschrieben. Am rechten unteren Zweig der Früchte befinden sich die Lebenskreise für die beiden Kinder von Moritz und Meta Hirsch, geborene Samson, Liesel und Rudolf.*

Die Brüder meines Vaters

Mein Vater sorgte dafür, daß seine beiden Brüder, Albert und Salomon, in größeren Städten des Rheinlands auch Schuhgeschäfte gründen konnten. Für Salomon fand er in Remscheid an der Alleestraße 4 einen Platz. Im Gedenken an den Vater wurde das Geschäft Schuhhaus L. Hirsch genannt. Das L stand, wie in Krefeld, für meinen Großvater Lefman Hirsch.

1938 trat Herr Joh. Dietrich an. Und er zeigte an: »Schuhhaus L. Hirsch arisch.« Das Wort Arisch fettgedruckt und unterstrichen.

Der Einwohnerschaft des Bergischen Landes gestatte ich mir mitzuteilen, daß ich das Schuhgeschäft L. Hirsch in Remscheid käuflich übernommen habe. Ich zeige Ihnen gern meine große Auswahl in Damen-, Herren- und Kinderschuhen, die ich für jeden Geschmack in bester Qualität und zu annehmbaren Preisen führe.

»Seine« große Auswahl. Und die Alleestraße, eine wichtige Geschäftsstraße, hieß nun auch Adolf-Hitler-Straße.

Für Albert, den Ältesten, hatte mein Vater in Barmen ein geeignetes Geschäft gefunden. Eigentlich hatte Albert das große Los gezogen. Gerade die Doppelstadt Barmen-Elberfeld, später nur Wuppertal genannt, begann damals aufzublühen.

Eines Tages stellte der Junggeselle Albert seinem Bruder Moritz Hirsch seine erwählte Braut vor. Meine Tante Marie. Mein Vater mochte sie nicht. Allein der Gedanke, daß sie nicht aus dem rheinisch-westfälischen Milieu stammte, sondern aus Fürth, stimmte ihn fast melancholisch. Er war ein rheinisch-westfälischer Patriot. Alles, was außerhalb dieser seiner engeren Heimat lag, besonders in östlicher Richtung, aber auch in Schwaben und Bayern, hielt er für fragwürdig, ja fast anrüchig.

Bereits die erste Begegnung mit seiner neuen Schwägerin bedeutete für meinen Vater eigentlich schon die Katastrophe. Alle seine Vorurteile fand er an dieser Frau bestätigt. Bei ihrer Vorstellung in Krefeld kam, statt einer Umarmung oder einer herzlichen Begrüßung, die Bemerkung: »Sieh mal Albert, was Moritz für eine schöne Krawatte trägt.« Damit hatte sie jede Sympathie bei meinem Vater verloren.

Abraham Hersch

Mein Urgroßvater liegt bei Vallendar am Rhein begraben. Oben, auf einer Anhöhe, ging ich neulich über den verlasse-

Das Grab des Urgroßvaters Abraham Hersch auf dem jüdischen Friedhof bei Vallendar.

nen jüdischen Friedhof. Ich suchte seinen Grabstein und fand ihn sogar. Lange blieb ich dort. Es war ein lauer Frühlingstag. Weit unten spiegelte sich die Sonne im Rhein, das Bild eines lieblichen Friedens. Ich dachte nach über Abraham Hersch.

Mein Vater hatte mir einmal erzählt, er sei ein Metzger gewesen. Für mich hatte Abraham Hersch etwas Geheimnisvolles. Schon sehr früh hatte ich versucht, seinen Spuren nachzugehen. Ich stöberte in der Städtischen Bibliothek und fand *Die actenmäßige Geschichte der verschiedenen Räuberbanden an den beyden Ufern des Rheines.* Dieses Buch aus dem Jahr 1804 beflügelte meine Phantasie.

Da gab es also zu der Zeit meines Ururgroßvaters auch jüdische Räuberbanden. Von einem Herz Hirsch mit seinen zwei

Söhnen war die Rede. War er vielleicht mein Ururgroßvater? Und war Abraham einer dieser Söhne? Ich las, wie an vielen Orten manche Räuber bei den Einwohnern Schutz und Unterkunft fanden. Mein kindliches Gemüt fühlte sich dadurch bestätigt: Es muß schon so gewesen sein, daß unter all diesen grausamen Leuten, die raubten und mordeten, auch die gerechten Räuber waren, die das geraubte Gut der Reichen an Arme verteilten. Oder gehörten Herz Hirsch und sein Sohn Abraham etwa zu der Räuberbande des berühmten Schinderhannes, dem nachgesagt wurde, daß er von den Reichen nahm und den Armen gab? Natürlich konnten Herz Hirsch und Abraham nur bei diesen Gerechten gewesen sein. Und beide, kühn und schnell, klug und jeder Polizei überlegen, wurden nie gefaßt. So tauchten sie in keiner Akte als Angeklagte und Verurteilte auf.

Ich hatte damals nicht versucht, irgend jemandem meine Entdeckung über meinen Ururgroßvater und meinen Urgroßvater mitzuteilen. Ich war sicher, nicht einmal Nelly, unser Kindermädchen, mit der ich sonst manches Geheimnis teilte, würde meine Forschungen begrüßen. Raub und Mord paßten nicht in ihr frommes Weltbild.

Nelly

Ungefähr drei Monate nach meiner Geburt, im Februar 1908, war Nelly zu uns gekommen. Im Krefelder »Generalanzeiger« hatte meine Mutter eine zuverlässige Hilfe gesucht. In der Anzeige hieß es, die Gesuchte sollte sich um die Kinder kümmern. Das kleine Mädchen sei anderthalb Jahre alt, das Söhnchen drei Monate. Zweierlei erwartete meine Mutter: Kinderliebe und Kochkunst.

Eine junge Holländerin meldete sich. Sie wohnte nahe an der Grenze, in dem kleinen Dorf Mook-Middelaar. Sie entschuldigte sich, ihr Deutsch sei nicht perfekt. Es muß etwas Eigenartiges von ihr ausgegangen sein, wie sie da bescheiden und doch selbstbewußt auftrat. Und ihr gefiel, wie Herr Moritz Hirsch aus seinem Büro im Schuhgeschäft herauskam, um sie zu begrüßen. Er fragte, ob sie wirklich gut kochen könne. Immer hatte er ein freundliches, witziges Wort bereit. Und er behauptete, wichtiger als eine gelungene Speise sei jedoch gutes Schuhwerk. Man könne dann, ohne Schaden an den Füßen zu nehmen, dorthin laufen, wo etwas Anständiges zum Essen aufgetischt würde.

Seine Art, wie er Menschen zum Lachen brachte, war angenehm. Er lachte nie auf Kosten anderer. Nelly wies bescheiden, aber deutlich darauf hin, sie sei streng katholisch, sie habe ihren Eltern versprochen, an keinem Sonntag die Messe zu versäumen. Doch das würde die Herrschaften nicht stören, denn sie sei es von zu Hause gewohnt, immer schon in aller Frühe zur ersten Messe zu gehen.

Das Gärtnerhaus.
Gegenüber vom Stadtwald im Grundstück Hüttenallee, genannt Marienhof (von späteren Eignern abgerissen).

Mein Vater sagte, er habe keine Vorbehalte gegen ihren Glauben. Und meine Mutter erklärte: Wir gehören der jüdischen Religion an, aber ich werde dafür sorgen, daß am Freitag kein Fleisch auf den Tisch kommt, nur Fisch.

Außerdem war von einem Grundstück mit Gärtnerhaus die Rede, dort würde man jedes Jahr den Sommer verleben. Für das Anwesen seien zwei Gärtner angestellt, mit denen werde sie wenig zu tun haben, es sei denn zur Zeit der Ernte, der Zeit für Apfelkraut.

Später mußte ich mich in Gegenden aufhalten, wo kein Mensch wußte, was das sei: Apfelkraut. Wie oft fragten mich Unwissende, ob das wohl eine besondere Art von Sauerkraut sei, etwa Kohl mit Äpfeln. Jedesmal hatte ich zu erklären: Kein Kohl ist hier im Spiele. Ich sage es an dieser Stelle, wie Nelly das Apfelkraut bereitet hat:

Sie wußte, wie jeder Erfahrene, nur die Mischung von Äpfeln und Birnen ergibt den echten Geschmack. Nelly und die Mädchen zerschnitten die ungeschälten Früchte. Jetzt stellten sie den großen Kessel mit den Apfel- und Birnenstücken und etwas Wasser auf den Herd. Zucker gehörte nicht hinein. War alles weichgekocht, wurde der Saft ausgepreßt. Erst dann begann die Umwandlung zum Apfelkraut. Der Saft mußte gedämpft werden, bis er wie Sirup wurde. Es konnte nichts besseres zum Frühstück geben als Apfelkraut auf Rosinenbrot, das man bei uns Bauernplatz nannte.

Nelly Wellens wollte die Kinder sehen. Allein schon die Behutsamkeit und Zärtlichkeit, wie sie sich uns näherte, gefiel meiner Mutter und überzeugte sie, die Richtige gefunden zu haben.

Fräulein Nelly, wie sie allgemein genannt wurde, fand sich schnell in der Küche zurecht. Es zeigte sich, sie konnte wirklich ausgesuchte Speisen zubereiten. Ich erinnere mich an ihre Eierkuchen, die es zur Zeit der Sauerkirschen gab. Ihr gelang die Kunst, die entsteinten Früchte so einzubacken, daß beim Wenden kein Saft herauslief. Aber eigens für mich, jedesmal zu meinem Geburtstag, bereitete sie den Fasan mit ihrer un-

Meta Hirsch mit Liesel, 1906

vergleichlichen Füllung aus Kastanien, Mandeln, Pistazien und Sultaninen, die sie dem in Milch aufgeweichten Weißbrot zufügte. Auf meinen besonderen Wunsch wurden dazu Erbsen gereicht, das sonst übliche Sauerkraut als Beilage schmeckte mir nicht.

Es gab keinen Sonntag, an dem sie nicht zur Messe ging. Sie verreiste in den Ferien gern allein mit uns Kindern, aber nur, wenn sie die Gewißheit haben konnte, am Ferienort würde in einer katholischen Kirche die Messe zelebriert. Auch war es wichtig, daß tatsächlich, wie Mutter es am ersten Tag versprochen hatte, jeden Freitag, genau nach katholischer Regel, Fisch auf den Tisch kam. Ich bin überzeugt, die Art, wie meine Mutter Rücksicht auf ihren Glauben nahm, hat Nelly am meisten beeindruckt. Die jüdischen Speisegesetze wurden nicht beachtet. »Milchding und Fleischding« zu mischen, nach dem Ritus streng untersagt, wurden in einen Topf geworfen. Auch vom verbotenen Schweinefleisch gab es dann und wann zu kosten. Ich sehe es noch vor mir, nach dem Frühstück ging meine Mutter in die Küche zu Nelly. Ein großer Raum. Die Wände mit weißen Fliesen, auf denen blaue Schiffe segelten. Hinter der Küche ein kleiner Vorratsraum. Von hier aus konnte man auf die Veranda gehen. Dort haben wir bei gutem Wetter mittags und abends gegessen. In der Frühe wurde ausführlich beraten, wie das Mittagsmahl gestaltet werden sollte. Meist kaufte Nelly auch ein. Und, es kann nicht oft genug gesagt werden, sie war eine geniale Köchin.

Im Sommer verließen wir, die Eltern, meine Schwester Liesel und ich, Nelly und das Zweitmädchen, die zweite Etage des Geschäftshauses Hochstraße, Ecke Dreikönigenstraße und zogen in das Gärtnerhaus nach Marienhof. Der Gärtner mit seiner Familie bekam in dieser Zeit drei Zimmer in der dritten Etage des Geschäftshauses. Das weite Grundstück in der Hüttenallee, dem Stadtwald gegenübergelegen, war schon auf diese Bezeichnung eingetragen, als mein Vater es erworben hatte. Von den elf Morgen trennte er nach einem Jahr zwei ab und verkaufte sie mit glücklicher Hand. Die zwei Morgen brachten ungefähr soviel ein wie ihn die verbliebenen neun gekostet hatten.

An der Seite zur Hüttenallee stand das Gärtnerhaus im Schweizer Stil. Damals war es noch ohne Wasseranschluß. Für mich hatte die große grüne Pumpe eine besondere Anziehungskraft. Das Wasser, das ich mühsam ans Licht holte, schmeckte mir kühl und seidenweich. Der Schäferhund Prinz

Meta und Moritz Hirsch im Park Marienhof, um 1906

im Zwinger neben der Pumpe war mein Freund. Er war stolz und ließ sich nicht mit jedermann ein. Doch wenn er mich kommen hörte, sprang er am Gitter hoch. Er wußte, ich brachte immer ein Stück Hundekuchen mit. Dann erlöste ich ihn aus dem Zwinger, und wir beide gingen gemeinsam durch den Park.

Der weiträumig eingezäunte Gemüsegarten neben dem Gärtnerhaus interessierte uns nicht besonders. Wir machten uns auf Inspektionsreise. Die lange Ulmenallee entlang zur alten Pappel, an deren Stamm Efeu emporrankte. Im Frühjahr begutachteten wir auf der Obstwiese die Blüten der Apfelbäume, der Birnbäume und der Pflaumenbäume, ob sich schon der Fruchtansatz zeigte. Am Teich, etwas oberhalb, war eine künstliche Grotte angelegt, dort blieben wir und beobachteten die Enten und Gänse.

Die Enten waren unzuverlässig im Brutgeschäft. Unsere Hühner mußten auch die Enteneier ausbrüten. Immer war es ein Ereignis, wenn plötzlich die kleinen Enten zum Wasser strebten und dort schwammen. Die Hühnermütter liefen aufgeregt am Ufer auf und ab.

Wenn der Sommer heiß war, badeten wir Kinder im Teich. Der Schlamm störte uns nicht. Wir wußten, Nelly würde am Ende unseres Schwimmvergnügens mit der Gießkanne kommen und reines Wasser über uns laufen lassen. Zur Herbstzeit, wenn begonnen wurde, die Karpfen herauszuholen, mußten auch sie eine besondere Prozedur über sich ergehen lassen, bevor sie zur Küche zugelassen wurden. Drei Tage lang wurden

Liesel und Rudolf Hirsch, 1908

die noch lebenden in einen großen Bottich mit klarem Wasser gesetzt, sie sollten sich selbst reinigen.

Ich erinnere mich auch, daß Nelly einmal eine große Badewanne vor das Gärtnerhaus stellte und uns beide, Liesel und mich, hineinsteckte. Wir waren glücklich. Überhaupt: Es war eine unbeschwerte Kindheit.

Nelly, ach Nelly. Sie war ungefähr so alt wie meine Mutter. Sie hätte glücklich sein können. Aber ein Geheimnis bedrückte sie. Sie mußte ihren Eltern und ihren Schwestern verschweigen, daß sie in einer jüdischen Familie ihre Anstellung gefunden hatte. Es waren völlig getrennte Welten. Sie wünschte auch nicht, daß wir sie in den Ferien im elterlichen Hof in Mook-Middelaar in der nahegelegenen Provinz Limburg besuchten.

Nelly war Holländerin mit Leib und Seele. Sie redete mit uns in ihrem Gemisch aus holländisch und deutsch. Manchmal sagte sie: »Da dachte ich in mein Eigen.« Ihre Worte klangen für mich fremd und gleichzeitig vertraut. Liesel und ich hingen an ihr. Wir wurden von ihr erzogen. Und die ersten Lieder, die wir lernten, waren aus ihrem Land, in ihrer Sprache.

Selten gab es Differenzen zwischen meiner Mutter und ihr, dann aber standen wir immer auf Nellys Seite und weinten herzzerreißend mit ihr. Sie war eine stattliche Frau, hochgewachsen, und sie hatte auch einen Verehrer, Alfons. Wir haben ihn nie zu Gesicht bekommen. Ich glaube nicht, ja, ich halte es für unmöglich, daß sie mit ihrer streng katholischen Seele ihm mehr als einen Kuß gewährte. Ausgeschlossen. Eine Heirat hatten ihre Eltern ihr und ihren Geschwistern verboten, denn der kleine Hof sollte nicht geteilt werden. Und so hatte sich Nelly wegen dieser nicht lösbaren Teilung eines zu kleinen Bauernhofs schließlich von ihren Geschwistern getrennt und in Krefeld als Kindermädchen und Köchin bei uns eine Stellung gefunden.

Die ganze Zeit, beginnend 1908, hat Nelly in unserem Haus regiert. Sie blieb bei meiner Mutter, als ich in die Emigration mußte. Und sie war bei meiner Mutter bis zum bittren Ende, bis Meta Hirsch 1942 abgeholt wurde.

Liesel, 1909

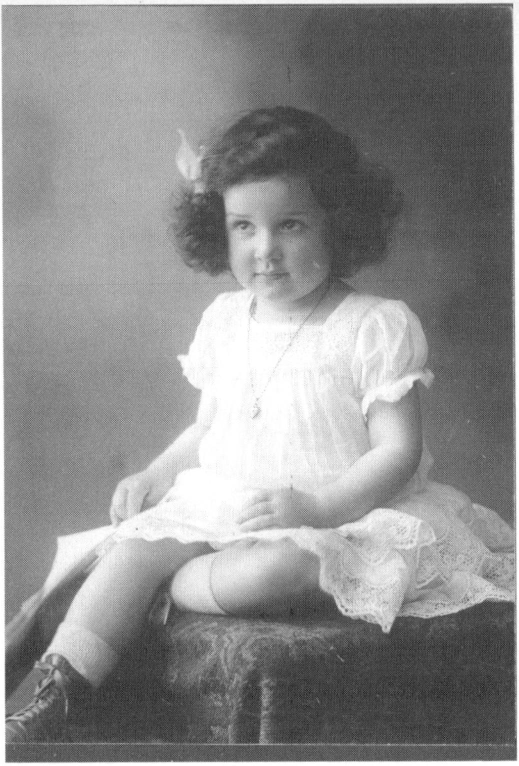

Im Februar 1946 antwortete mir Nelly aus Middelaar auf meinen Brief aus Tel Aviv in ihrem mir so vertrauten Sprachgemisch. Ihrem Brief gab sie die Anrede: *Mein lieber Rudolf.* War ich doch auch wie ihr Kind. Sie schrieb mit Genugtuung, daß *die Moffen* nun in Nürnberg ihre Strafe bekommen würden. Die deutschen Nazis wurden in den Niederlanden allgemein als *Moffen* bezeichnet. Und das bedeutete: gefühllose, beschränkte Menschen. Nelly war mit ihrer Familie von neun *Moffen* nachts abgeführt und nach Deutschland gebracht worden. Als sie schließlich nach dem Sieg über die *Moffen* wieder nach Middelaar kamen, fanden sie sich im zerstörten Ort nicht zurecht. Die Deutschen hatten noch im September 1944 Mook-Middelaar mit Granaten unter Beschuß genommen.

Die Zurückgekehrten mußten sich erkundigen, wo sie denn gewohnt hatten. Und Nelly fragte mich in diesem Brief aus dem Jahre 1946:

Die liebe Mutter, wo ist sie denn?

Ik weet heele niest van alles. (Ich weiß gar nichts von allen.) *Schreib mir bitte alles.*

En mein Liske, wo ist die dan? (Und meine Liesel, wo ist sie denn?)

Das Haus des Vaters

Kaum hatte ich die Kunst des Lesens und Schreibens gelernt, wurde ich ein neugieriger Zeitungsleser. Meine Eltern hielten damals mehrere Journale. Meine Mutter bestand auf der täglichen Lektüre des »Berliner Tageblatts«. Sie wollte wissen, was in Berlin im Theater gespielt wurde, welche Bücher man unbedingt lesen müßte, Ratschläge für die Kindererziehung interessierten sie, auch die wöchentliche Beilage »Haus, Hof und Garten«. Und sie legte Wert auf den »Generalanzeiger für Krefeld und den linken Niederrhein«. Sie wollte über die lokalen Ereignisse in unserer Heimatstadt unterrichtet sein. An jedem Samstag erschien auf der Seite drei unten – Journalisten nennen das den Keller – die Spalte »Kreuz und Quer«, unterschrieben von Diogenes. Hier begegnete mir zum ersten Mal die Kunst, lokale Ereignisse mit ironischer Distanz zu betrachten. Diogenes kannte sich aus im Stadtparlament, im Theater, beim Sport, er wußte, wie es nach den Ferien beim Schulanfang war, er verstand die Sorgen der kleinen Leute. »Wie so teuer der Kaffee, und wie so rar das Geld«, sagt Heinrich Heine. So etwas müßte ich später auch einmal versuchen, war mein heimlicher Wunsch. Aber wie würde ich je Zutritt zur Redaktion eines »Generalanzeigers« bekommen? Unmöglich.

Im »Ulk« mit seinen hervorragenden Karikaturen fand ich politische Satiren von Kurt Tucholsky. Später las ich mit Herzklopfen im »Tageblatt« die brillanten Leitartikel des Chefredakteurs Theodor Wolff, die Essays von Rudolf Olden und die Theaterkritiken von Alfred Kerr. Einige seiner Wortspiele habe ich nicht vergessen, so eine Bemerkung, frei nach Goethe: »Von Zeit zu Zeit seh' ich den alten Gerron«, den Schauspieler Kurt Gerron. Die Nazis ermordeten auch ihn, der im »Blauen Engel« den Tingeltangeldirektor gespielt hatte. Und über ein ihm nicht zusagendes Stück von Franz Werfel schrieb Kerr in einer Kritik: »Der Werfel ist gefallen.«

Mein Vater, als wohlhabender, liberaler Geschäftsmann, las täglich die »Kölnische Zeitung«. Er studierte dort den politischen Teil. Vor allem wollte er schnell und zuverlässig über die neuesten Börsenkurse unterrichtet sein. Ein Spekulant war er nicht, jedoch das Geld, das im Geschäft nicht gebraucht wurde, sollte möglichst sicher und gewinnbringend angelegt werden. Und er war ein Liebhaber schöner Bilder. Er sammelte mit großem Kunstverständnis Gemälde alter Meister. Von den neuen Meistern bevorzugte er die Künstler der Düsseldorfer Malerakademie.

Ein einziges von all den Bildern hat mich von meiner Kindheit an durch mein Leben begleitet. Meine Mutter schickte es mir in die Emigration nach Palästina. Jetzt ist es hier bei mir in meiner Wohnung in Berlin, ein kleines Ölgemälde auf Holz »Dunkle Grotte mit Schmetterlingen« von einem unbekannten niederländischen Meister. Für mich hatte dieses Bild immer etwas Geheimnisvolles. Eine Eidechse sitzt tief unten in der Grotte auf einem Stein, sie hat ihren Kopf erhoben und blickt hinauf zu einem schmalen blauen Lichtschein. In ihrer Nachbarschaft sind zwei Schnecken zu sehen. In der Mitte des Bildes erscheint eine fremdartige rötliche Frucht, dem Granatapfel ähnlich. Im Vordergrund blüht ein Gänseblümchen, das von einem Marienkäferchen besucht wird. Nelly, die eine Ahnung von verborgenen und geheimnisvollen Dingen hatte, sagte mir, wenn eine Eidechse alt und erblindet ist, wendet sie sich zur aufgehenden Sonne und wartet, bis sie wieder sehen kann. Aus der Tiefe ihres christlichen Glaubens wußte sie, die Eidechse ist ein Symbol der Auferstehung wie die Schnecke, die im Frühling aus ihrem Gehäuse kommt. Auch die drei weißen Schmetterlinge auf dem Bild gehörten zu ihrem Auferstehungsglauben, sie sollten an die Unsterblichkeit der Seele erinnern. Über den Granatapfel, das Zeichen hingebungsvoller, aufopfernder Liebe, schwieg sie.

Als viele Jahre später ein gelehrter Besucher in Tel Aviv in meiner Wohnung in der Pinsker Straße 31 das Bild eingehend betrachtete, erfuhr ich, daß der Granatapfel als Symbol eine besondere Funktion beim schützenden Aufbewahren der Thora hatte. Zum Aufrollen der Belehrungen Gottes dienten zwei Stäbe, sie wurden »Baum des Lebens« genannt. An den Enden waren zur Zierde silberne Granatäpfel angebracht.

Mein Vater gehörte zu den Armenpflegern. Einmal im Jahr ereignete sich die festliche Versammlung aller Armenpfleger. Wie sie für die Armen gesorgt haben, wußte ich damals nicht so genau. Ich nahm an, sie versorgten Bedürftige mit Schuhen und Kleidern und warmen Decken im Winter. Sicher halfen sie auch Leidenden bei schweren Erkrankungen und gaben den Hinterbliebenen bei plötzlichen Sterbefällen Trost und Beistand. Die Jahresfeierlichkeit wurde bei uns ausgerichtet, wir stellten das Essen, einer hatte ein Delikatessengeschäft und stiftete Wein. Die Armenpfleger waren eben auch Leute, die gern gut aßen und tranken. Mein Vater bevorzugte den Rheinwein. Sekt oder Kognak kamen nicht ins Haus, das waren Getränke für die »Gesellschaft Möchtegern«, für Emporgekommene.

Seine Leidenschaft gehörte dem Garten, wie er es nannte. Es war der Park mit vielen großen alten Bäumen, mit dem Teich, der Grotte und der Laube. Im Frühjahr 1914 hatte er vor, im Marienhof ein Haus zu bauen, dann könnten wir alle das ganze Jahr über in dieser geliebten Gegend bleiben.

Ein Architekt war schon bestellt, um eine wunderbare Villa zu entwerfen. Auch wir, Liesel und ich, bekamen die Pläne zu sehen. Darüber wurde es August. Der Erste Weltkrieg begann. Mein Vater wollte sogar mit dem Hausbau anfangen. Aber der Architekt sagte: »Herr Hirsch, der Krieg dauert höchstens sechs Wochen, und danach wird alles viel billiger. Warten Sie ab.«

Er wartete, im guten Vertrauen auf den Kaiser, der einmal die Stadt mit seinem allerhöchsten Besuch beehrt hatte.

Es muß um das Jahr 1910 gewesen sein, als Kaiser Wilhelm zu Besuch nach Krefeld kam. Die Stadt schmückte sich mit schwarz-weiß-roten Fahnen für das kaiserliche Deutschland und auch mit schwarz-weißen Fahnen für das Königreich Preußen. Auf der Pferderennbahn wurde eine große Parade abgehalten. Uns erzählte man, die Krefelder Damen hätten dem Kaiser durch ihre Schönheit und Anmut so gefallen, daß er sie bat, doch einen Wunsch zu äußern. Ein Fräulein Oetker nahm für die Damen das Wort, ihr Vater war der Inhaber der größten Seidenweberei. Sie sagte: »Majestät, es wäre das schönste Geschenk für uns, wenn wir doch auch in unserer Stadt eine Garnison flotter Husaren hätten, es fehlen uns die Kavaliere zum Tanzen.«

So kamen die grün uniformierten Tanzhusaren nach Krefeld. Sie rückten an aus Münster in Westfalen. Im Westteil der Stadt wurden Kasernen für sie gebaut. Ach, war ich stolz auf die schneidigen Herrenreiter.

Aber jetzt sahen wir plötzlich, daß die Soldaten nicht mehr in bunten Uniformen marschierten, sie waren feldgrau gekleidet. Und sie sangen, ich habe es oft gehört: »Dem Kaiser Wilhelm haben wir's geschworen, dem Kaiser Wilhelm reichen wir die Hand.«

Wir siegten und siegten, und immer wurden in der zweiten Etage auf dem Balkon schwarz-weiß-rote und schwarz-weiße Fahnen an langen Stangen gehißt.

Alle vier Wochen nach der großen Wäsche kam Frau Schloßmacher zum Bügeln. Frau Schloßmacher, die Proletarierfrau. Damals, während des Krieges mußte ich bei ihr eine Bestellung aufgeben. Zum ersten Mal erlebte ich den lastenden Geruch im nie gelüfteten Flur eines großen Mietshauses in der Gladbacher Straße. Diese dumpfe Mischung der Essensgerüche aus Kohl und Rüben, dazu der Qualm der Feuerstätten.

Meta Hirsch

Als ich den zweiten Stock erreichte, wo die Familie Schloßmacher in ihrer kleinen Wohnung lebte, hörte ich ein gellendes Schreien. Der Postbote hatte gerade in der Familie nebenan einen Brief abgeliefert, die Mitteilung, daß der Familienvater auf dem »Felde der Ehre« gefallen war. Keine Begebenheit hat mich als Zehnjährigen so erschüttert wie dieser Schrei. Verstört kam ich nach Hause. Nur Nelly kannte das Geheimnis meiner Betroffenheit, nur ihr hatte ich es erzählt.

Jedes Jahr fuhr sie für vier Wochen nach Hause. Auch während des Kriegs. Nelly war vom ersten Tag an davon überzeugt, Deutschland würde den Krieg verlieren. Mein Vater war der gegenteiligen Auffassung. Er fühlte sich eben als Patriot. Allerdings war er nicht unglücklich, daß er bei der Musterung als zu klein befunden wurde. Der Feldwebel hatte ihn aufgefordert: »Strecken Sie sich noch ein bißchen, Herr Hirsch, dann haben Sie das Maß erreicht.« Aber mein Vater streckte sich nicht.

Die Klassenunterschiede in der Zeit vor dem 1. Weltkrieg waren deutlich: Der Ungebildete, der nur Volksschulabschluß besaß, mußte drei Jahre dienen. Hatte einer aber die höhere Schule besucht und lediglich die mittlere Reife, nicht einmal das Abitur bestanden, dann konnte er sich als »Einjährig«-Freiwilliger sein Regiment aussuchen, brauchte also nur ein Jahr zu dienen.

Die deutsche Armee hatte nach dem sogenannten Schlieffenplan die Neutralität Belgiens mißachtet und war durch das Nachbarland marschiert. Das war ein grober Verstoß gegen das Völkerrecht, in dessen Folge Großbritannien Deutschland den Krieg erklärte. All das wußte Nelly ganz genau. Es gab, wenn sie aus Mook-Middelaar nach Krefeld zurückkehrte, harte Auseinandersetzungen mit meinem Vater. Ich griff in die Diskussion nicht ein. Im Grunde aber waren wir Kinder, wie auch die Lehrer, kaisertreu.

Der Krieg dauerte. Immer seltener wurden die Fahnen herausgehängt. Ende 1918 redete niemand mehr von der herrlichen Villa in Marienhof. Das Haus wurde nie gebaut. Schließlich, etwa 1919, kaufte mein Vater ein Haus in der Wilhelmshofallee. Marienhof war von da aus in einer Viertelstunde Fußweg zu erreichen. Wir brauchten im Frühjahr nicht mehr ins Gärtnerhaus umzuziehen. Dort blieb nun der Gärtner mit seiner Familie.

Die Eckbrüder

In unseren frühesten Kindertagen kamen im Sommer jeden Sonntagmorgen die Familien Stern und Heinemann zu uns in den Garten. Die Herren Stern und Heinemann waren die In-

Liesel und Rudolf beim Karneval, 1912

haber des großen Kaufhauses Gebrüder Kaufmann in Krefeld, Hochstraße, Ecke Rheinstraße, wo später, viel später, auf der anderen Seite unser neues Schuhgeschäft lag. Herr Heinemann war zwar nicht der tüchtige Teilhaber, doch er stand täglich an der Eingangspforte, begrüßte jeden Kunden und wies ihn ein: Manufakturwaren und Wäsche parterre. Im ersten Stock Damenkonfektion, im zweiten Stock Kinderkonfektion. Herrenkonfektion führten sie nicht. Mein Vater behauptete, dieses Einweisen sei Heinemanns einzige Tätigkeit. Herr Stern sei der wirkliche Chef.

Bei seinen Besuchen hatte Herr Heinemann für jeden Sonntag eine Anekdote aus seinem Umgang mit der Kundschaft parat. Eines Tages, so erzählte er, kam ein gut angezogener Herr zu ihm und bat ihn um ein größeres Darlehn. Herr Heinemann fragte, zu welchem Zweck er denn so viel Geld brauche. Der Fremde sagte, er käme aus Ostgalizien, aus Tarnopol, er be-

Liesel, 1915

nötige dringend eine größere Summe für die Aussteuer seiner Tochter.

Herr Heinemann staunte: »Entschuldigen Sie, aus Tarnopol kommen Sie ausgerechnet nach Krefeld, durch ganz Deutschland bis zum linken Niederrhein? Dafür die weite Reise, lohnt denn das?«

Und der Darlehnsbittende erklärte: »Ohne Spesen kein Geschäft.«

Sterns und Heinemanns hatten einen scharfen Konkurrenten, die Firma Dannenbaum. Hier konnte man die neueste und eleganteste Mode aus Paris kaufen. Herr Dannenbaum rühmte sich, ihre Kundschaft käme sogar aus Düsseldorf. Er fuhr jedes Frühjahr zum Einkauf nach Paris. Natürlich haßte er die Sterns und Heinemanns, weil sie für das solide Krefelder Publikum zwar nicht die allerletzte Mode, aber doch genau das Richtige führten. Er erfand für die beiden die Bezeichnung: »Die Eckbrüder«. Sicher, es kam schon vor, daß meine Mutter bei Dannenbaum ein Abendkleid kaufte. Sie wurde dort mit der größten Liebenswürdigkeit bedient. Herr Dannenbaum mußte den Besuch dieser Kundin als einen besonderen Triumph empfinden, war doch die Freundschaft zwischen den Familien Hirsch und den sogenannten Eckbrüdern stadtbekannt.

Pantoffelheld

Vater mokierte sich ständig über seine Schwägerin Marie. Mehr noch, er haßte sie. Es wurde mir immer wieder erzählt, wie diese Frau schon als Verlobte eine komplette Lebensplanung entwickelt hatte. Ihr Mann Albert wurde überhaupt nicht gefragt.

»Wir schaffen uns ein Kind an«, sagte sie kategorisch, »und wenn Albert fünfzig ist, setzt er sich zur Ruhe, und wir ziehen nach Berlin.«

Meinem Vater war das so weit östliche, unsolide Berlin immer suspekt.

Tante Marie erklärte auch in ihrer diktatorischen Art: »Wir werden nur ein Kind haben, es wird ein Junge sein. Und der kommt mir nicht ins Schuhgeschäft. Der soll etwas Besseres werden. Der wird studieren und wird Syndikus.«

So geschah es. Tante Marie war unerbittlich. Tatsächlich wurde ein Knabe geboren, Paul. Die Familie ging schließlich Mitte der zwanziger Jahre nach Berlin und bezog eine Siebenzimmerwohnung in Wilmersdorf. Das Geld hatte Tante Marie in Staatsanleihen angelegt, sie hatte sich ausgerechnet, daß sie mit ihrem Mann davon bequem leben könnte. Aber es kam die Inflation, die Staatsanleihen waren plötzlich nichts mehr wert. Mein Vater mußte zum Ärger meiner Mutter der Familie in der Siebenzimmerwohnung ständig Geld schicken. Vater meinte, man könne ihnen doch nicht zumuten, in eine kleinere Behausung zu ziehen. Dieser Sohn Paul, der unbedingt Syndikus werden sollte, hat niemals auch nur das Referendar-Examen bestanden.

Mein Vater bemühte sich in dieser Zeit, Albert eine Vertretung in der Schuhbranche zu verschaffen. Aber ach, wie zum Hohn für Tante Marie war es nur eine Schuhcremefabrik. Und Albert hatte wirklich nicht das geringste Talent, in Berlin von Schuhgeschäft zu Schuhgeschäft zu laufen, um diese Ware anzupreisen.

Selbst zur Silberhochzeit seines Bruders Moritz, der ihn und die Seinen doch ernährte, durfte Onkel Albert nicht nach Krefeld reisen. Alle Verwandten von Mutter und Vater waren mit ihren Kindern zu diesem Fest gekommen. Aus Geldern, aus Essen, aus Düsseldorf, aus Remscheid.

Meine beiden Cousinen aus Remscheid, Toni und Alice, erfanden damals den Vers:

Wegen großer Transaktionen,
Muß uns Hirsch-Berlin verschonen.

Onkel Albert wurde in der Familie der Pantoffelheld genannt, in trauriger Doppelbedeutung für einen Schuhhausbesitzer, mußte er doch auf Bestreben seiner Frau, meiner Tante Marie, den schönen Laden in Wuppertal verkaufen. Ein weit entfernter Verwandter übernahm schließlich das Geschäft und führte es dann sogar unter dem Namen Lefman Hirsch weiter.

All die Bemühungen meines Vaters, für seine beiden Brüder ein glückliches Leben einzurichten, scheiterten. Sie waren herzensgute Menschen, doch vielleicht führte ihre wohl etwas schwerfällige westfälische Denkweise sie zur Unbeweglichkeit. Man umschrieb ihr Unglück mit den Worten: Es fehlt an Gottes Segen.

Als Onkel Albert starb, mußte ich zur Beerdigung fahren. Damals studierte meine Freundin Lore Cohn in Berlin. Pflichtbewußt ging ich nach Weißensee, zum jüdischen Friedhof. Danach aber traf ich mich mit Lore. Und wie die Menschen eben so sind in ihrem Leben, von dem sie nicht wissen, wie lange es dauert: Wir feierten sehr fröhlich unser Wiedersehen, das uns der Tod gegeben hatte.

Lore und der Sandalenmacher

Als ich fünfzehn Jahre alt war, in der Inflationszeit, sollten meine Schwester Liesel und ich die Großen Ferien in Weiler-Abt, einem jüdischen Kinderheim auf Norderney, verbringen. Zwei jüdische Lehrer, der eine aus Hamm, der andere aus Hagen, leiteten dieses provisorische Ferienheim.

Liesel war sechzehn, gemeinsam mit einer älteren, einer Siebzehnjährigen, paßte sie auf die Kinder vom Heim auf und führte sie an den Strand. Ich wohnte mit vier anderen etwa gleichaltrigen Jungen in einem Zimmer. Mir erschien einer wie der andere unappetitlich. Sie waren nur mit ihren Körpern beschäftigt. Ich fand sie mit ihren Spielen unter ihren Bettdecken ekelhaft. Ich verabscheute sie und zeigte meinen Unwillen. Es war eine stillschweigende Vereinbarung: Ich wollte mit ihnen nichts zu tun haben und sie nichts mit mir.

In Weiler-Abt begegnete ich Lore zum ersten Mal. Die Zwölfjährige war ein stilles Kind mit einer großen Brille. Manchmal zeigten ihre Mundwinkel einen seltsam ironischen Zug. Wir setzten uns nebeneinander. Wir kümmerten uns nicht um die anderen, hielten uns an den Händen. Und wir konnten reden. Es war eine tiefe Zuneigung, ja Liebe von zwei Kindern.

Zum Heim gehörte ein kleiner Vorgarten mit einer alten Birke. Um den Stamm hatte man eine Bank gesetzt. Wer saß dort zuerst? War es Lore, war ich es? Es wurde unser Platz. Von dort aus sahen wir, wie die anderen Kinder aus dem Haus kamen, laut. Wir mokierten uns. Wir mokierten uns über den ganzen zusammengewürfelten Kindergarten und lebten von da an in einer ganz anderen Welt. Wir kamen uns schrecklich überlegen vor. Wir hatten dieselben Bücher gelesen, dieselben Filme gesehen. Zum ersten Mal gab es für uns Jazzmusik. Wir beobachteten die ungelenken Bewegungen der älteren Kinder beim Tanzen. In unserem kindlichen Hochmut verlachten wir jeden ihrer Schritte. Wir wußten, wann sie begannen, sich abzuknutschen. Nein, wir wollten nicht sein wie sie. Wir lachten sie aus. Aber leise.

Wir sprachen nicht über die Liebe. Und tief in mir hatte ich auch den Gedanken: Lore ist gar nicht mein Typ. Sie ist nicht so schön, wie ich mir eine Freundin vorstellte. Entweder mit ganz hellen oder mit tiefschwarzen Haaren, sehr schlank, gleichzeitig sollte sie klug sein und auch zärtlich. Mir genügte es, mit ihr über Bücher zu sprechen und Musik zu hören. Ich war sehr dumm. Ich wußte nicht, daß man sich die Freundin nicht nach einem Modell ausdenken kann. Plötzlich ist sie da und sieht ganz anders aus. Und man kommt nicht von ihr los. Das hatte ich im tiefsten Inneren nicht begriffen und war an Lore gefesselt.

Lore war etwas kleiner als ich. Ihr Gesicht mit den ausgeprägten Backenknochen empfand ich als mongolisch. Es störte mich. Aber es störte mich nicht, sobald sie ihren Mund zu ihren herrlichen ironischen Bemerkungen auftat.

Lores Vater, der Seidenhändler, war in Krefeld ein hochangesehener Mann, Vorsitzender der Jüdischen Gemeinde. Er hatte drei Töchter; Lore, die Jüngste, war offensichtlich sein Lieblingskind. Als er Palästina kennenlernen wollte, sollte nur sie mit auf die Reise gehen.

Es muß noch unter der Birke in Norderney gewesen sein. Wir saßen wieder auf unserer Bank. Mehr und mehr wunderte ich mich über die Sicherheit, mit der meine Lore durch die Tage ging. Mir schien ihr Wissen über so vieles, was um uns vorging, was wir sahen, und was wir nicht sahen, außergewöhnlich. Ich wartete lange, bis ich sie dann doch eines Tages fragte, wie es denn käme, daß sie so unheimlich überlegen sei. Nein, nein, ich sagte nicht schlau, es war ja keine durchtriebene Schlauheit, es war im Grunde eine Art sehr kompliziertes Spiel, wie sie aus den Gesichtszügen, aus der Art wie jemand ging oder auch nur aus seiner Stimme das Leben des Menschen, den wir da gerade beobachteten, zurückverfolgen konnte.

Manchmal wagte sie sich auch an Voraussagen, aber eigentlich nur, wenn ihr jemand mißfiel. Ihre düsteren Prophezeiungen, wie dieser Mensch, über den sie sich geärgert hatte, in der tiefsten Hölle enden würde, dort, wo es eiskalt ist, brachten uns beide zum Lachen. Der eigenartige Begriff von der eisigen Hölle stammt von Dante. Lore wußte das von ihrem Vater.

Mit dem Ernst, wie ihn nur Kinder haben können, antwortete sie auf meine Frage: »Ich bin ja ururalt, viel älter als hundert Jahre.« Es war rührend und aufregend, wie sie mir ihr Geheimnis offenbarte. Gleich nach ihrer Geburt habe ihr Vater darauf bestanden, für sie den Namen Lora einzutragen. Der Standesbeamte fand den Namen zu ungewöhnlich, er wollte ihren Vater überreden, wenigstens den letzten Buchstaben zu ändern, Lore sei doch im allgemeinen Gebrauch viel verständlicher. Und der Gebildete könne sich die Beziehung zu Eleonore vorstellen, das brächte ihn dann gewiß auf erhabene Gedanken über Beethovens Musik zu »Fidelio« und über die Treue der Frau zu ihrem Mann. Wer davon nichts verstehe, dem könne man ja die Bedeutung des Wortes aus dem Griechischen erklären, Eleonore, die Erbarmende. Ihr Vater habe ihr erzählt, wie stolz er auf sich selber war, daß er auf jede Wortspielerei verzichtete und nicht erwiderte: Nein, mein Kind, meine Dritte, meine Jüngste, ist keine Erbärmliche. Er beharrte ganz einfach auf seinem Willen: Lora und nichts anderes. So soll sie heißen.

Lore schaute sich um, ob jemand in der Nähe sei. Niemand war zu sehen. Trotzdem flüsterte sie. »Ich glaube, mein Vater hat es meiner Mutter nie ganz genau gesagt, warum ich wirklich Lora heißen sollte. Eines Tages nahm er mich bei der Hand, ich war noch sehr klein, und er redete zu mir wie ein Verschwörer: Was du jetzt erfährst, behalte für dich. Ich habe dir einen Namen von besonderer Bedeutung ausgesucht, er soll wie ein Mantel schützend über dich gebreitet sein.«

Es war wie ein geheimnisvoller Gesang aus sehr alten und sehr dunklen Zeiten. Lora, Lorja, Lurja. Der erste, von dem man hörte, daß er den Namen Lurja trug, im zweiten Jahrhundert nach der Zeitrechnung, war Jochanan Hassandëlar, ein Schüler von Rabbi Akiba und Sandalenmacher. Rabbi Akiba, der große Gelehrte, der eine Ordnung für die Bibel einführte und ausdrücklich darauf bestand, das Hohe Lied in die Heilige Schrift aufzunehmen. Gerechtigkeit und Liebe zum Nächsten gehörten für den weisen Mann zum Wesen Gottes und zur Pflicht den Menschen gegenüber. Höflich und bescheiden setzte er sich stets in die letzte Reihe. Seine Regel lautete: Es mag sein, daß jemand dich bittet, heraufzukommen, das erspart dir, weggeschickt zu werden – Geh hinab.

Rabbi Akiba starb als Märtyrer für seinen Glauben. Er verehrte Bar Kochbar, der den Aufstand gegen die römische Fremdherrschaft gewagt hatte, als Messias. In der Zeit, da Rabbi Akiba von den Römern gefangen war und die Gelehrten seinen Rat in einer schwierigen Frage wünschten, tauchte unser Lorja, der Sandalenmacher, vor dem Fenster des Gefängnisses auf, hinter dem er den Eingekerkerten vermutete. Als Hausierer verkleidet, bot er laut schreiend Nadeln und Haken an, gab dem Verhafteten damit ein Zeichen seiner Nähe und übermittelte ihm die Frage der Gelehrten. Rabbi Akiba erkannte sogleich die Stimme seines Schülers und rief ihm die Entscheidung zu.

Lore erzählte mir vom Plan ihres Vaters, einmal ins Heilige Land zu fahren. Wollte er dort Bar Kochba suchen und Lorja, den Sandalenmacher, den Schüler des Rabbi Akiba?

Lora, Lorja, Lurja. Da hörte ich nun als Kind von einem sehr klugen Kind noch einen Gesang über einen anderen Vertreter dieses geheimnisvollen Namens: Josef ben Gerschon Loans, auch genannt Josel von Rosheim. Gerade zu diesem Mann mußte Lores Vater eine besondere Beziehung haben, vielleicht war es eine Wesensverwandtschaft mit diesem Josef ben Gerschon Loans aus der Zeit, als Kaiser Maximilian I. und nach ihm Karl V. herrschten. Lore wußte von ihrem Vater viele Geschichten über Josels Wege. Die Gemeinden des Elsaß hatten den Mann aus der uralten Familie der Lorja anerkannt als »Parnaß«. In der umständlichen Übersetzung hieß es: »Befehlshaber und Regierer der allgemeinen Jüdischheit im Reich.« Das wurde Josel angelastet, die Bezeichnung Regierer dürfe er sich nicht anmaßen, nur der Kaiser sei ein Regierer. Er und alle diejenigen, die er vertrete, seien ja Eigentum des Kaisers als »die an das Reich versprochenen Knechte«. Er, Josel von Rosheim, kämpfte unermüdlich gegen die Judenfeinde, wo immer sie auftraten. Es gelang ihm sogar, den Magistrat von Straßburg zu überzeugen, daß Martin Luthers judenfeindliche Schrift »Vom Schem Hamphoras: und vom Geschlecht Christi« in der Stadt nicht verbreitet werden durfte.

Lore konnte Passagen aus Josels Verteidigungsschrift auswendig aufsagen. Ich saß damals sehr still auf unserer Bank unter der Birke. Für diese Augenblicke schien es mir fast, als sei sie der Verteidiger selber. Und ich war mir ganz sicher, so und nicht anders hat es im »Buch der Rechtfertigung« gestanden. So muß Josel auf dem Reichstag in Augsburg zu den christlichen Herrschern gesprochen haben:

»Sie haben die Bedeutung der Passion verfälscht. Das Kreuz, das Sie die Quelle der Liebe, der Demut und der Buße nennen, haben Sie verkehrt in Abneigung und Haß auf andere. Sie haben uns durch die Schwere des Kreuzes zu Boden gedrückt. In den tiefen Abgründen Ihres Hasses sind Ihre Vorstellungen von einem ›gottesmörderischen Volk‹ entstanden. Sie tun, als ob die Kirche die Synagoge abgelöst hat. Sie können es allen Ernstes wagen, sich selbst als ›Israel‹ zu besingen, und meinen damit Ihre Kirche. Was für Kinder Ihrer Kirche sind Sie denn? Ihre schönen roten Kleider der geistlichen Herren gefärbt mit unserem Blut. Für Sie ist die Bibel einfach in zwei Teile zerschnitten: Altes und Neues Testament. Wie wollen Sie die Botschaft von der Erlösung verstehen ohne die Botschaft von der Schöpfung? Und was Sie in Ihrem Eifer für gottgefällige Taten halten, sind Mordtaten. Aber auch von Ihnen wird Antwort verlangt werden auf die fünf Fragen:

Was sind wir?
Was ist unser Leben?
Was ist unser Lieben?

Was ist unsere Gerechtigkeit?
Was ist unsere Macht?«

Es war für uns beide, für Lore und mich, wichtig zu wissen, daß Josel all die weiten Reisen unternahm, um zu vermitteln, um Recht zu suchen, Reisen nach Prag, nach Augsburg, nach Frankfurt, selber bezahlte; er war als Kaufmann von niemandem abhängig. So hatte es Lore von ihrem Vater gehört.

Sehr ernsthaft und gleichzeitig mit ihrem schönen ironischen Lächeln erklärte sie: »Jetzt weißt du, warum ich schon uralt bin: Mit meinem Namen.« Ich sagte ihr feierlich: »Ich werde dein Geheimnis hüten, nur dein Vater darf dich Lora nennen.« Woher sollte ich damals ahnen, daß ich eines Tages in einer heißen, staubigen, sehr fernen Werkstatt in Jaffa selbst Sandalen herstellen würde.

Man war im Hause Cohn in einer gewissen Art leger. Lore machte gar kein Hehl daraus, mich als ihren Freund in die Familie einzuführen. Sie wohnten mitten in Krefeld, in der St.-Anton-Straße. Ihre ältere Schwester, Lissy, akzeptierte mich sofort. Ich glaube, damals hatte sie keinen Freund. Ich jedenfalls habe nie einen kennengelernt. Auch sie war in meinen Augen keine Schönheit. Aber sie wußte geistvoll zu erzählen. Es ging immer heiter in diesem Haushalt zu. Wenn nach dem Abendessen Frau Cohn erklärte, einer müsse abräumen und abwaschen, kam regelmäßig von beiden Töchtern gleichzeitig die Antwort: »Laß mich der andere sein.«

Plötzlich, Ende der zwanziger Jahre, mußte Gustav Cohn Konkurs anmelden. Man sprach in Krefeld davon, daß er in betrügerische Manipulationen geraten war. Er nahm sich das Leben. Das war etwa drei Jahre nach der ersten Begegnung mit Lore in Norderney. Ich habe mich damals nicht um sie gekümmert. Eine Scheu hielt mich zurück. Ich wußte nicht, wie ich sie hätte trösten können. Es war wahrscheinlich auch Feigheit.

Endlich, Wochen nach dieser Katastrophe, rief ich sie an. Frau Cohn war am Telefon. Ich hatte das Gefühl, daß ihr meine Freundschaft mit ihrer Tochter angenehm war. Sie bat mich zu warten, dann hörte ich Lores Stimme. Sie fragte nicht, warum hast du dich nicht um mich gekümmert. Sie war da in ihrer Zuneigung. Und wir trafen uns fast täglich. Ich erfuhr, wie ihre Mutter versuchte, etwas Neues anzufangen. Mit Hilfe der Gemeinde richtete sie in ihrer Wohnung eine kleine Pension ein. Sie hatte Glück mit ihren Gästen, meist junge Mädchen, Lehrlinge der Seidenfachschule. Ich erinnere mich an eine von ihnen, sie kam aus München und litt sehr an Heimweh. Doch dem heiteren, ungezwungenen Ton der Mutter und der beiden jüngeren Töchter konnte sich niemand entziehen. Die anfangs so verschüchterte kleine Münchnerin gehörte schließlich fast zur Familie, und wenn nach dem Abendessen die Aufforderung kam, einer muß abräumen, konnte man auch aus ihrem Munde dieses »Laß mich der andere sein« hören.

Lores Schwester Lissy hatte einen merkwürdigen Instinkt. Zwei Jahre vor der Nazizeit erklärte sie, sie halte es in Deutschland nicht mehr aus. Sie zog nach Amsterdam und wurde dort Dekorateurin bei dem angesehenen Kaufhaus Bijenkorf. Als die deutsche Armee einrückte, versteckten holländische Freunde Lissy. So überlebte sie die Schreckenszeit. Viele Jahre nach 1945, nach der Befreiung, habe ich sie in Amsterdam besucht. Dann, seit 1988, kamen meine Briefe als unzustellbar zurück. Ich suchte sie vergebens.

Lore wuchs zu einer anmutigen Frau heran mit überdurchschnittlichen geistigen Fähigkeiten. Ich liebte sie. Aber ich wußte es nicht. Sie entsprach ja nicht meinem albernen, eingebildeten Schönheitsideal. Ich hatte noch immer meine vorgefaßten Meinungen, wie eine Freundin, eine Geliebte hätte aussehen müssen. Einige fand ich zum Tanzen, und ich konnte mit ihnen manchmal verreisen, auch mit ihnen schlafen. Aber wirklich reden konnte ich mit ihnen nicht. Reden konnte ich nur mit Lore. Sie bemerkte meine Abwege. Ich glaube, ich habe sie sehr gekränkt. Denke ich heute darüber nach, muß ich bekennen, ich war fies zu ihr, wie man in Krefeld sagt.

Mit Lore sprach ich über den Zustand der Welt, über die Wirtschaft, über die Bücher, die wir lasen. Gemeinsam gingen wir Suchenden in die Vorträge, die von der Kommunistischen

Partei veranstaltet wurden. Im Hansahaus. Dort lernten wir unsere Freunde Aurel Billstein und Heiner Plum kennen. Uns öffnete sich eine neue Welt. Hier wurde nach Antworten auf die Fragen der Zeit gesucht. Fragen zur Krise der Wirtschaft, zur Arbeitslosigkeit, Fragen zur Gefahr des heraufkommenden Faschismus. Heiner war der politische Sekretär des Unterbezirks Krefeld und Aurel der Organisationssekretär. Kenntnisreiche, kluge Menschen, die keine höhere Schule absolviert hatten, wie wir beide, Lore und ich. Aber sie waren unsere wirklichen Lehrer. Bis zum Jahr 1933.

Lore machte gerade ihr Abitur, und ich war nach einigen Lehrjahren Geschäftsführer meiner Mutter in unserem großen Schuhgeschäft Rheinstraße, Ecke Hochstraße. Nach dem Reichstagsbrand im Februar 1933 mußte ich aus Krefeld fliehen. Aurel Billstein und Heiner Plum wurden verhaftet.

Später, viel später schrieb ich über Aurel, als ich 1996 von seinem Ende erfuhr.

Abschied von Aurel Billstein

Einzigartig unter den deutschen Städten: meine Heimatstadt Krefeld. Sie ist nicht einzigartig durch ihr Alter, viele kleine und große Städte am Niederrhein sind älter. Sie hat keine sehenswerte Altstadt, keinen Dom und kein Münster. Die Hauptkirche St. Dionysius ist weder aufsehenerregend, noch hat ihr Patron je in Krefeld gelebt, nein, er ist in Paris als Märtyrer geköpft und dann, nach der Legende, noch mit dem Kopf in der Hand, herumgewandelt.

Als Kind war ich stolz, daß auf dem Ostwall wenigstens die Büste eines berühmten Krefelders zu sehen war: Karl Wilhelm, von 1840 bis 1865 Direktor der Liedertafel, doch er war weder in Krefeld geboren noch gestorben, nein, beides geschah in Schmalkalden, aber hier komponierte er das Gedicht eines Herrn Schneckenburger, »Die Wacht am Rhein«. Und mit diesem Lied

»Es braust ein Ruf wie Donnerhall
Wie Schwertgeklirr und Wogenprall:
Zum Rhein, zum Rhein, zum deutschen Rhein!
Wer will des Stromes Hüter sein?«

zog das preußisch-deutsche Heer 1870/71 marschierend, schießend und plündernd nach Frankreich hinein bis Paris, bestimmt nicht, um den Heiligen Dionysius zu ehren. Heute ist die Büste verschwunden, auch das Denkmal der gepanzerten Germania und die behelmte Statue des Reichsgründers Bismarck sind in Krefeld nicht mehr zu sehen.

Hier wird ein anderer Mann geehrt, der kein Kriegsheld war. Eher ein Antikriegsheld. Er, am 29. September 1901 geboren, wäre im September 95 Jahre alt geworden. Aber sein Tod ist in diesen kalten Februartagen 1996 zu beklagen: Aurel Billstein, Kommunist, Metallarbeiter, Widerstandskämpfer, Träger des Bundesverdienstkreuzes Erster Klasse und des Ehrenringes der Stadt Krefeld. Am 16. September 1990 wurde er Ehrenbürger. *Er hat,* so beginnt die feierliche Urkunde des Oberbürgermeisters Willi Wahl, *seit 1971 das dunkelste Kapitel der Krefelder Stadtgeschichte – Verfolgungen und Deportationen, aber auch Widerstand während der Zeit des nationalsozialistischen Regimes – aufgearbeitet und allgemein verständlich dargestellt.* Er wohnte nicht bei den Feinen und Vornehmen, nicht in der Bismarckstraße, nicht am Hohenzollerndamm, nicht in der Stadtwaldgegend. Man mußte nach Krefeld-Oppum fahren, einem Vorort, wo keiner der Samt- und Seidenbarone seine Villa hat. Die »Alte Flur« liegt dort, wo Arbeiter und kleine Angestellte wohnen, und türkische Familien. Ich habe von vielen seiner Kollegen in Metallbetrieben gehört: Der Aurel ist verläßlich, er setzt sich ganz und gar für unsere Interessen ein. Sie wählten ihn immer wieder in den Betriebsrat, dann zum Betriebsratvorsitzenden. Unverwechselbar sein Krewldsch Platt.

Seit Aurels Mutter, Paula, mit fünf anderen Mitgliedern der Kommunistischen Partei bei der Kommunalwahl am 4. Mai 1924 ins Stadtparlament gewählt wurde, haben die Billsteins

Aurel Billstein, um 1920

einen legendären Ruf. 1931 wurde Aurel als Mitglied der KPD Stadtverordneter.

Im Hansahaus, 1930 auf einer Veranstaltung der Kommunistischen Partei, sprach Aurel Billstein über die Arbeitslosigkeit und wie man sie beseitigen könnte. Darüber kam ich mit ihm ins Gespräch. Er meinte, ich sollte erst einmal »Lohnarbeit und Kapital« von Karl Marx lesen. Ich vertiefte mich in dieses Werk und wollte bald mehr erfahren. Immer wieder suchte ich Aurel Billstein auf. Unter seiner Anleitung setzte ich mir mehr und mehr die Ziele, für die ich fortan eintreten wollte. Durch seine behutsame Überzeugungskraft, seine Beharrlichkeit trotz alledem, seine tiefe Menschlichkeit blieb mir Aurel Billstein Vorbild auch nach 1933, da sich unsere Wege für lange Zeit trennten.

Nach dem Krieg wurde Aurel wieder Stadtverordneter, von 1948 bis 1953. Und nach meiner Rückkehr aus der Emigration 1949 nach Berlin (Ost) fanden wir uns wieder. Nie hörte das Gespräch auf. Auch ich hatte in den schweren Jahren viele Erfahrungen gesammelt. Nun lernten wir beide voneinander.

Vor einigen Jahren hat die Stadt Krefeld ein Dokumentations- und Begegnungszentrum zur Geschichte der Nazizeit im Hause des damals ermordeten jüdischen Kaufmanns Merländer gegründet. Er hatte als Kunstliebhaber sein Haus von Heinrich Campendonk ausmalen lassen. Campendonk galt bei den Nazis als ein Vertreter der »entarteten Kunst«, war verfemt. Die Wände im Merländerhaus wurden übermalt. Jetzt werden die Fresken in mühevoller Arbeit wieder freigelegt. Das Haus Merländer begann eine Schriftenreihe »Edition Billstein«. Der erste Band »Steinerne Zeugen« ist jüdischen Grabstätten in Krefeld gewidmet. Der zweite Band enthält »Die Billstein-Briefe 1933–1945«. Zensierte Mitteilungen Aurels aus Zuchthäusern, Lagern, Gefängnissen und dem Strafbataillon 999 an seine Frau Martha, an Mutter Paula, an den Vater, an die Geschwister, sowie die Antworten, die er von seinen Angehörigen bekam.

»Die Billstein-Briefe« geben Zeugnis von Menschen, die durch den Naziterror nicht zu zerbrechen waren. Martha und Aurel heirateten 1928, im März 1932 kam die Tochter Ruth zur Welt. Am 8. März 1933 wurde Aurel Billstein, Kandidat seiner Partei für den Preußischen Landtag, verhaftet. Eingeliefert in die Strafanstalt Anrath. Sechs Tage nach seiner Verhaftung schrieb er an Martha: *Worüber wir oft gesprochen haben ist nun eingetroffen. Es ist dieses eine bittere Medizin.* Er kam ins Gefängnis Berlin-Plötzensee, im April 1933 wurde er in eines der ersten Konzentrationslager, Sonnenburg, eingewiesen.

Martha blieb mit der einjährigen Ruth allein, mußte immer wieder Hausdurchsuchungen ertragen, mußte die Zeit mit einer winzig kleinen Wohlfahrtunterstützung überstehen. Am 23. September 1933 wurde Aurel aus dem KZ Sonnenburg entlassen. Er nahm die illegale Arbeit auf, wurde nach neun Monaten wieder verhaftet und im Februar 1934 mit sechsundzwanzig Krefelder Kommunisten wegen »Vorbereitung zum Hochverrat« angeklagt. Aurel Billstein erhielt das härteste Urteil: Sieben Jahre Zuchthaus. Er mußte seine Strafe in Lüttringhausen antreten. Später wurde er nach Celle verlegt.

Am 20. Dezember 1937 verhaftete man seine Mutter. Sie hatte an ihren Sohn Aurel ins Zuchthaus Celle geschrieben. Es hieß im Bericht der Gestapo, sie mache ihm Hoffnung, daß das gegenwärtige Regierungssystem 1941 längst nicht mehr existieren werde. Wegen dieses Briefes wurde Frau Paula in »Schutzhaft« genommen und in das Frauenkonzentrationslager Moringen bei Göttingen gebracht, trotz einer noch nicht verheilten Gallenoperation. Am 21. März verlegte man sie nach Lichtenburg bei Torgau. Ihr Zustand verschlimmerte sich. Der SS-Obersturmbannführer und Standortarzt schrieb: »Die Billstein ist bei ihrem lebensbedrohlichen Zustand in keiner Weise mehr haftfähig.« Sie sollte entlassen werden, ehe es zu spät sei. Am 29. Juni 1937 konnte ihre Tochter Josefine die Mutter abholen. Am 4. Juli starb Paula Billstein. Nach der Befreiung benannte die Stadt Krefeld ihr zu Ehren eine kleine Straße in »Billsteinstraße«.

Am 19. Juni 1941, nach sieben Jahren Zuchthaus, erfolgte Aurels Entlassung mit der Auflage, sich zweimal in der Woche bei der Polizei zu melden. Jetzt erst konnte er die kleine Ruth, das inzwischen achtjährige Mädchen, umarmen. Martha, allein, ständig unter Kontrolle der Gestapo, in Angst um den Geliebten, hatte dem Kind in den langen Jahren der Haft das Bild des Vaters erklären müssen. Er bekam Arbeit als Schlosser. 1944 wurde er, bisher als Zuchthäusler wehrunwürdig, ins Strafbataillon 999 eingezogen. Schikane und erbarmungsloser Drill. Fronteinsatz im Westen. Himmelfahrtskommando. Granatsplitter trafen ihn. Kaum geheilt, wurde er an die Ostfront geschickt. Bei einem Rückzugsgefecht gelang es ihm, sich von der Kompanie abzusetzen. Er stellte sich der heranrückenden Roten Armee. Man überprüfte ihn äußerst kritisch; es dauerte lange, bis man in Erfahrung brachte, wer dieser Soldat Billstein war. Erst im Sommer 1947 konnte er nach Hause zurückkehren und endlich Martha und die nun fünfzehnjährige Ruth wiedersehen.

Er war und blieb unbeugsam. Als im Kalten Krieg das Bundesverfassungsgericht auf Antrag der Adenauer-Regierung die Kommunistische Partei verbot, wurde er zweimal von der Polizei festgenommen. Untersuchungshaft. Man konnte ihm nichts Strafbares nachweisen.

Von seiner Wiedergutmachung baute er sich in »Alte Flur« ein kleines Haus. Als Aurel seine Arbeit als Metaller aus Altersgründen aufgeben mußte, begann er den harten Kampf gegen das Vergessen. Er sah, wie treue Mitarbeiter Hitlers und Himmlers nun wieder hohe Posten in der Regierung als Minister und Staatssekretäre, bei der Polizei und der Verwaltung bekamen, sah, wie alte Nazis zu Ministern, ja zum Kanzler arrivierten, wie Nazirichter und Staatsanwälte zu Hunderten wieder die Justiz bevölkerten, wie SS-Offiziere, ehemalige Mitarbeiter des Reichssicherheitshauptamtes jetzt Polizeibeamte, ja sogar Polizeichefs wurden. Und er sah, wie der Massenmord an Juden, an Roma und Sinti, an Kriegsgefangenen, an sowjetischen und polnischen Zwangsarbeitern ins Vergessen gedrängt werden sollte. Er wollte gegen das Schweigen und Verschweigen angehen. Es bildete sich in Krefeld eine Arbeitsgemeinschaft aus den Verbänden der Widerstandskämpfer und Verfolgten, Mitglieder der Vereinigung der Verfolgten des Naziregimes (VVN), des Bundes der Verfolgten des Naziregimes (BVN) und der Krefelder Jüdischen Gemeinde. In ihrem Auftrag ging Aurel Billstein den mühseligen Weg in die Archive. Tausende Seiten aus den Akten der Gestapo von Krefeld und vom linken Niederrhein, schrieb er aus Gerichtsakten mit der Hand ab.

Er sammelte Berichte der Widerstandskämpfer. Er wollte zeigen, wer sie waren, die den Widerstand gegen die Mordherrschaft der Nazis organisiert hatten, in Krefeld und im Gebiet des linken Niederrheins. Auch das Schicksal der religiös und rassisch Verfolgten dokumentierte er. Und er berichtete vom Mut der sogenannten unpolitischen Menschen, die, ungeachtet der eigenen Lebensgefahr, den Verfolgten Brot gaben und ihnen Unterkunft gewährten.

Zur 600-Jahr-Feier der Stadt Krefeld, 1973, erschien sein Buch »Der eine fällt, die anderen rücken nach ...«, für dessen Titel Aurel eine Verszeile aus dem Gedicht »enfant perdu« von Heinrich Heine gewählt hatte. Heines Gedicht handelt vom Ausharren im Freiheitskrieg, vom Wachbleiben, auch ohne Hoffnung auf Sieg und glückliche Heimkehr.

> Die Wunden klaffen – es verströmt mein Blut [...]
> Der eine fällt, die andern rücken nach –
> Doch fall ich unbesiegt, und meine Waffen
> Sind nicht gebrochen – nur mein Herze brach.

Wer wollte, konnte einen Zusammenhang über die Zeiten hinweg erkennen.

Meine Gedanken gehen zu Heiner Plum. Eigentlich Heinrich, aber wir alle nannten ihn Heiner. Er wurde im Konzentrationslager Buchenwald von den SS-Barbaren schwer mißhandelt. Die Zeit, die ihm nach der Befreiung noch blieb, war nicht lang, er starb an den Folgen der qualvollen Haft. Aber er hatte noch die Kraft gefunden, über sein Leben auszusagen. In Aurels Buch »Der eine fällt, die anderen rücken nach« steht das Dokument seiner Aussage über die Selbstbefreiung der Häftlinge vor dem Einrücken der amerikanischen Panzer. Heiner Plum schildert, wie die Kameraden immer wieder zu ihm, dem ans Krankenlager Gebundenen, kamen und ihm von ihren Aktionen berichteten. *Maschinengewehre, Panzerfäuste, Maschinenpistolen, alles schleppten sie an mein Bett, um es mir zu zeigen. Selbst gefangene SS-Männer brachten sie in mein Zimmer.*

Zu den Aufzeichnungen von Heiner Plum gehört auch die Schilderung über seine letzte Begegnung mit Paula Billstein. Er berichtet, wie er im Januar 1937 mit anderen Gefangenen aus dem Zuchthaus Lüttringhausen nach Butzbach gebracht wurde. Im Nebenabteil des mit Häftlingen überfüllten Zuges hört er Frauenstimmen und erkennt aus dem Gewirr der Geräusche die Stimme von Paula Billstein. Er möchte zu ihr, ihr wenigstens die Hand drücken. Aber er darf sich aus seinem Abteil nicht entfernen. Er klopft an die Wand, ruft ihren Namen. Ja, kommt als Antwort. Er vergewissert sich: Aurels Mutter? Ja, die Bestätigung. Einer der Mitgefangenen weiß, in Kassel müssen alle Gefangenen den Zug verlassen, vielleicht könnte sich dann die Gelegenheit ergeben, wenigstens ein Wort zu wechseln. Herausgetrieben auf den Bahnsteig. Es gelingt ihm, in die Nähe von Paula Billstein zu kommen. Sie erkennt ihn, er will mit ihr reden, die Polizei reißt sie auseinander. Aber bis an sein Lebensende hat Heiner Plum nicht vergessen, was sie ihm damals, in diesem kalten Januar, auf dem Bahnsteig zurief. Trotz der Schläge des Polizisten ließ sie sich nicht einschüchtern. Sie gab ihm Mut, wie eine Mutter ihrem Sohn: *Jong, halt der Kopp huoch.*

Als einer der ersten in Deutschland nahm Aurel sich in seinem nächsten Buch der Menschen an, die Schreckliches unter Hitler erlebt hatten: »Fremdarbeiter in unserer Stadt.« Er schonte hier nicht die honorigen Firmen Krefelds, die an der Ausbeutung und auch an der Ermordung von Sklaven und Halbsklaven ein Vermögen verdient hatten, in trauter Zusammenarbeit mit der Gestapo. Die veröffentlichten Dokumente beweisen es. Die Namen der Mörder und auch viele Namen der Ermordeten werden genannt.

Und er veröffentlichte, unterstützt von seinem Schwiegersohn Helmut Wolf, Arbeiten über Judendeportationen, über den Pogrom 1938, über den »Alltag im Naziregime«; über »Euthanasie im Dritten Reich«, über den Widerstand von Jugendlichen, von Gewerkschaftern. Seine Darlegungen über den Widerstand kirchlicher Amtsträger beider christlicher Konfessionen waren selbst den kirchlichen Stellen bis dahin unbekannt. Ein Ergebnis seiner Arbeit in der überparteilichen Geschichtskommission war sein Buch »Widerstand und Gegnerschaft von Sozialdemokraten (SPD)«.

Jahr um Jahr ging er in Schulen. Auch als er die Neunzig überschritten hatte, erzählte er den Schülern aus eigenem Erleben vom Widerstand, von Begebenheiten, die man sich heute nicht mehr vorstellen kann: Die Gabe eines Stückchen Brotes an einen Fremdarbeiter, das Verstecken eines Verfolgten nur für eine Nacht, konnte tödlich sein. Für seine Bücher hatte er den Leitgedanken gewählt: »Den Toten in ehrendem Angedenken, den Lebenden zur Mahnung!«

Das war mein Freund und Genosse Aurel. Bruderherz nannte er mich.

Neu Beginnen

Lore fand in Berlin Anschluß an eine Widerstandsgruppe, in der Sozialdemokraten und Kommunisten unter Wahrung strengster Illegalität Widerstand leisteten. »Neu Beginnen«. 1935, nachdem ich noch einmal zurückgekehrt war, führte sie mich dort ein.

Bei der ersten Begegnung wurde mir die Frage gestellt, ob ich die Machtübernahme durch die Faschisten in Deutschland für eine Niederlage der bürgerlichen Parteien oder der Parteien der Arbeiterklasse hielt. Eine erstaunliche Prüfungsfrage. Ich sagte ihnen, es ist unsere Niederlage, die Niederlage von Kommunisten und Sozialdemokraten. Sie sagten, dann bist du unser Mann. Ich lernte, daß es zu den Voraussetzungen ihrer illegalen Arbeit gehörte, nur drei Personen der Widerstandsgruppe persönlich zu kennen. In diesem kleinsten Kreis suchten wir nach den Gründen für den Niedergang der bürgerlichen Demokratie.

Wir begannen die inneren Vorgänge zu erforschen, wie es geschehen konnte, daß Hitler mit seiner maßlosen Judenhetze so viele Anhänger gewann. Wir gingen tiefer in die deutsche Geschichte. In vielen alten deutschen Städten, so in Berlin, Naumburg, Köln, heißt eine kleine Gasse am Rathaus, am ältesten Markt der Stadt, Jüdengasse oder Judenstraße. Der Markt ist der Stadtkern, ist der Umschlagplatz, dort, wo die Bauern ihre Waren verkaufen und dafür Handwerksprodukte und später auch Industriewaren einkaufen. Die ersten Märkte und Städte in Deutschland wurden vor etwa zweitausend Jahren an der Mosel und am Rhein, in Trier, Worms, Speyer, Mainz und Köln, aber auch in Regensburg an der Donau unter der römischen Besatzung gegründet. Neben den Märkten brachten die Römer in diese Gegenden eine neue Agrikultur, eine neue Arbeitsteilung, neue Früchte, wie den Kirschbaum und die Weinreben. Und schließlich nach dem Jahr 330 eine neue Religion, die christliche, römisch-katholische. Die Ackerbauern und Viehzüchter kamen in feudale Abhängigkeit von Fürsten und dem hohen Klerus. Die Klöster waren zugleich Mustergüter und lehrten die Barbaren beten und arbeiten.

Mit den Römern waren die Juden gekommen, als Legionäre, als Sklaven, als Händler. Die Händler begründeten die Märkte und ließen sich dort nieder. Sie waren und blieben ausgeschlossen vom Bodenbesitz und von den sich später bildenden christlichen Zünften, Gilden und Innungen. In der strengen hierarchischen Ordnung des Mittelalters blieb ihnen nur der Markt. Der Viehmarkt, der Kornmarkt, der Geldmarkt. Sie waren notwendig und für die Entwicklung nützlich, aber nicht immer beliebt bei den Fronbauern, die sich von den Städtern, und hier waren es in erster Linie die Juden, betrogen fühlten.

Natürlich entwickelte sich bei den Juden ein starkes Zusammengehörigkeitsgefühl. Sie waren Glaubensgenossen, sie hielten als einzige im deutschsprachigen Raum und den angrenzenden Ländern an ihrem Glauben an den einen, unsichtbaren Gott fest. Für sie war der Messias, der Heiland und Erlöser noch nicht erschienen. Und sie konnten sich aufeinander verlassen, in den jüdischen Gemeinden überall in der alten Welt. Ihre Rabbiner waren nicht nur Hüter der überlieferten Religionslehre. Sie waren auch Richter in Streitfragen – für die Juden. Sie hatten nicht nur die Thora, die fünf Bücher Mose, das Kernstück des alten Testaments, als Moral-, Religions- und Sittenlehre, für sie war auch der Talmud geltendes Recht, Strafrecht, Eherecht, Handelsrecht.

Damals, in der Religionsstunde beim Oberrabiner von Krefeld, als ich noch nicht in den Kreis der Erwachsenen aufgenommen war, als Dreizehnjähriger, zeigte er mir das gewaltige Werk, den Babylonischen Talmud, die zwölf Bände mit je tausend Seiten in der deutschen Übersetzung. Er sah meine Wißbegierde, ließ mich darin lesen. Mir war, als sei ich in einen geheimnisvollen, grenzenlosen Wald geraten. Ich versuchte, die Wege der Gedanken nachzugehen und wollte die schwer verständlichen und gleichzeitig faszinierenden Kommentare begreifen, die Auslegungen, die Ausschmückungen der Bibel, dazu die vielen poetischen Legenden und die komplizierten Diskussionen.

Im Mittelalter wurden die feindlichen Stimmungen gegen Juden theologisch begründet. Sie seien schuld am Kreuzestod Jesu, und um die Christen mit der Pest auszurotten, würden sie die Brunnen vergiften. In der Neuzeit, als die Berichte aus der Bibel mehr als Gleichnisse verstanden wurden, als man erkannte, daß die Welt nicht in sechs Tagen erschaffen worden war, als man die Ursachen der Pest erforschte, mußte man den Judenhaß wissenschaftlich untermauern. Graf Joseph Arthur de Gobineau in Frankreich war es, der die Rassenlehre von der Hochwertigkeit der arischen und der Minderwertigkeit der nichtarischen Rassen erfand. Dieser hohe Kolonialbeamte brauchte eine Rechtfertigung für die Herrschaft des französischen Bürgertums über Teile Afrikas. Seine Theorien wurden nun von den deutschvölkischen Judenfeinden übernommen. Der Begriff Arier hatte ursprünglich nichts mit einer Rassenlehre zu tun, er stammte aus der Sprachforschung als Bezeichnung für Indogermanisch.

In der harten Wirtschaftskrise von 1929 wurde von den Nazipropagandisten die Parole herausgegeben: »Der Jude ist an allem schuld.« Der Markt, der Handel überhaupt, galt in der Theorie der Nazis als die parasitäre, die jüdische Form des Kapitalismus. Die großen Konzerne übernahmen die Prinzipien und die Ideologie der Nazipartei, sie übernahmen die Theorie von dem schädlichen jüdischen »raffenden« Kapital und dem guten arischen »schaffenden« Kapital.

Diese gemeinsamen Überlegungen aus meiner Gruppe in

»Neu Beginnen« sind eingeflossen in meine Arbeit am Buch »Der gelbe Fleck – Wurzeln und Wirkungen des Judenhasses in der deutschen Geschichte«, veröffentlicht 1987.

Mit dem Judenhaß als einem wesentlichen Bestandteil der Staatsdoktrin wurde vom 30. Januar 1933 an das deutsche Reich regiert.

In meinem Roman »Patria Israel« habe ich versucht, meiner tapferen, klugen Lore ein Denkmal zu setzen. Ihr Schicksal ist anders verlaufen als ich es dort schilderte. Aber ihre Züge habe ich, soweit es in meiner literarischen Kraft steht, nachgezeichnet. Nach ihrem Abitur studierte sie Medizin an der Bonner Universität. Da sie als Jüdin und Kommunistin nicht weiterstudieren konnte, zog sie etwa 1934 nach Berlin. Sie wurde Krankenschwester im Jüdischen Krankenhaus. Später hörte ich, daß sie Anfang 1939 von einem ehemaligen sogenannten Kommilitonen in Berlin erkannt wurde, einem SS-Mann. Sie mußte damit rechnen, angezeigt und verhaftet zu werden. Es gelang ihr, nach Amerika zu entkommen.

1947 haben wir uns durch gemeinsames Bemühen brieflich wiedergefunden. Sie lebte in Cincinnati, der Stadt am Ufer des mittleren Ohio. Dort hatte sie einen Lebenskameraden gefunden, er stammte aus Neuß. Wir hatten ein Wiedersehen hier bei mir in Berlin für das Jahr 1970 in Aussicht genommen. Da erreichte mich durch ihre Schwester Lissy die Nachricht, daß Lore ganz plötzlich verstorben sei.

Ja, wir hatten damals in der Illegalität Illusionen, wir hatten Vorstellungen, die nicht mehr stimmten. Aber ich habe versucht, mit anderen, mit meinen Genossen, die Welt, die meine war, und die meine ist, zu ändern. Den Krieg, den wir alle kommen sahen, wollten wir verhindern. Die Judenmorde, die ja in Hitlers Buch »Mein Kampf« deutlich vorprogrammiert waren – wir kannten das Buch und hatten es studieren müssen –, wollten wir unmöglich machen.

Lore gehörte zu meiner Gruppe. Ich blieb solange, bis meine Genossen mir sagten: »Du mußt von hier weg. Du warst einmal Emigrant, du bist zurückgekehrt. Durch unsere Verbindungen wissen wir, Leute wie dich stecken sie in ein Umerziehungslager. Wir müssen den Kontakt zu dir jetzt abbrechen. Du darfst unsere Gruppe nicht gefährden.« So verließ ich Deutschland.

Noch in Tel Aviv, in der Pinsker Straße 31, erhielt ich einen Brief von Lore aus Montreal, geschrieben am 5. Februar 1949. Ich überflog ihre englisch geschriebenen Zeilen: *Ich zweifelte nie an meinem lieben alten Rudolf. ... Ich habe mit Parisern zusammengearbeitet und habe aus ihrem Leben gelernt. Erinnere Dich, Rudolf, es gab eine Zeit, in der Du mir viel über Frankreich gesagt hast, ich denke, Du hattest recht. ... Nun bin ich auf der anderen Seite des Ozeans. In vielerlei Hinsicht ist es hier wie überall auf der Welt. Manche Leute haben zu viel, manche haben zu wenig. Diejenigen, die zu viel haben, wünschen, mehr zu haben, und sie wissen auch, wie sie es bekommen. Die anderen möchten auch mehr haben, aber sie wissen nicht, wie sie es bekommen können. Der Lebensstandard ist höher als in Europa, hier ist Arbeit für jeden, der arbeiten will. Viele Juden nennen es Gottes Land, und für viele ist es so. Ich habe hier viele Freunde, manche sind nett, manche nicht. Ich vermisse meine alten Freunde sehr. Die Welt ist in diesen Tagen nicht sehr groß. Ich hoffe, eines Tages werden wir uns irgendwo wiedertreffen. ... Be well, my heartiest regards to you. Much love.* Und hier, in diesem Luftpostbrief mit dem Stempel vom 6. Februar 1949, hatte sie als ihre Unterschrift und mit einem abschließenden Punkt versehen den Namen *Lora* gesetzt.

Und doch, alle Sandalenmacher der Welt mit Namen Lurja oder Lorja sollten mir verzeihen, auch der hochberühmte Josel von Rosheim möge mir nicht gram sein, für mich ist die jüngste Tochter von Paula Cohn, geborene Weyl, und von ihrem Mann Gustav Cohn aus der Sankt-Anton-Straße in Krefeld immer nur Lore, meine wunderbare Freundin Lore.

1969 schrieb sie mir: *Was das Wiedersehen anbetrifft – bevor wir vor zwei Jahren zum ersten Mal nach Europa gefahren sind, hatte ich mit einem Bekannten korrespondiert, den ich zuletzt 1936 gesehen hatte. Wir hatten eine Hotelvorhalle als Teffpunkt angesetzt – eine ganz bestimmte Stelle – wir sind 15 Minuten an uns vorbei auf und ab gegangen, bis der Mann vom Hotelempfang mich ansprach: Meine Dame, diese Herrschaften haben nach Ihnen gefragt. So läuft man mit dem Bild herum, das man vor dreißig Jahren hatte. Und ist inzwischen alt und mies geworden, wenigstens ich. Aber wenn es soweit ist, werde ich Dir ein Erkennungszeichen schreiben.*

In diesem Brief nach Berlin vom September 1969 stehen die Worte: *Zu Hause – in Krefeld meine ich – bin ich nie wieder gewesen.*

Onkel Willy

Onkel Willy besaß in Essen auch einige Kinos. Er sagte: »Wenn schönes Wetter ist, kaufen die Leute bei mir Schuhe, regnet es, gehen sie in meine Kinos.« Ach, er war ein so herzensguter Mensch und immer fröhlich. Aber gegen seine Frau Alma konnte er nicht ankommen. Sie war richtig boshaft. Und sie verstand überhaupt nichts von der Hauswirtschaft. Doch Onkel Willy hatte die Eigenschaft, sie über den grünen Klee zu loben. Jeden Mittag, und wir waren oft bei ihm zu Tisch, sagte er beim ersten Bissen: »Alma, du hast dich selbst übertroffen.«

Als Kind schon hatte ich eine richtige Wut auf sie. Ich war etwa vier Jahre alt und spielte bei Tante Alma im Garten. Noch heute weiß ich den Sinn des Spieles. Ich hatte vom Weg fünf Kieselsteine genommen und sie auf eine große Steinplatte im Rasen gelegt. Jedes Steinchen bedeutete eine Person: Mutter, Vater, Liesel, Nelly und ich. Abwechselnd schob ich sie hin und her, mal scharten sich alle um Nelly, dann wieder hatte Vater allein mit Liesel zu tun. Ich überlegte, wem ich nun meinen Stein bringen sollte. Nelly? Liesel? Mutter? Tante Alma kam mit knirschenden Schritten über die Kieselsteine des Gartenwegs heran. Sie trug ein weißes, mit Spitzen besetztes, am

Hals hochgeschlossenes Kleid. Sie redete barsch auf mich ein: »Sofort bringst du die Steine wieder auf den Weg.« Ich stand auf, ging weg und ließ die Steine liegen.

Doch Onkel Willy war ein unglaublicher Kinderfreund. Wenn wir nach Essen kamen, öffnete er allein für uns und die anderen Kinder seiner Verwandtschaft am Vormittag eines seiner Kinos und ließ uns Filme vorführen. Ich erinnere mich noch an seine Freude, mit der er uns 1923 den »Fridericus Rex«-Film vorstellte. Er ging mit in die Vorstellung und klatschte, wie wir Kinder auch, bei den Paraden und den Siegesmärschen. Wir weinten gemeinsam bei der Niederlage von Kunersdorf. Auf dem Heimweg versuchte ich, zwar ohne Stock, einige Schritte zu gehen wie Otto Gebühr am Krückstock als Friedrich der Große.

Es war kurz nach dem 30. Januar 1933. Eines Tages erschien in Onkel Willys Schuhgeschäft eine Frau, nein, eine Dame. Sie suchte und fand und kaufte einen besonderen weißseidenen Abendschuh. Sie sprach ganz offen mit der Verkäuferin, und Onkel Willy kam natürlich ratgebend dazu. Sie sagte zu ihm: »Herr Samson, Sie müssen verstehen, im allgemeinen muß ich ja meine Schuhe in unseren Betriebsläden kaufen, es ist wichtig, daß unsere Belegschaft sieht, ich selbst trage Schuhe wie jede Kruppianerin. Aber wir sind zu einer besonderen Festlichkeit beim Oberbürgermeister eingeladen, da hat mein Mann mir gestattet, mich in Ihrem Hause umzusehen.«

Frau Krupp von Bohlen und Halbach. Ihr Schritt war beachtlich. »Nur bitte ich Sie, Herr Samson, Sie und Ihre Verkäuferin sprechen bitte nicht über meinen Besuch in Ihrem Hause. Ich weiß nicht, wie die Leute von der Deutschen Arbeitsfront reagieren würden.«

Die Deutsche Arbeitsfront. Ich wußte, daß es für alle Mitglieder der NSDAP verboten war, in jüdischen Geschäften zu kaufen. Es war schon kühn, wenn Frau Krupp persönlich bei der Firma Samson erschien. Ach, mein guter Onkel Willy, er war so stolz auf diese Kundin. Er hatte der Verkäuferin die Schuhkästen abgenommen, hatte zu jedem Schuh seine Erklärungen abgegeben. »Ich empfehle Ihnen natürlich in erster Linie die Schuhe von Bally. Es haben nur ganz wenige Schuhhäuser den Vorzug, von dieser Firma beliefert zu werden. Aber wir haben da die größte Auswahl.«

Mein Onkel Willy, das muß ich leider berichten, war ein erzkonservativer und nicht sehr intelligenter Herr. Er begriff nicht, was da mit den Nazis heraufzog. Einmal aber zeigte er einen gewissen Stolz. In einem Inserat im »Essener Generalanzeiger« machte er Reklame für sein Schuhgeschäft: »I. Samson Söhne. Seit 127 Jahren Adolf-Hitler-Straße 30.« Wenn er schon nicht mehr Kettwiger Straße schreiben konnte, so machte er doch auf den Ursprung seines Schuhhauses aufmerksam, selbst auf die Gefahr hin, daß einige alteingesessene Essener lächeln mochten, denn so viele Jahre lebten sie nun doch noch nicht mit dem neuen Namensgeber zusammen. Ja, Onkel Willy, auch er ein Alteingesessener, wies nun allein mit der Jahreszahl auf die Tradition der Familie Samson hin: Hier kauft man die besten Schuhe. Und er konnte es sich nicht vorstellen, daß er einmal aus seinem Laden, seiner Straße, seiner Stadt, seinem Land hinausgetreten werden sollte, im Namen dieses Mannes, den er als Straßenbezeichnung in seiner Anzeige nannte.

Vom durchgenähten Meyer und den Geldrianern

Eines Tages muß Max Cain aus Geldern zu meinem Vater Moritz gekommen sein und sich als Vertreter einer Fabrik für Herrenschuhe vorgestellt haben. Drei Brüder der Familie Cain waren die Besitzer, David, der Senior, Alex, der Junggeselle, und Max, der für den Verkauf Verantwortliche, elegant und Schwadroneur. Aber leider redeten zwei von ihnen nicht mehr miteinander. Ich habe nie erfahren, wie es zu dem Zerwürfnis kam. Wahrscheinlich ging es um eine Erbschaft. David sprach nicht mit Max, und Max sprach nicht mit David. Und immer mußte der Junggeselle Alex vermitteln. Ich sehe sie heute noch, wie sie an ihren Stehpulten stehen und sich anschweigen. Alex am Stehpult in der Mitte. Wenn David etwas seinem Bruder und Teilhaber Max mitteilen mußte, wandte er sich an Alex. Der sagte es Max und gab wiederum die Antwort weiter an David, den Senior des Hauses.

Diesem ältesten aus der Reihe zahlreicher Geschwister, dem sehr konservativen David, mußte mein Vater sich in den ersten Jahren wohl besonders freundschaftlich verbunden gefühlt haben. Ja, mein Vater war so von ihm angetan, daß er ihm seine einzige Schwester, Johanna, als Ehegespons anvertraute.

Das wird etwa um 1900 gewesen sein. Tante Johanna und Onkel David lebten in einem Haus mit einem Garten, der an einem Bach endete. Geldern war klein, und hier hörte schon die Stadt auf. Sie waren, wie mir damals schien, altfränkisch eingerichtet. Im Herrenzimmer mit den dunklen, schweren, geschnitzten Eichenmöbeln hing eine Tafel, auf der ich mich nicht zurechtfand. Es war, wie ich später erfuhr, Onkel Davids Urkunde als Freimaurer.

Natürlich waren ihm die Logen des »christlichen Prinzips« verschlossen, die besagten, daß nur »ein freier Christ von gutem Rufe« Mitglied werden könne. Aber mein Onkel David wollte die dort vertretenen Gedanken von *Toleranz, Hilfsbereitschaft und Brüderlichkeit* auch für sich in Anspruch nehmen. Es gelang ihm, in einer Loge in Holland Mitglied zu werden. Man war ja Nachbar, dicht an der Grenze. Selbstverständlich wurden nur gut beleumdete und sehr wohlhabende Herren aufgenommen, denn sie mußten auch ihrer Pflicht genügen können, wohltätig zu sein.

Mein Vater dachte nicht daran, im Ausland als Mitglied einer christlichen Loge geduldet zu sein, er schloß sich dem jüdischen unabhängigen Orden, »Bne Briss«, »Söhne des Bundes«, an. Sie hatten die Forderungen *Wohltätigkeit, Bruderliebe und Eintracht* zur Lebensregel genommen. Und es gehörte zu ihren Zielen: *Wissenschaft und Kunst zu unterstützen, die Not der Armen und Dürftigen zu lindern, die Kranken zu besuchen und zu pflegen, den Opfern der Verfolgung zu Hilfe zu kommen und ihnen in allen Lagen hilfreich beizustehen.* Die Briefe des Ordens an meinen Vater mit den Mitteilungen über die nächsten Zusammenkünfte trugen immer die zweifache Anrede »Sehr geehrter Herr und lieber Bruder«.

Wir beiden Kinder aus Krefeld, meine Schwester Liesel und ich, verlebten fast alle unsere Ferien bei Tante Johanna und Onkel David in Geldern. Von ihnen wurden wir über alle Maßen verwöhnt. Sie bestellten für uns allein eine Kutsche, und wir fuhren zweispännig in die Wälder bis zur holländischen Grenze. Wir kannten die Stellen, wo Blaubeeren wuchsen. Es kam nicht darauf an, wer am Ende die meisten Beeren gesam-

Die Familie im Marienhof
Von links: Moritz Hirsch, Johanna Cain, Schwester von Moritz, Rosa Cain, Schwägerin von Moritz. Rechts außen: Meta Hirsch. Mitte unten im Matrosenanzug: Rudolf Hirsch, um 1917.

melt hatte. Manchmal begleitete uns Margret, die Tochter von Tante Carola und Onkel Max. Margret, das schönste und wildeste Mädchen, das ich je kannte.

Ich weiß nicht, woher auch schon Tante Carola dieses Temperament hatte. Vielleicht waren ihre Vorfahren aus Spanien gekommen, vertrieben von dem allerchristlichsten Königspaar 1492. Jedenfalls hatte auch ihre Tochter Margret dieses spanische Feuer. Ihre dunklen, fast schwarzen, großen Augen. Ach, sie paßte so gar nicht nach Geldern.

Kaum waren wir aus Krefeld angekommen, so erdrückte mich das wilde Mädchen fast in ihrer Begrüßungsfreude. Es wurde erzählt, man habe mich gefragt: Soll Margret dich noch einmal umarmen? Und ich hätte verschüchtert geantwortet: Lieber nicht. Später habe ich mir diese Umarmungen recht gern gefallen lassen. Margret wohnte sehr oft bei uns in Krefeld. Später.

Aber wir lernten auch die sehr unglückliche, für uns Kinder schreckliche Ehe von Tante Johanna und Onkel David kennen. Jeden Tag gab es Krach zwischen ihnen. Onkel David war die Pünktlichkeit und Korrektheit in Person, Tante Johanna, eine herzensgute Frau, konnte nie pünktlich sein. Vor allen Dingen beim Bereiten und Auftischen des Mittagessens. Wenn Onkel David aus der Fabrik zu seiner kurz bemessenen Mittagspause kam, war der Tisch noch nicht einmal gedeckt. Tante Johanna war nicht fähig, ihre zwei Dienstmädchen richtig anzuleiten. Arme Tante Johanna, ich weiß nicht, wie sie ihre Zeit verbrachte, ob sie gestickt oder gelesen oder Klavier gespielt hat. Sie litt an ihrer Unpünktlichkeit, jeder Zug fuhr ihr davon. Und ach, sie war wirklich herzensgut. Für uns hielt sie immer Konfekt bereit. Über ihre einzige Tochter Erna ist nicht viel zu berichten. Ein Schuhvertreter, der wohl am meisten ihre Mitgift liebte, nahm sich eines Tages ihrer an. Onkel David mochte seinen Schwiegersohn auch nicht. Er nannte ihn spöttisch den »durchgenähten Meyer«, nach der Machart der Schuhe, die er vertrat. Sohle und Schaft miteinander vernäht.

Merkwürdig, die Erwachsenen hatten alle Krach miteinander. Aber wir Kinder aus Krefeld und die Geldrianer wurden von allen verwöhnt. Für uns galt nicht das Reich der Feindseligkeiten.

Im Vorderhaus der Fabrik an der Issumer Straße wohnten der mir liebste der drei Brüder Cain, der Junggeselle Onkel Alex, ein hochgewachsener, schöner Mann, der viele Reisen unternahm, seine Schwester, meine Tante Rosa, und seine Mutter. Wir, Liesel und ich, nannten sie Großmutter, weil wir keine richtige Großmutter mehr hatten. Acht Kindern hatte sie das Leben geschenkt. Ich habe Großmutter nie gehend gesehen, sie saß immer in ihrem Lehnstuhl am Fenster zur Issumer Straße. Sie schaute hinaus, als warte sie täglich auf den einen Sohn, der plötzlich nach Amerika gegangen war. Es hieß in Geldern, er habe die Stadt verlassen müssen wegen einer dunklen Affäre.

Als habe Großmutter es geahnt, kam er nach zwanzig Jahren, während der Inflationszeit, aus Amerika zurück. Aber nicht als ein verlorener Sohn. Er konnte nun nicht nur die jetzt so begehrten Dollar vorweisen, er hatte auch eine Familie gegründet. Seine Frau, jetzt also meine Tante Sofie, sein Sohn und seine Tochter waren mit ihm in Geldern eingetroffen. Nur Onkel Alex, der Vielgereiste, Sprachbegabte, konnte sich mit Tante Sofie unterhalten. Ich sehe sie noch heute vor mir mit ihrer runden Brille und ihrem strengen Mund. Sie wirkte damals auf mich wie eine unerbittliche Lehrerin. Auch die Blume, die sie kokett in ihr dunkles Haar gesteckt hatte, machte sie für mich nicht sympathischer.

Die Amerikaner kamen, wie Onkel Alex, lieber zu uns nach Krefeld. Die Kleinstadt Geldern hatte für sie keinen Reiz mehr. Es war vielleicht auch eine Flucht vor der Issumer Straße.

Dort führte die unverheiratete Rosa den Haushalt. Sie hatte in ihrem ganzen Leben nie die Freuden und den Kummer der Liebe gespürt. Doch sie strahlte, wenn man ihren Kartoffelsalat lobte, der durch ihre Spezialität, das Zutun eines nicht zu großen sauren Herings und einer kleinen Portion roter Rüben, einen besonderen Geschmack und eine leichte Färbung von zartem Rosa bekam. Die Cains waren im Grunde genommen alle schöne Leute. Nur Tante Rosa nicht. Sie war ein Stiefkind der Natur. Und sie lispelte. Aber wenn jemand eine zweite Portion von ihrem unvergleichlichen Kartoffelsalat verlangte, ging ein Hauch von Glückseligkeit über ihr ältliches Gesicht.

Merkwürdig war die Ansammlung von Verwandten: Die Cains aus der dörflichen Kleinstadt Geldern – alles Sprößlinge dieser alten Großmutter. und wir, die Hirschs, aus Krefeld.

Im Gegensatz zu Geldern war Krefeld eine Großstadt am linken Niederrhein. Nicht so groß wie das rechtsrheinische Düsseldorf, die eleganteste Stadt im Rhein-Ruhrgebiet. Dort, auf der Königsallee, und zwar fast nur auf der einen Seite, lagen die teuersten und elegantesten Geschäfte, die ganze Haute Couture von Paris und Mailand stellte sich dar. Es war so: Wenn die reichen und feinen Damen aus Geldern – auch aus Kleve und aus Kempen, der Stadt des berühmten Mönchs Thomas – sich nach der neuesten Mode kleiden wollten, gingen sie häufig nach Krefeld. Die Krefelder Damen aber, auch die von Duisburg und Mühlheim-Ruhr, kauften ihre Roben und Pelze in Düsseldorf. Man sieht hieraus, wie schwierig und strapaziös das Leben für die Damen im Rhein- und Ruhrgebiet ist. Und so ist zu vermuten, daß die Krefelder Männer viel mehr Geld für ihre Damen ausgeben müssen, als die von Hannover, von Frankfurt am Main, von Frankfurt an der Oder ganz zu schweigen.

Onkel Alex

Jeden Sonntag kam der elegante Junggeselle Onkel Alex zu uns nach Krefeld. Wir Kinder schwärmten für ihn. Nelly strahlte, wenn er erschien. Er vergaß nie, nachdem er seinen Mantel an die Garderobe gehängt hatte, als erstes in die Küche zu gehen, um Nelly, die Köchin, zu begrüßen. Aber ein Trinkgeld bekam sie von ihm, zur Verwunderung meiner Mutter, nie zu sehen, obwohl er jahrzehntelang jeden Sonntag mittags und abends ihre Kochkunst bewunderte. Dieser Onkel Alex muß, ich kann es mir nicht anders erklären, Heinrich Heine sehr genau studiert haben. Der schrieb einmal an seinen Verleger, er lege weniger wert auf Bezahlung als auf »honette Behandlung wie eine gute Köchin«.

Von seinen Reisen nach Indien und Ceylon aber brachte der liebenswürdige Mann seinen zahlreichen Schwestern und meiner Mutter stets goldene Ringe mit seltenen Steinen, Halsketten und Armbänder mit.

Tante Rosa war fest davon überzeugt, daß er ebenso keusch lebte wie sie, die Bedauernswerte mit dem Zungenfehler. Meine Mutter aus der Familie Samson in Essen kannte die Welt und Leute wie Onkel Alex besser.

Schulzeit

Ostern 1914, wenige Monate vor Beginn des ersten Weltkriegs, kam ich in die Schule. Ja, ich freute mich sogar. Aber meine Freude wurde nicht belohnt. Man brachte mich in die Vorschule des Realgymnasiums, in jenes düstere Gebäude, das mich schon als Kind erschreckt hatte. Dieses Gebäude machte seinem Äußeren viel Ehre. Es war die richtige Bekleidung für den Geist, der dort herrschte. Für Knaben wohlhabender Familien gab es im Realgymnasium eine dreijährige Vorschule. Die anderen, die keine so betuchten Eltern aufweisen konnten, mußten vier Jahre zur Volksschule gehen. Bei guten Leistungen wurden auch sie für das Realgymnasium als tauglich befunden. Und nicht nur in das Realgymnasium konnten sie dann wechseln, das in Krefeld die angesehenste Schule war, sondern auch in das Gymnasium, das meist von den streng katholischen Familien bevorzugt wurde. Die Oberrealschule, mitten in der Stadt, galt als nicht so vornehm wie das Realgymnasium. Dieser Bildungstempel am Moltke-Platz, in den wir, soweit ich weiß, 1916 einzogen, diese prächtige Schule hatte, damals wenigstens, keinen guten Kern.

Noch war in meiner ersten Schulzeit kein auf mich gemünztes antisemitisches Wort gefallen. Nur merkwürdig, von meinem ersten Schultag an hatte ich einen Schulfreund, Heinz Malsch, auch er aus jüdischem Elternhaus. Er gesellte sich mir zu. Wir waren große Patrioten. Bei unseren Kinderspielen wollte ich Kaiser Wilhelm sein, der andere Kaiser, Franz Josef, blieb übrig für Heinz Malsch.

Sein Vater war frühzeitig gestorben. Die Mutter war mit Heinz und seiner weitaus älteren Schwester zu ihrer Mutter Herz nach Krefeld gezogen, sie wohnten in der Hubertusstraße. Die Familie Herz, angesehen in der Seidenfabrikation, gehörte zur jüdischen Elite der Stadt. Ein Zweig besaß ein großes Haus in der teuersten Gegend, in der Bismarckstraße. Einem jungen Mann aus dieser Familie war es sogar gelungen, in den streng christlichen Tennisclub aufgenommen zu werden, der sonst für Juden verschlossen war.

Ein Vetter von Heinz Malsch ging ebenfalls in meine Klasse. Wenn die christlichen Schüler Religionsunterricht hatten, bekamen die jüdischen Schüler frei. Dann durfte ich mit Heinz Malsch und seinem Vetter in das feine Haus in der Bismarckstraße. Dort wurde uns Kakao serviert. Es war eine miserable Sorte, die mir, von Nelly verwöhnt, überhaupt nicht schmeckte. Nein, ich mochte die Herzens nicht.

Heinz Malsch kam in der Schule nur schwer mit. Er blieb schließlich in einer der unteren Klassen sitzen. Das sah ich als eine große Schande an. Langsam trennten sich unsere Wege. Nach der Schulzeit sahen wir uns kaum noch. Bei Beginn der Nazizeit sagte er mir, er wolle die Ereignisse in Ruhe abwarten. Ich antwortete ihm, tue es lieber in Unruhe. Wir haben uns dann aus den Augen verloren.

Die Lehrer waren kaisertreu, auch noch, als der Kaiser längst nach Holland geflohen war. Diese meine Lehrer hatten zwar alle den Krieg nicht mitgemacht, aber sie waren sehr kriegsbegeistert. Sie haßten die Weimarer Republik, und diesen Haß versuchten sie uns einzutrichtern. Die mit mir in die Schulklasse gingen, auch die wenigen jüdischen Kinder, die wie ich von derselben Schulbank gedrückt und gepreßt wurden, wir alle, waren kaisertreu. Als die Niederlage von 1918 Realität war, glaubten auch wir an den Dolchstoß. Für uns, Lehrer und Schüler, ging es ineinander über: »Im Felde unbesiegt« und: »Der Dolchstoß kam von hinten.«

Als unser Gebiet von den Belgiern besetzt wurde, empfanden wir das als Schmach und Schande; denn die Belgier galten als ganz besondere Deutschenfeinde, weil sie 1914 kein Verständnis gezeigt hatten. Mußte denn nicht das Heer im siegreichen Vormarsch durch das neutrale Belgien marschieren, einfach vorstoßen, um das tückische Frankreich schnell zu schlagen? Die Lehrer, die es eigentlich hätten besser wissen müssen als die Kinder in der Vorschule und ihre Schüler, Realgymnasiasten, grünbemützt in der Sexta und braunbemützt in der Quinta, diese Lehrer blieben selber unbelehrt, sie konnten und sie wollten im Unterricht die Niederlage nicht zugeben. Der Dolchstoß blieb das Symbol des Geschichtsbildes, das uns am Moltke-Platz vermittelt wurde.

Dann tauchten kleine Zettel auf den Schulbänken auf. Überall angeklebt. Ausgegeben von einem deutsch-völkischen Schutz- und Trutzbund. Den Dolchstoß, so hieß es, hätten die Juden ausgeführt, gemeinsam mit den Novemberverbrechern, den Sozialdemokraten und Bolschewisten, um die Weltherrschaft zu erlangen. Diese Zettel wurden von den meisten meiner Mitschüler intensiv studiert und weiterverbreitet, sie bestimmten von nun an ihr Denken. Bei mir wuchs der kritische Verstand.

Damals wußte ich noch nicht, daß diese Zettel, ja der ganze deutsch-völkische Schutz- und Trutzbund, von einem Alldeutschen Verband ins Leben gerufen wurde, einem Verband, der schon zur Kaiserzeit nach einem Führer verlangte. Der Vorsitzende, Justizrat Heinrich Claß, hatte bereits vor dem 1. Weltkrieg dem Kaiser Schwäche vorgeworfen. Er verlangte in seinem Buch »Wenn ich der Kaiser wär'« die Unterdrückung der Sozialdemokratie, und er verlangte, die Juden sollten unter Fremdenrecht gestellt werden, das bedeutete, sie dürften kein öffentliches Amt bekleiden, sie sollten weder Lehrer, noch Anwälte, noch Leiter von Theatern sein; vom Wahlrecht müßten sie ausgeschlossen werden. Nach dem 1. Weltkrieg schlug er vor, die Juden als die Hauptschuldigen an der Niederlage zu bezeichnen. Er fälschte ein Wort von Heinrich von Kleist um. Kleist hatte die Franzosen gemeint, Claß wandte es auf die Juden an: *Schlagt sie tot! Das Weltgericht fragt euch nach den Gründen nicht!* Claß versuchte, mit seinen Vorstellungen den zwar kleinen, aber doch mächtigen Alldeutschen Verband umzuwandeln zu einer, wie es ihm vorschwebte, »Volksbewegung«. Mit Unterstützung der Industrie wurde die deutschvölkische Bewegung ausgerichtet. Von ihm habe er all seine Gedanken, erklärte Hitler bei einer Begegnung im Dezember 1920. Und er küßte Claß die Hände.

Das konnte ich als Schüler natürlich nicht wissen. Aber mich empörten diese Parolen des deutsch-völkischen Schutz- und Trutzbundes, der Ersatzorganisation der Nazipartei im besetzten Rheinland. Bei sehr vielen meiner Mitschüler und Lehrer legten diese Zettel und diese Propaganda die Keime für ihre spätere Entwicklung.

Damals als Kind verstand ich die Welt nicht mehr. Ich wußte, wie kaisertreu mein Vater war, wie er den Krieg, mit allem was er hatte, unterstützte, ich kannte seine Freunde, angesehene und gutbürgerliche jüdische Kaufleute, die genauso dachten wie er. Ich wußte, daß der Oberrabbiner Dr. Levy während des Krieges für den Sieg der deutschen Waffen gebetet hatte. Und ich kenne noch seine Formulierung, sie stand im Gebetbuch für den Jugendgottesdienst: »Schütze, o himmlischer Vater, den Kaiser und seine Gemahlin Augusta Viktoria und das ganze kaiserliche Haus.« Sie waren wirklich keine hinterhältigen Gesellen, die einen Dolch in der Hand führten. Viele hatten als patriotische Männer den grauen Rock angezogen, sie hatten an der West- oder an der Ostfront das getan, was sie für ihre vaterländische Pflicht hielten.

Das Thema »Der Rhein, Deutschlands Strom, nicht Deutschlands Grenze« wurde jedes Jahr von der Sexta bis zur

Unterprima (weiße Mütze mit silberner Borte) immer wieder als Wahlthema für den deutschen Aufsatz von den Lehrern vorgeschlagen. Ich muß bekennen, ich habe es nie gewählt. Nicht, weil ich es nicht konnte, oder weil ich es nicht wollte. Nein, es war mir zu langweilig. Die Mehrheit meiner Mitschüler aber schrieb treu und brav jedes Jahr wieder und wieder, wie deutsch der ganze schöne Rhein sei. Es war auch so bequem; sich eigene Gedanken zu machen zu einem eigenen Thema, nein, das lag ihnen nicht. So habe ich sie kennengelernt.

Ich war kein schlechter Schüler, aber bis auf zwei Fächer interessierte mich der Unterricht überhaupt nicht. In Deutsch und Mathematik war ich besser als die meisten meiner Mitschüler, da brauchte ich mich nicht anzustrengen, ich wußte, das konnte ich. Nie hatte ich den Ehrgeiz, in allen Fächern zu glänzen. Ich träumte lieber von einer Welt, in der ich gern leben wollte. Ich träumte auch während der Schulstunden und wußte doch genau, wovon im Unterricht die Rede war. Die Lehrer bemerkten wohl mein Träumen und stellten mir Fangfragen. Ich konnte ihnen jedoch immer zur Sache antworten.

Das Eigenartige bei mir, ich war ungeheuer faul, Schularbeiten machte ich grundsätzlich nicht. Das Mathematikbuch brauchte ich mir nur anzusehen, dann beherrschte ich den Stoff für das ganze Jahr. Meine Leistungen in der Schule waren merkwürdig schlecht und gut. In Deutsch gaben die Lehrer mir ungern sehr gut. Aber in Mathematik war nichts zu wollen, da war ich der beste. In Französisch und Latein konnte ich nur schlechte Leistungen aufweisen, ich wollte keine Vokabeln lernen. Hingegen nahm ich mit Wissensdurst am freiwilligen Biologieunterricht teil. Mein Vater konnte nicht stolz auf mich sein. Ich war ihm nicht sportlich genug und galt als verträumt.

Ein besonderes Interesse hatte ich für Physik und Chemie, aber die Lehrer, die in diesen Fächern unterrichteten, mochten mich nicht, und ich mochte sie auch nicht. Die meisten Lehrer an diesem Realgymnasium waren Antisemiten. Unter ihnen tat sich besonders Herr Vlaten hervor. Und ausgerechnet er wollte meine Klasse bis zum Abitur begleiten. Anfangs glaubte ich, ihm Paroli bieten zu können. Wenn dieser Lehrer seine antisemitischen Bemerkungen machte, stand ich auf und sagte, das gehört hier nicht in die Schule. Ich ließ mir nichts gefallen, das hat den anderen sicherlich imponiert. Aber da war niemand unter ihnen, der mir zur Seite stand. Diese Schule habe ich gehaßt, den Schulweg bezeichnete ich in meinen Gedanken als einen Golgathaweg.

Obwohl meine Eltern mich drängten, das Abitur zu machen, verließ ich die Schule mit der Primareife. Ich konnte die antisemitischen Lehrer nicht mehr ertragen.

An sich ist das Rheinland dort katholisch. Die katholischen Schüler waren keine Antisemiten. Aber die evangelischen, Söhne von Seidenwebereien-Besitzern, auch von mennonitischen Herrschaften, sie waren grundsätzlich Antisemiten. Sie, meine sogenannten Klassenkameraden, sprachen nicht mit mir.

Vom Kraut der Bitternis

Noch blieb in der Stadt der Antisemitismus unter der Oberfläche. Man ging, wollte man gute Schuhe kaufen, zu Hirsch, es war das beste Geschäft, weithin anerkannt und sehr attraktiv geführt. Wahrscheinlich kamen auch Leute, die sonst Antisemiten waren.

Mein Vater hatte mehrmals erklärt, er wäre längst aus der Jüdischen Gemeinde ausgetreten, aber solange es Antisemitismus gäbe, bleibe er ein Jude. Er war ein angesehenes Mitglied der Repräsentanz. Er war unerbittlich in seinen Grundsätzen. So mußte ich einmal hören, wie er erklärte: »Ich bin nur dabei, damit kein Geld nach Palästina kommt.« Er ging zwar nicht regelmäßig in die Synagoge, aber natürlich hatte er als Repräsentant dort einen Sitz.

In der Synagoge herrschte das Dreiklassensystem: Wer die höchsten Steuern zahlte, gehörte zur ersten Klasse. Es waren wenige, mein Vater gehörte zu ihnen, da er ein sehr wohlhabender Kaufmann war, mit einigem Grundbesitz.

Aus Protest gegen meine Eltern begann meine religiöse Phase. Ich war zwölf Jahre alt und ließ mich von unserem Oberrabiner in die Geheimnisse des Hebräischen einweihen. Ich wollte mehr wissen als nur Redensarten über den Ritus, ich wollte die Besonderheiten in der Art der Gottesverehrung verstehen. Ich wollte zu den Wurzeln vordringen. Die Zeitspanne meiner frommen Neugier war nicht lang.

Zur Vorbereitung für die Barmizwa ging ich dann in den Religionsunterricht. Ein neuer Lebensabschnitt sollte festlich begangen werden. Nach der Vollendung des dreizehnten Lebensjahres galt auch ich als ein »Sohn der Pflicht«, den Erwachsenen gleichgestellt, verantwortlich für mein Tun. Auch Heinz Malsch gehörte zu denen, die für diesen Tag vorbereitet wurden. Wir bekamen beigebracht, welchen Abschnitt jeder aus der Thora zu lesen hatte. Albert Weiß war mit uns, ein ostjüdischer Junge. Zu dieser Feier in der Synagoge erschienen auch meine Eltern. Mein Vater trug einen Zylinder.

Nie hätte ich Albert Weiß einladen dürfen. Wir trafen uns zwar zum gemeinsamen Weg in die Schule, wir waren Freunde geworden. Seine Eltern hatten auch ein kleines Schuhgeschäft. Aber er durfte nicht zu uns nach Hause kommen, ausgeschlossen, weil er ein Ostjude war. Es gab nicht sehr viele Ostjuden in Krefeld. Sie gingen in ein anderes, ein ganz strenges Bethaus. Unsere Synagoge war mit allem versehen, was zu einer Kirche gehört. Es wurde deutsch und hebräisch gebetet.

Mein Onkel Willy in Essen hielt an der Tradition fest, meine Tante nicht. Einmal wollte er uns einen Begriff davon geben, wie ein Sederabend ist, der Gottesdienst zu Hause im Kreise der Familie zum Pessachfest (meist nahe den Tagen zum christlichen Ostern). Er hatte eigens den Rabbiner von Essen dazu eingeladen. Es war sehr feierlich, wie wir uns nun zu Tische setzten, eine große Familie versammelt, fünf Kinder dabei. Es begann die Lesung aus der Haggada, dem erstaunlichen Buch mit den Gedanken über Gott und der Erzählung vom Auszug aus Ägypten. Das jüngste der Kinder hatte zu fragen: »Warum unterscheidet sich diese Nacht von anderen Nächten?« Der Hausvater antwortete mit der Erinnerung an die Zeit der Bedrückung und der Befreiung.

Der Rabbiner führte uns ein in das Geheimnis vom »Brot des Elends«, er brach die Mazzen, das ungesäuerte Brot, das an das Elend der Gefangenschaft in Ägypten erinnert und an den eiligen Auszug aus diesem Land, als endlich die Stunde der Befreiung kam. Wir hörten, dieses Brot war als Gleichnis gesetzt für Menschen, für Kohen, die Priester, für Levi, die Lehrer, und für Israel, die Gemeinde. Der Rabbiner sagte die altehrwürdigen Worte:

Dies ist das Brot des Elends, das unsere Väter in Ägypten gegessen haben. Wer hungrig ist, der komme und esse mit. Wer bedürftig ist, komme und feiere mit uns das Pessachfest. Dies Jahr hier, kommendes Jahr in Jerusalem, dies Jahr noch Knechte, kommendes Jahr freie Männer.

Wir kosteten vom Kraut der Bitternis, dem Symbol für die Sklavenarbeit. Und wir tranken ein wenig vom »schwarzen« Wein, der dunkel wie Blut aussah. Ein Becher, gefüllt bis an den Rand, war dem Propheten Elia vorbehalten, dem erwarteten Vorboten der Erlösung.

Nur bei Heinrich Heine fand ich mein eigenes Herzklopfen wieder, wie er die festliche Zusammenkunft in seinem »Rabbi von Bacharach« beschreibt:

Wehmütig heiter, ernsthaft spielend und märchenhaft geheimnisvoll ist der Charakter dieser Abendfeier, und der herkömmlich singende Ton, womit die Agade von dem Hausvater vorgelesen und zuweilen chorartig von den Zuhörern nachgesprochen wird, klingt so schauervoll innig, so mütterlich einlullend und zugleich so hastig aufweckend, daß selbst diejenigen Juden, die längst von dem Glauben ihrer Väter abgefallen und fremden Freuden und Ehren nachgejagt sind, im tiefsten Herzen erschüttert werden, wenn ihnen die alten, wohlbekannten Paschaklänge zufällig ins Ohr dringen.

Wir, die Kinder aus Krefeld, Liesel und ich, saßen bei den Kindern aus Essen, nichts Böses ahnend, daß einmal Adolf-Hitler-Straßen die Städte unserer Geburt durchschneiden sollten. Daß wir als unerwünschte Fremdlinge ausgelöscht werden sollten.

Das Leben an diesem Abend im Hause von Willy Samson war harmonisch und herrlich. Mit Wehmut und Trauer denke ich an alle, die wir damals an dem langen festlichen Tisch in der großen Villa versammelt waren.

»Der Eisenhammer«

Die Vorstellungen vom Leben waren mir von Geburt an mitgegeben: Ich sollte das Schuhgeschäft übernehmen. Aber ich hatte ja die Schule vor dem Abitur verlassen, ich mußte mir eine Lehrstelle suchen, um die kaufmännische Seite eines Geschäfts zu verstehen. In Krefeld wollte ich jetzt nicht bleiben. So begann ich meine erste Lehrzeit im Schuhhaus B. D. Rosenbaum in Hagen in Westfalen. Herr Rosenbaum nahm mich mit Freude auf, doch nach kurzer Zeit merkte ich, er hatte im Geschäft nichts zu sagen. Seine Frau kontrollierte alles und jeden. Mindestens dreimal am Tage kam sie, um die Kasse zu überprüfen. Die Verkäuferinnen litten unter ihrer Herrschsucht. Bald verstand ich, wie in einem Schuhgeschäft alles funktionieren müßte, bestellen, lagern, verkaufen, die Mode beachten.

Ich begriff, daß eine kaufmännische Lehre mir wenig nützte, wenn ich nicht wußte, wie Schuhe hergestellt werden. Endlich, vielleicht zum erstenmal, war mein Vater wirklich mit mir zufrieden. Er meinte, die beste Gelegenheit zu lernen wie ein Schuh entsteht, wäre nur in Pirmasens, dem Zentrum der deutschen Schuhfabrikation. Mit seiner Empfehlung kam ich in die Schuhfabrik E. D. Rheinberger. Von dort bezog das Schuhhaus Hirsch in Krefeld den Hauptteil der Waren.

Meine Tage in Pirmasens. Ich arbeitete im Betriebsbüro, wechselte über zur Lederausgabe, vertiefte mich dann in die Geheimnisse der Kalkulation. Aber ich wollte wissen, wie ein Schuh entsteht. So bekam ich Zutritt zum Fertigungsbereich.

Ein Obermeister nahm sich meiner besonders an. Er war gleichzeitig mein Quartiergeber. Herr Rheinberger veranlaßte, daß ich bei ihm ein Zimmer bekam. Der Obermeister hatte in einer Arbeitersiedlung ein kleines Häuschen. Dringend wurde ich von ihm ermahnt: »Besuche von Mädchen kann ich nicht dulden.« Wir kamen auf dem Heimeg an einer Gastwirtschaft vorbei. Ich erhielt seine zweite Warnung: »Anständige Menschen gehen da nicht rein.« Er war wortkarg, und ich fragte nicht, warum. Er arbeitete schon vierzig Jahre in der Fabrik. Er hatte eine bayrisch-pfälzische Seele und verachtete alles, was auch nur den Anschein des Preußischen haben konnte. Mich rechnete er offensichtlich nicht dazu.

Der Chef, Herr Rheinberger, führte sein Haus im streng christlichen Sinne. Da war ich nun der erste Jude dort und wurde sehr bestaunt. Die Angestellten hielten sich in meiner Gegenwart mit antisemitischen Bemerkungen zurück, sie wußten sicherlich, daß der Vater dieses jungen Mannes zu den besten Abnehmern ihrer Waren gehörte. Vielleicht imponierte es ihnen auch, wie ich Tag für Tag ernsthaft an die Arbeit ging. Mein Obermeister brachte in der Fabrik viel Zeit für mich auf, von ihm lernte ich im Fertigungsbereich die Bestimmung und die Bezeichnung verschiedener Maschinen. Alles wurde mir vorgeführt, die Tax-Zwickmaschine, die Zwickmaschine, die Fersenzwickmaschine, die Spitzeneinbindemaschine, die Doppelmaschine, die Einstechmaschine, die Durchnähmaschine, die Holznagelmaschine, die Fräsmaschine und die Glasmaschine. Damals konnte ich nicht ahnen, daß ich zehn Jahre später bei der Firma L. Stern in Rheydt eine Volontärstelle antreten mußte, um die Fähigkeiten für das Bedienen all dieser Maschinen zu erwerben.

Ach ja, Pirmasens in der Pfalz. Es war für mich ein dunkler Ort. Das einzige Gesprächsthema, das alles überlagerte, war Fußball. Da kamen die dumpfen Gefühle hoch. Da schlugen sie sich. Da stachen sie mit Messern aufeinander ein. Die Zuschneider für das Schuhleder trugen immer ihre scharfen Messer bei sich. Unter ihnen waren aufbrausende Leute.

Im Jahr 1926 erreichte mich aus Krefeld die Nachricht, daß mein Vater plötzlich ohnmächtig auf der Straße zusammengebrochen war. Er wurde nach Hause gebracht, dann kam das Ende. Er war zuckerkrank. Damals gab es, außer der Weisung, strenge Diät einzuhalten, kein Mittel, die Krankheit zu bekämpfen. Wahrscheinlich hatte er zu oft heimlich Süßigkeiten gegessen. Merkwürdigerweise starb drei oder vier Tage später in Essen auch Moritz Samson.

Meine Mutter wünschte, daß ich zurückginge nach Pirmasens. Nach Beendigung der Lehre sollte ich die selbständige Leitung des elterlichen Schuhgeschäfts L. Hirsch in Krefeld übernehmen.

Zurückgekehrt von der Beerdigung erschien mir das Dumpfe des Ortes in der Pfalz bedrohlicher geworden. Die Nazipartei gab eine eigene Wochenzeitschrift heraus, genannt »Der Eisenhammer«. Dieses Blatt hatte sich offensichtlich die Nürnberger Wochenzeitschrift »Der Stürmer« des Herrn Streicher zum Vorbild genommen. Nun blühte in Pirmasens die pfälzische Abart des Judenhasses auf. Noch gab es in der Stadt ein seltsames Restaurant, in dem die Speisen nach den komplizierten Vorschriften der jüdischen Religion zubereitet wurden. Hier trafen sich die Fabrikanten, die Vertreter, die Reisenden der Schuhbranche, christliche und jüdische Herren. Sie waren Stammgäste, sie kannten sich. Die Scherzworte, die sie sich von Tisch zu Tisch zuriefen, klangen wohlwollend. Die dort speisten, fühlten sich nicht betroffen von der Angst, die Arbeit zu verlieren.

Aber für die vielen kleinen Schuhfabriken wurde es immer schwieriger, in der Herstellung großer Mengen mitzuhalten, wie sie von den Warenhäusern und den Kettenläden verlangt wurden. Die Methoden in der Anfertigung waren oft hoffnungslos veraltet. Ich sah es bei meiner Arbeit im Fabrikationsbüro des Herrn Rheinberger, man war darauf eingerichtet, möglichst schnell den Wünschen der Kunden gerecht zu werden, kleine Aufträge wurden umständlich berücksichtigt. Auch ich wurde dann losgeschickt, um in den großen Fabri-

Betriebsausflug mit den Familien der Angestellten des Krefelder Schuhhauses L. (Lefman) Hirsch. Links außen stehend: Rudolf Hirsch.

kationshallen nach den gesuchten Partien an Herren- oder Damen- oder Kinderschuhen zu forschen. Ich mußte dann die glücklich gefundenen Partien begleiten, bis sie fertiggestellt, glasiert und poliert und in Kartons verpackt zum Versand bereit waren.

Eines Samstags war es für mich in der Fabrik spät geworden. Ganz dringend benötigte Sendungen mußten auf den Weg gebracht werden. Ich war müde und verwünschte diesen finsteren Ort. In den Schaukästen draußen hing längst, ebenso wie der »Der Stürmer«, das Blatt »Der Eisenhammer«. Die Schreiber solcher Blätter verkamen mehr und mehr im Spießertum, im Nationalismus, im Byzantinismus vor den Nazigrößen, im Marxistenhaß. Mordhetze gegen Juden und alle sonstigen nicht »reinrassigen Arier«, Haß gegen Slawen gehörten zur Tagesordnung. Der deutsche Herrenmensch war die Krone der Schöpfung. »...wenn alles in Scherben fällt, denn heute gehört uns Deutschland und morgen die ganze Welt!« Das war der deutsche Journalismus in seiner tiefsten Erniedrigung.

An meinem Heimweg in die Siedlung mit dem kleinen Haus des Obermeisters lag die Gastwirtschaft, vor der mein Wirt mich gewarnt hatte. Es war schon weit nach zehn Uhr abends, und ich scheute mich, jetzt noch einzutreten. Eine Blaskapelle spielte, es wurde gesungen. Ich hörte es heraus: »Die Internationale.« So wußte ich nun, daß mein Obermeister, der, besorgt um meine Sittsamkeit, Mädchenbesuche verdammte, ein Gegner der Kommunisten war.

Krefeld, Rheinstraße Ecke Hochstraße

Meine Mutter kam nach dem Tod meines Vaters mit dem umfangreichen Schuhgeschäft nicht allein zurecht. Die von ihr eingesetzten Geschäftsführer hatten sie schlecht beraten.

Einer von ihnen hatte viel zu viel Ware bezogen, in dem Glauben, je mehr Schuhe er auf Lager hätte, desto mehr könne er verkaufen. Das Geschäft geriet in Schulden. Im Jahre 1928 rief Mutter nach meiner Hilfe. Seltsamerweise war mein Obermeister traurig, als ich ging. Er sagte, er würde mich vermissen. Ich kannte mich nicht aus in seiner pfälzischen Seele. Ich fühlte mich erleichtert, daß ich dem dunklen Ort entkommen konnte.

Aber ich ging in eine Ungewißheit. Wie sollte ich den lastenden Schulden begegnen. Ich war einundzwanzig Jahre alt, und meine Mutter vertraute mir. Doch auch ich konnte in unserem Geschäftshaus an der Dreikönigenstraße nichts an dem unglücklichen Zustand ändern. Die Kunden blieben aus. Etwas hatte sich verändert, unser Geschäft lag nicht mehr im Mittelpunkt, die Leute wurden von einem neuen Leben in der Rheinstraße angezogen. Ich schlug meiner Mutter vor, diesen Platz aufzugeben und ein neues Geschäftshaus mitten im Herzen der Stadt zu eröffnen. Hochstraße, Ecke Rheinstraße. Nicht weit von der Dionysiuskirche. Sie zögerte nicht, ich brauchte nicht tausend Gründe aufzuzählen. Wir sprachen es nicht aus, aber wir beide wollten nicht, daß der Name Hirsch in dieser Stadt unterging.

Wir hatten jetzt sechs große Schaufenster. Und ich wußte, wieviel von der Kunst des Dekorierens abhängt. Ja, es ist eine Kunst. Wie oft werden da Kästen in die Fenster gepackt und beide Schuhe nebeneinander oben draufgesetzt. Es wirkt abschreckend. Manche stellen Schuhe der oberen Größen in ihre Fenster und meinen, dann sei auch die Wirkung größer. Aber zunächst war unser Schuldenberg nicht kleiner geworden.

Mit unseren Angestellten, den Verkäuferinnen, bereitete ich den Tag der Eröffnung vor. Die Verwandten kamen. Tante Elli war aus Essen angereist, sie ließ es sich nicht nehmen, sie bediente die erste Kundin. Das war eine Anerkennung für mich, denn in ihrem eigenen, großen Geschäft in Essen kam es gar nicht in Frage, daß sie sich auf das kleine Bänkchen zu Füßen einer Käuferin oder eines Käufers gesetzt hätte.

Langsam sprach sich in Krefeld herum, wer gute Schuhe in guter Auswahl haben will, der gehe ins Schuhhaus Hirsch. Alte Kunden kamen wieder, neue fanden sich ein. Wir beschäftigten schließlich dreißig Angestellte. Die Verkäuferinnen merkten, daß ich viele technische Kenntnisse erworben hatte. Über die Qualität eines Schuhs konnte mir niemand etwas vormachen. Ich wurde als Chef respektiert. Und ich ließ es nicht zu, daß als »Klaffte« bekannte Kundinnen die Verkäuferinnen mit unmöglichen Wünschen terrorisierten. Ich übernahm dann die Bedienung und erläuterte, und wenn es an zehn Paar Schuhen sein mußte, die Besonderheit des menschlichen Fußes. Ich wußte schon von meinem Vater, die Leute könnten sich manchen Kummer beim Laufen, manche Leiden, bis zu Rückenschmerzen, ersparen, wenn sie auf vernünftiges Schuhwerk achteten. Durch meine sachliche, manchmal auch leicht ironische Manier war ich bei den Verkäuferinnen sehr beliebt. Und wenn ich wirklich einmal wütend war, was selten vorkam, sprach ich besonders leise. Mein Kontrahent war dann in der Regel gezwungen, sich zu mäßigen. Ich konnte es nicht ausstehen, wenn bei Auseinandersetzungen geschrien wurde.

Später, viel später, 1983, bei einer Lesung in Krefeld aus meinem Roman »Patria Israel«, war unter den Zuhörerinnen eine von unseren Angestellten, die am Packtisch gearbeitet hatte. Weinend kam sie auf mich zu. Sie sagte unter Tränen, die beste Zeit ihres Lebens sei damals im Schuhhaus Hirsch gewesen. Sie erzählte, wie gerührt sie war, als meine Mutter ihr zur Hochzeit ein Bild schenkte. Das Geschenk bewahre sie noch heute auf als eine große Kostbarkeit.

Damals, im Jahre 1928, in meiner Zeit als Geschäftsführer, erlebte ich die Weltwirtschaftskrise, die mich zum Nachdenken über die Zusammenhänge zwang. Erschreckt sah ich die Hungerdemonstrationen, die an unserem Laden vorbeizogen. Ich suchte Antworten und fand sie nur bei den Kommunisten. Als ich meiner Mutter zu erklären versuchte, warum ich mich, es war 1931, der Kommunistischen Partei angeschlossen hatte, respektierte sie meinen Schritt.

In dieser Zeit waren wir nach Essen eingeladen. Im Hause von Tante Elli, Mutters liebster Schwester, wurde Hochzeit gefeiert. Die älteste Tochter heiratete einen netten, tüchtigen Arzt, Dr. Cohn. Er war ein überzeugter Zionist und fand genausowenig wie ich als Kommunist die ungeteilte Zustimmung der Verwandten. In den erregten Auseinandersetzungen über den Zustand der Welt hatten wir immer eine gemeinsame Front gegen die bürgerliche Familie.

Später ging Dr. Cohn mit seiner Frau nach Palästina. Sie wohnten in Nahariya, wo viele deutsche Juden lebten und Deutsch die Hauptsprache war. Als 1939 in Tel Aviv für Ruth Nassau und mich die Zeit der Gemeinsamkeit begann, konnten wir sie oft besuchen. Mit Dr. Cohn, dem echten Zionisten, kam ich am besten aus. Seine Frau war einzigartig in ihrer Gastfreundschaft. Auch Arnold Zweig war über ihre Freigebigkeit gerührt und widmete ihr ein Gedicht, er nannte es »Erntelied«. Sie hatte uns Blumen und Pfirsiche und Eier mitgegeben, wir sollten auf dem Heimweg nach Tel Aviv in Haifa Halt machen und alles bei Arnold Zweig abliefern.

Wir hätten das Schuhgeschäft verkaufen sollen, als ich mich 1931 entschieden hatte, der Kommunistischen Partei beizutreten. Ich wollte es auch, aber meine nächsten Verwandten, mein Vetter und meine Cousine Hammer in Düsseldorf, kamen zu mir und meiner Mutter, und alle überredeten mich, doch weiter in dem Schuhgeschäft mit der allerbesten Adresse, an der Kreuzung beider Hauptgeschäftsstraßen, der Hoch- und der Rheinstraße, als Geschäftsführer zu bleiben. Es war ein großer Fehler. Denn Krefeld war, obwohl nominell eine Großstadt, eine echte Kleinstadt. Es sprach sich sofort herum, daß der junge Mann, der das große Schuhhaus leitete, ein Mitglied der Kommunistischen Partei geworden war. Die feine und reiche Kundschaft boykottierte von da an unser Geschäft, man fuhr jetzt lieber zu Juppen nach Düsseldorf, ein sehr gutgeführtes Schuhhaus, das meinem Vetter, Otto Hammer, gehörte.

Vielleicht spielte der Name Hirsch plötzlich eine besondere Rolle. Es war allgemein bekannt, daß die Hirschs zudem auch noch Juden waren. In den allerersten Anfängen, als Hitler an die Macht gekommen war, ließ man die Geschäfte, die im Besitz von Juden waren, noch ungeschoren. Nur unser Schuhhaus, im Mittelpunkt von Krefeld, wurde gemieden. Jude und Kommunist, das zog den Haß auf sich. Kaum ein Kunde betrat noch unser Schuhhaus.

Aber ganz in der Frühe, am 28. Februar 1933, kamen sie in Scharen angestürzt. Eine Horde von SA-Leuten. Sie verschmierten an diesem Tag nach dem Reichstagsbrand die sechs großen Schaufensterscheiben mit einer chemischen Masse, die zur völligen Zerstörung des Glases führte. Und sie drangen in das Geschäft ein. Der ihnen als Jude und Kommunist verdächtige Geschäftsführer des Schuhgeschäfts an der Kreuzung der beiden wichtigsten Verkehrsstraßen mußte mindestens fünfzig Maschinengewehre in dem Schuhhaus verborgen haben. Sie durchwühlten die Schuhkartons, sie verwüsteten alles, stiegen bis hinab in den Keller. – Das Schuhhaus besteht heute noch; wie man sich vorstellen kann, erst boykottiert und dann natürlich arisiert. Auch dieses neudeutsche Wort mußte nach 1933 schnell in den Duden übernommen werden, bis dato völlig unverständlich. – Statt der Maschinengewehre aber fanden die eifrigen Schnüffler nur eingemottete Kamelhaarpantoffeln. Ja, ihre Wut war gewaltig, sie mußten mir diese »Tarnung« ausgerechnet mit Kamelhaarpantoffeln als besonders heimtückisch anrechnen, denn der Name Kamel, so fanden meine heimischen Sprachforscher heraus, sei rein semitischen Ursprungs. Man müßte nun das verjudete Kamel durch die indogermanische Bezeichnung »Doppelhöckriges Trampeltier« ersetzen.

Die Sprache von Nelly

Meine Situation in meiner Heimatstadt war unhaltbar geworden. Ich verbarg mich in Köln bei Freunden, in der Hoffnung, der braune Spuk würde doch bald zu Ende sein. Aber gute Freunde erkannten die Situation realistischer und rieten mir dringend, die Angelegenheit nicht auf die leichte Schulter zu nehmen und schnell aus Deutschland zu verschwinden. Ich verzichte darauf, das Zwischenspiel zu berichten, wie ich in dieser Zeit acht Tage lang mit zwei Kölner dauerarbeitslosen, sangesfreudigen Genossen durch das Bergische Land zog, eine Woche als Original Kölner Sängerknabe mit echt kölschen Karnevalsliedern in den Dörfern und Städtchen, wobei die Konsumenten manchmal behaupteten: »Als Ihr nur zu zweien wart, habt Ihr leiser, aber viel schöner gesungen.« Bei den Metzgern einer jeden Ortschaft bekamen wir statt Bargeld Blutwurst von der zweitbesten Qualität, und das war eine Woche lang unsere einzige Nahrung. Das hat mir so wohl getan, daß ich seit dieser Schnorr- und Sangestour der ganzen Welt den Genuß dieser braunrötlichen Gottesgabe überlasse, auf deutsch: Ein totaler Blutwurstabstinenzler bin ich geworden.

Die Meldungen aus meiner Heimatstadt aber, trotz dieses fast heiteren Bergischen Intermezzos, wurden immer bedrohlicher. Ich wurde gesucht. Eine Gestapo-Nebenstelle hatte sich im Krefelder Hansahaus etabliert. Auch meine Genossen sagten, ich müsse Deutschland jetzt dringend verlassen. Ich hörte von den Grausamkeiten in den Umerziehungslagern, von dort hätte ich keine Chance, wieder lebend herauszukommen.

Das nächstliegende Fluchtziel war Holland oder richtiger, die Niederlande. Durch meine Kinderfrau Nelly konnte ich ja etwas holländisch. Die ersten Liedchen, die ich gelernt hatte, waren, ich hatte es nicht vergessen: »Pitt Hein, Pitt Hein, din nam is klein, din daten di sein jrot, du hast jekapt de silbere flot« und »Oranje boven, Oranje boven, het leve de Konigin«.

Ich beriet mit Freunden in Mönchengladbach, wie man am besten unbemerkt über die deutsche Grenze nach Holland käme. Sie gaben mir einen guten Rat. Es verkehre im Grenzgebiet eine Kleinbahn mit sehr alten Wagen, die als Einstieg zum Stehperron Treppen an beiden Seiten haben. Ich solle nur einen Rucksack mitnehmen, als ob ich eine Wandertour vorhabe. Man nannte mir den Namen einer kleinen Station, an der ich aussteigen sollte. Ich habe den Ort völlig vergessen und auf keiner Karte wiedergefunden. Dort sei es ganz einfach, die Grenze zu überqueren. Ich solle den letzten Waggon benutzen und nicht rechts, auf der deutschen Seite, sondern einfach links aussteigen, da sei schon Holland. Und ich sei gerettet. Nach einigen Kilometern zu Fuß erreiche man die holländische Stadt Roermond, und von dort gäbe es eine Bahnverbindung nach Amsterdam.

Vorsichtig wie ich bin, kaufte ich mir in Mönchengladbach noch eine Wanderkarte und fuhr los. Alles ging glatt, der Zug hielt an dem mir bezeichneten Ort. Plötzlich sah ich zu meinem Entsetzen auf der deutschen Seite einen dicken grünen Zollbeamten mit einer großen Pistole an seinem Gürtel. Was tun? Steige ich nicht auf dem ordentlichen deutschen Bahnsteig, sondern auf dem holländischen Nichtbahnsteig aus, wird der grüne Dicke seine Pistole ziehen und rufen: »Stehen bleiben oder ich schieße!« Und wenn ich dann nicht stehen bleibe, wird der Grüne schießen, obwohl er das ja eigentlich nicht darf. Und die »guten« Deutschen werden meinen Leichnam auf die deutsche Seite zerren. Ich stieg also auf der deutschen Seite aus und begann meinen Wanderweg.

Weit genug vom Bahnhof entfernt ging ich nach links. Über die Felder. Endlos, wie mir schien. In der Ferne sah ich einen Bauern. Ich wollte Gewißheit, ob ich noch in Deutschland war, oder ob ich doch schon den Schritt über die Grenze geschafft hatte. Beim Näherkommen hörte ich seine Stimme, er sprach freundlich mit seinem vor den Pflug gespannten Pferd. Er schrie es nicht an. Ich trat an ihn heran, fragte einfach nach dem richtigen Weg. Und er antwortete mir in der vertrauten Sprache von Nelly.

In Amsterdam meldete ich mich als politischer Flüchtling und gab als Grund an, ich sei als Jude verfolgt worden. Die Aufenthaltsbewilligung galt nur vier Wochen. Dann mußte man sich wieder auf dem Polizeirevier melden und um Verlängerung nachsuchen. Ich hatte meiner Mutter geschrieben, wo ich nun war. Sie hatte in Erfahrung gebracht, daß es gestattet sei, mir monatlich einhundert Mark über die Post anzuweisen. Einmal redete mich dort ein Mann sehr höflich, aber auf Deutsch an. Ich fragte ihn, woher er denn wisse, daß ich Deutscher sei. »An Ihrem Haarschnitt«, sagte er zu meiner Überraschung, obwohl mein Haupt schon seit meinem fünfundzwanzigsten Jahr kahl und nur noch ein Haarkranz geblieben war. Er meinte, dieser Rest sei so kurz geschnitten, wie es alle Deutschen tragen, damit dann, im Fall der Fälle, der Helm besser auf den Kopf passe. Es wäre sinnlos gewesen, ihm zu erwidern, daß ich keine Absicht hätte, ein Helmträger zu werden, denn schon war er bei seiner nächsten Betrachtung angelangt: »In Deutschland muß alles kolossal sein.« Noch heute habe ich seinen Ton nicht vergessen, ein ängstlicher Spott, eine achtungsvolle Verachtung. Es war ja auch ein kolossaler Fackelzug durch das Brandenburger Tor. In Deutschland muß alles kolossal sein. Immer noch. Immer wieder.

Eine rührende Begebenheit wurde mir aus meiner Heimatstadt Krefeld zugetragen. Vom 1. April 1933. An dem offiziellen Boykottag gegen die jüdischen Geschäfte, der von der NSDAP verkündet war, betrat eine junge Frau das Schuhhaus Hirsch. Nach der Beschreibung, aus Vorsicht ohne Namen, wußte ich, wer sie war. Oft hatten wir beim Karneval zusammen getanzt. Sie bat eine Verkäuferin, ihr einen leeren Schuhkarton einzupacken. So ging sie draußen an den SA-Posten vorbei. Sie wollte einen Kauf vortäuschen, sie wollte mit diesem Karton demonstrieren, daß nicht alle Krefelderinnen so dachten, wie es von den Nazis angeordnet war. Welch ein schwacher Trost.

Wie sollte ich mir meinen Lebensunterhalt verdienen, mir fehlten handwerkliche Fertigkeiten. Die einzige Prüfung, die ich mit Erfolg abgelegt hatte, war die Fahrerlaubnis. Ich höre noch heute die Warnung meines Fahrlehrers im heimatlichen Dialekt vor den Folgen des zu schnellen Einbiegens in eine Kurve: »Dat is die Zentrifujalkraft, dat is 'ne Naturjewalt. Da könn' Se nix jegen machen.«

Auf einem Schrottplatz in der Nähe des Hafens entdeckte ich einen Händler, der mir einen alten, etwas abgetakelten, aber noch fahrfähigen kleinen Lastwagen verkaufte. Doch ich fand keine Kunden, die mir den Auftrag für irgendwelche Transporte gaben. Vielwortig weigerte sich der Schrotthändler, das Fahrzeug zurückzunehmen. Auch alle Versuche bei anderen Schrottplätzen scheiterten. Meine Beziehung zu diesem abenteuerlichen kleinen alten Lastwagen war keineswegs sentimental, aber er hatte mich in diesen fünf Versuchstagen nie enttäuscht. Er war immer angesprungen, wenn auch mit gewissen Verzögerungen. Ich mußte ihn einfach loswerden und fuhr in Richtung Zwolle. Kurz vor der Stadt stellte ich ihn an einen Straßengraben, ließ den Schlüssel stecken, schlug die Tür zu und ging, ohne mich umzusehen. Und ging weiter, suchte den Weg zum Bahnhof, kam bis zum Groote Markt, vorbei an der Kirche zu Unserer Lieben Frau mit ihrem so seltsam hohen Turm und sah mich dort in der Nähe einem doch etwas strengen Mann gegenüber. Ich hatte es Nelly zu verdanken, daß ich mich so leidlich in holländisch verständigen konnte. Ich liebte ihre Sprache und nahm jede Gelegenheit wahr, sie im Umgang auf der Straße und beim Zeitungslesen zu lernen. Aber hier brauchte ich keinen Passanten zu fragen, wer denn der

Herr auf dem Denkmal sei. Ich kannte ihn, Thomas a Kempis. Ach, Freund Thomas, frommer Augustinermönch, geboren in Kempen bei Krefeld. Deinen Namen hörte ich zuerst bei einem der vielen biederen Schulausflüge. Als wir dort in der Stadt deiner Geburt vor deinem Denkmal standen, begann der Lehrer, uns dein Buch aus dem vierzehnten Jahrhundert über die Nachfolge Christi zu erklären. Er versuchte es auf zweifache Weise, zuerst für die katholischen Schüler, dann für die evangelischen. Er widmete dir viele liebevolle Gedanken, vor allem weil du geschrieben haben sollst: *Demut ist die größte Tugend und führt zur höchsten Weisheit.* Das sollten wir uns für unser ganzes Leben merken. Ich wollte nicht demütig sein. Zu Hause hatte ich damals Nelly gefragt, was sie von dir hielte, sie mochte dich nicht, und ich weiß bis heute nicht warum. Sie muß Ärger mit dir gehabt haben. Sie sagte nur, der ist kein Heiliger geworden.

Diese Schulausflüge mit ihren moralischen Belehrungen. Ich erinnere mich noch an den Schulausflug nach Münster. Angesichts der drei Käfige hoch oben am Turm der Lambertikirche erklärte der Lehrer, die Anführer der Wiedertäufer seien vor etwa vierhundert Jahren dort aufgehängt worden, zur Abschreckung. Sie hätten Vielweiberei betrieben, seien nackt herumgelaufen und hätten den Leuten allen Besitz weggenommen, so wie es heutzutage die Kommunisten wollten. Wir sollten es uns merken, welches Ende Leute nehmen, die Hand ans Eigentum legen.

Nach einigen Monaten wurde ich zur Amsterdamer Fremdenpolizei bestellt, und mir wurde ein Dossier vorgehalten, daß meine Angaben nicht stimmten, ich sei nicht wegen meiner jüdischen Herkunft aus Deutschland geflohen. Auf Nachfragen bei deutschen Behörden habe sich der Grund meiner Flucht herausgestellt, als ein stadtbekannter Kommunist sei es mir ratsam erschienen, Krefeld zu verlassen. Weil ich falsche Angaben gemacht hätte, müsse ich die Niederlande verlassen. Ob ich nach Deutschland oder nach Belgien ausgewiesen werden wolle.

Natürlich wählte ich Belgien. Zwei Kriminalbeamte geleiteten mich erst einmal zu meiner Wohnung, daß ich meine Sachen zusammenpacken konnte. Die beiden Herren fuhren mit mir im Zug bis zur belgischen Grenze. Auf der holländischen Grenzstation stiegen sie aus und stellten sich vor mein Abteil solange, bis der Zug sich in Bewegung setzte. Da ich noch einen gültigen Paß besaß, konnte ich in Belgien einreisen.

Matratzengruft

In Brüssel machte ich den Fehler, mich überhaupt nicht bei der Polizei zu melden. Von meinem Vetter in Düsseldorf, Otto Hammer, wußte ich, sein Bruder Georges lebte schon lange in Brüssel. Bisher war von ihm nie die Rede gewesen. Aber nach und nach hatte ich erfahren, daß er in irgendeine dunkle Angelegenheit verstrickt war. Die Familie hatte ihm, damit er nicht weitere Ungelegenheiten verursachte, die Schiffskarte für eine Reise nach Südafrika gekauft und ihn in den Zug gesetzt. Er stieg jedoch damals schon in Brüssel aus, verkaufte seine Schiffskarte und blieb in dieser Stadt. Vor 1933 war es verpönt, seinen Namen überhaupt zu erwähnen. Nachdem Hitler zur Macht gekommen war, erinnerte sich die Familie dieses Verwandten mit steigendem Wohlwollen, denn er hatte es in Brüssel weit gebracht. Er war ein Möbel- und Matratzenfabrikant geworden. Monsieur Georges nahm mich nicht unfreundlich auf. Er hatte den Ehrgeiz, seiner ehrsamen Verwandtschaft zu zeigen, was aus dem dürren Reis der sonst so blühenden Familie geworden war. Vielleicht hatte er, der in dunkle Machenschaften Verstrickte, noch ein wenig Sympathie für den politischen Außenseiter. Er besaß nicht zwei Seelen in seiner Brust, er war ein Mensch aus einem Guß. Seine Sympathien konnte er aber auch sehr klug in bares Geld umsetzen. Grundsätzlich beschäftigte er in seiner Möbel- und Matratzenfabrik nur Menschen, die sich in der Stadt illegal aufhielten, vor allem polnische Juden, die sich vom polnischen Heeresdienst in der antisemitischen Pilsudski-Armee entfernt hatten. Er war begeistert, daß einer aus der honetten Krefelder Familie seine Hilfe brauchte. Monsieur Georges, le Patron, wie er allgemein hieß, kaufte in Antwerpen Schlafunterlagen von abzuwrakkenden Frachtern. Ihr Inhalt, auf dem Generationen bärtiger Seeleute geruht hatten, wurde bei ihm durch den Wolf gedreht, das war das innere Material für nagelneue Matratzen und hochpolierte Polstermöbel. In der Torfahrt seiner Werkstatt waren diese herrlichen Produkte zum Verkauf aufgereiht.

Ich wurde sofort in der Matratzenherstellung beschäftigt. Weil ich die Kunst noch nicht vollkommen beherrschte, bekam ich bei ihm keinen Lohn. Dafür durfte ich morgens, mittags und abends als Kostgänger an der Herrschaftstafel mitessen. Ich hatte ihm erklärt, ich würde mich nicht mehr polizeilich anmelden, weil mir meine holländischen Erfahrungen reichten.

Auch ein Zimmer hatte er für mich in der Rue Verte, Groene Straat, in flämisch. Es war sehr schmutzig, aber da das Zimmer klein war, fand der Staub wenig Gelegenheit, sich auszubreiten. In der gleichen Wohnung lernte ich eine Berühmtheit kennen, Harry Domela, der in den Jahren der Weimarer Republik Erfurter, Gothaer und Weimarer Hotelbesitzer als falscher Kaiserenkel, als falscher Hohenzollernprinz kräftig geschröpft hatte. Ich war also in bester Gesellschaft.

Das Geld für mein Logis mußte ich mir verdienen. Auch dafür wußte Monsieur Georges einen Ausweg. Er kannte eine Dame, die sich um ihren Sohn sorgte, der in der Schule nicht richtig mitkam, dem vor allem das Deutsch schwerfiel. Dreimal in der Woche hatte ich das Vergnügen, diesem dreizehnjährigen Brüsseler Jungen »Die Bremer Stadtmusikanten« aus den Märchen der Brüder Grimm vorzulesen. Sehnsüchtig erinnerte ich mich an die Tätigkeit bei den verfilzten hundertjährigen Matratzen. Denn nichts ist schlimmer, als einem böswilligen Brüsseler Jungen in Französisch ein altertümliches Deutsch zu erklären.

Noch heute aber klopft mein Herz, wenn ich den Namen

der Vorstadt von Brüssel höre: Anderlecht. Dort, in der kommunistischen Parteigruppe, war ich als Mensch aufgenommen, dort galt ich nicht als unerwünschter Fremdling. Ihre Sorgen wurden meine Sorgen. Sie hielten sich nicht mit Sprachschwierigkeiten auf, wer Französisch nicht verstand, dem wurde alles in Flämisch erklärt.

Herr Georges war plötzlich ehrgeizig geworden. Er wollte meinen illegalen Status legalisieren. Leider ohne mich zu fragen. Er wollte aber auch, so glaube ich, zeigen, welchen großen Einfluß er in der Brüsseler Administration besaß: Er hatte einen Kunden, der gerade mit ihm über den Ankauf einer mandelgrünen Plüschgarnitur verhandelte. Dieser Monsieur Dupont war ein hochgestellter Agent der Sûreté, der belgischen Geheimpolizei. Ohne meine Genehmigung sprach Monsieur Georges mit diesem Herrn Dupont über meinen Fall. Er habe seinen armen Verwandten aus Deutschland bei sich aufgenommen, der sei zwar ein Kommunist, aber sonst doch ein sehr friedfertiger Mensch. Leider aber teilte Monsieur Georges mir mit, dieser Herr Dupont habe ihm eine Lebensversicherungspolice angeboten. Eine solche Korruption sei ihm noch nicht unterlaufen, er habe das abgelehnt. Am nächsten Tag erschienen zwei Kriminalbeamte, gingen auf Monsieur Georges Hammer zu und sagten: Bei Ihnen arbeitet doch ein deutscher Kommunist. Den wollten sie mitnehmen. Obwohl seine Matratzen- und Möbelfabrik voller polnischer Illegaler war, interessierten sie sich nur für mich und fischten mich aus meiner Matratzengruft heraus. Ich mußte acht Tage hinter belgischen festen Gardinen übernachten. Man drohte mir, man wolle mich nach Deutschland abschieben. Mit viel Mühe gelang es mir, einen einsichtigen Beamten zu überreden, mich nach Frankreich abzuschieben. In einem Polizeiwagen brachte man mich bis zur französischen Grenze. Zwei Kriminalbeamte zeigten mir, wie ich illegal nach Frankreich kommen könnte. Sie wiesen mich auf einen Weg hin, den ich keinesfalls betreten sollte, dort würde mich die französische Grenzpolizei sofort verhaften.

Ich merkte mir gerade diesen Weg. Nachdem die belgischen Kriminalbeamten sich verzogen hatten, ging ich auf die französischen Grenzposten zu. Ich sagte, mich hätten die Belgier abgeschoben. Aber ich wollte nicht nach Frankreich, sondern nach Belgien zurück, das fanden die französischen Herren durchaus vernünftig und zeigten mir, wie ich zur nächsten Bahnstation kommen konnte.

Beinahe wäre alles schief gegangen, denn es war der 9. Oktober 1934, der Tag, an dem in Marseille der jugoslawische König Alexander I. und der französische Außenminister Louis Barthou erschossen wurden. Die Grenzen waren scharf bewacht. Bei der nächsten Bahnstation in Belgien kamen Kriminalbeamte in das übervolle Abteil und fragten, ob jemand zugestiegen sei. Ich war der einzige Zugestiegene. Aber kein Mensch verriet mich. Ich konnte wieder in der Rue Verte mein Zimmer beziehen, konnte zurück zu meinen Genossen und Freunden nach Anderlecht und den Kontakt zu meiner Mutter aufrechterhalten. Hier und da nahm ich Aushilfsarbeiten beim Großmarkt an, aber es war für mich ein Leben ohne eine sinnvolle Beschäftigung. Mein Versuch, auf einem Schiff von Rotterdam aus nach Spanien zu gelangen, war gescheitert, eine umständliche Paßgeschichte, in der ein alter, etwas korrigierter Paß eine Rolle spielte. Am Ende war ich ohne Paß geblieben, ähnlich Chamissos schattenlosem Schlemihl.

In meiner Erinnerung taucht der Rechtsanwalt Dr. Ernst te Neues auf, der langjährige gute Freund meiner Familie, Mitglied des Stahlhelms und Vorsitzender der »reinarischen« Gesellschaft »Verein« in Krefeld. Ich hatte nach sehr gründlichem Nachdenken meinen Genossen in Anderlecht vorgeschlagen, meinem Versuch zuzustimmen, zurück nach Deutschland zu gehen. Ich würde meiner Mutter schreiben, sie solle den Anwalt bitten, zur Gestapo zu gehen und sich dort – sehr vorsichtig natürlich – zu erkundigen, ob etwas gegen mich vorläge. Nach ausgiebigen Beratungen stimmten sie zu. Der Herbst ging zur Neige. Es war ein trüber regnerischer Novemberabend. Schwer zu beschreiben, was in mir vorging, als Dr. te

Neues plötzlich in meiner schäbigen Stube in der »Grünen Straße« stand. Er hatte sich bei der Gestapo erkundigt, sie sagten, ja, sie hätten diesen Hirsch liebend gern 1933 verhaftet, wenn sie seiner habhaft geworden wären, aber jetzt sei die Sache so, er könne doch zurückkommen. Dr. te Neues wollte mich nach Hause, nach Krefeld, geleiten. Aber das gelang nicht. Ich hatte ja keinen Paß, die deutschen Grenzbeamten verweigerten mir die Einreise, kein Zureden von Dr. te Neues half. Wir nahmen den Zug zurück nach Holland.

Er blieb bei mir, bis mit Nellys Hilfe der Übergang geschafft war: Zwei Männer, Vertreter einer holländischen Ex- und Importfirma, fuhren am Morgen im Auto von Deutschland nach Holland. Und zwei Männer kamen am Nachmittag in diesem Wagen wieder über die Grenze. Einer der beiden war ich. Der andere hatte ja seine Papiere und konnte den Zug zur Rückreise benutzen.

Wohin?

Am 21. November 1934 war ich wieder in Krefeld. Ich hatte mich bei der Gestapo im Hansahaus einzufinden. Ich sollte mich schriftlich über meine Zeit in Holland und Belgien äußern. Die Berichte sind noch vorhanden. Über die Matratzenherstellung, über einen Lastwagen, der am Straßenrand stehenblieb. Keine Namen. Ich wurde entlassen, man wollte nichts weiter von mir. Und ich verließ Krefeld.

Die Verwandten in Düsseldorf gaben mir in den Geschäftsräumen im ersten Stock ihres Schuhwarenhauses E. Juppen einen Arbeitsplatz. Hier erledigte ich ungesehen von der Kundschaft von 1935 bis 1936 die Betriebs- und Warenstatistik. Meine Mutter lebte nun in Essen, in der Stadt, in der sie geboren war.

An manchen Wochenenden fuhr ich nach Berlin, zu den Treffs mit meiner Gruppe von »Neu Beginnen«. Zu Lore. Auf den langen Bahnreisen dachte ich über meine im Grunde sinnlose Arbeit im Düsseldorfer Versteck nach. Hatte ich nicht gerade in Brüssel bitter erfahren müssen, daß ich eigentlich nichts konnte? Ja, mein Französisch war in den ersten Tagen sogar so mangelhaft, daß ich nicht einmal wußte, was Streichholz heißt. Wie sollte ich mir eine Zigarette anzünden. Verständnislos, ja erschrocken schaute mich ein Ladeninhaber an, als ich ihm schließlich das Wort Feuer sagte. Er mußte wohl annehmen, ich wollte sein Geschäft abbrennen. Und mit meiner Fertigkeit, aus alten Matratzen neue anzufertigen, würde ich nirgendwo auf der Welt bestehen können. Ich erinnerte mich an meinen Quartiergeber in Pirmasens, den Obermeister, der mir die Maschinen zur Herstellung von Schuhen aller Art gezeigt hatte. Aber sollte ich dorthin zurückkehren? In die tiefste Pfalz mit ihrem »Eisenhammer«?

Meine Mutter kannte in der kleinen Stadt Rheydt, nicht weit von Düsseldorf und Krefeld, die Firma I. Stern. Ich wurde dort angenommen und lernte als Volontär von 1936 bis 1937 all die Schuhmaschinen zu bedienen, von denen ich in Pirmasens nur die Namen erfahren hatte. Wir beide, Mutter und ich, waren realistisch genug, das Erlernen eines Handwerks als meine Vorbereitung für das endgültige Verlassen Deutschlands anzusehen. Nur sie wußte von meinen heimlichen Fahrten nach Berlin zu Lore. Sie respektierte meine politische Zugehörigkeit, es gab keine Differenzen darüber. 1937 sagten mir meine Genossen, du mußt jetzt aus Deutschland verschwinden. Wir haben gehört, daß Menschen, die einmal aus politischen Gründen in der Emigration waren und zurückgekehrt sind, in Erziehungsheime kommen sollen, das heißt in Konzentrationslager, aus denen sie nie wieder zurückkehren werden.

Ich mußte mir einen Paß besorgen und beantragte ihn bei der Polizei – für die Ausreise nach Palästina. Ich bekam ihn, denn nach der Naziideologie gehörten Juden grundsätzlich dorthin.

In Tel Aviv fand ich Arbeit in einer kleinen Schuhfabrik. Ich konnte von dort aus, wie es vereinbart war, meine Gruppe mit meinem nach Palästina überführten Geld unterstützen. Nach einigen Monaten erreichte mich eine Mitteilung der Genossen aus meiner Gruppe, von denen einige in Schweden waren, ich könnte jetzt zu ihnen kommen, sie würden für mich die Aufenthaltsgenehmigung besorgen. Über den Grund meiner Abreise aus Palästina wollte ich meiner Mutter natürlich keine schriftliche Erklärung geben. Ich mußte in Kauf nehmen, daß sie mich, wohl zum erstenmal, nicht verstehen könnte. Es fehlte das gesprochene Wort. Ich konnte ihr nicht meine Hoffnung mitteilen, in Schweden meiner Gruppe nützlich zu sein. Es mag sie getröstet haben, daß ich mich in Tel Aviv mit einer jungen Frau, Ruth Nassau, angefreundet hatte, die ich schon aus meiner Heimatstadt kannte. Sie sah sehr gut aus, sie war klug und schlagfertig, unglaublich tüchtig und sprachbegabt. Es war eine gegenseitige Zuneigung. Ruth arbeitete als Sekretärin in einer Im- und Export-Gesellschaft und erledigte die Korrespondenz in Iwrith, der Landessprache, in Französisch und Englisch.

Im September 1938 machte ich mich auf den Weg nach Schweden, ich mußte eine umständliche Route wählen und durfte Deutschland nicht betreten.

In den Tagen vor meiner Abreise erreichte mich ein Brief meiner Mutter vom 29. 8. 1938 aus der Pension Sommer in Friedrichroda.

Mein lieber Junge! Gerade erhalte ich Deinen Brief, in dem Du mir Deine Reise ankündigst, daß Du nun Deine Zelte wieder abbrechen mußt, hat mich doch erregt. Ich weiß ja immer noch nicht, was Du in Europa willst, wo alles nach Übersee geht. ... Du mußt mit Deinen Kräften haushalten. ... Seit zwei Tagen bin ich hier in einem direkt kultivierten Haus, in dem ich mich sehr wohl fühle. ... So hoffe ich auf eine schöne Zeit. Liebe ich doch den Thüringer Wald. Ich frische ständig Er-

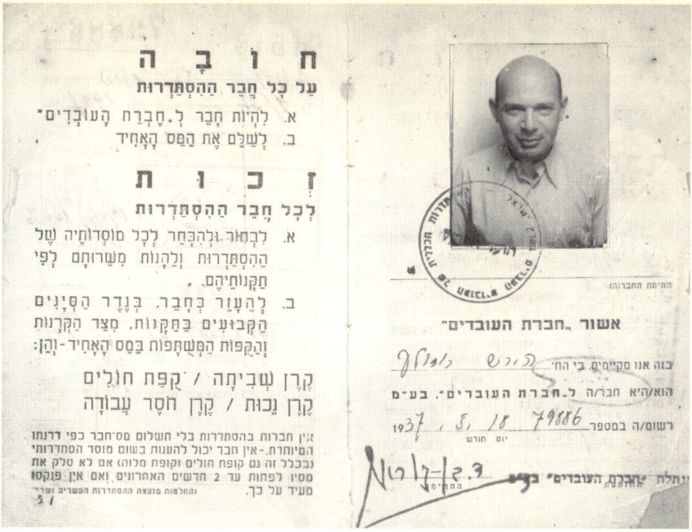
חובה
על כל חבר ההסתדרות
א. להיות חבר ל.חברת העובדים"
ב. לשלם את המס האחיד.
זכות
לכל חבר ההסתדרות
א. לבחור ולהבחר לכל מוסדותיה של ההסתדרות ולהנות משרותם לפי תקנותיהם.
ב. להעזר כחבר, בגדר הסיגים הקבועים בתקנות, מצד הקרנות והקפות המשתתפות במס האחיד - והן:
קרן שביתה / קפת חולים
קרן נכות / קרן חסר עבודה
אין חברות בהסתדרות בלי תשלום מס-חבר כפי דרגתו המיוחדת. - אין חבר יכול להענות בשום מוסד הסתדרותי (בכלל זה גם קופת חולים וקופת מלוה) אם לא סלק את מסיו לפחות עד 2 חדשים האחרונים ואם אין פנקסו מעיד על כך.
אשור „חברת העובדים"
בזה אנו מקיימים כי הח' הירש רודולף
הוא/היא חבר/ה ל„חברת העובדים". בע"מ
רשום/ה במספר 79886 18, 5, 1937
יום חודש

Gewerkschaftsausweis, Tel Aviv 1937

Ruth Nassau

innerungen auf, obschon ich zuletzt vor fünfunddreißig Jahren hier war. Da sah ich die Welt mit anderen Augen an! Doch ich bin auch jetzt guter Dinge, hoffe auf die Zukunft, Du siehst daran, wie gut es mir geht. ... Und nun glückliche Fahrt zu Wasser und zu Land! Meine Gedanken gehen mit Dir. Mutter.

Auf dem ersten Teil der Reise nach Schweden hatte ich die Schiffskabine mit zwei Herren zu teilen. Der eine wollte von Triest aus weiter nach Florenz fahren, ich hatte noch seine Koffer zum Bahnhof getragen. Den anderen, einen behäbigen älteren Herrn, traf ich vor dem Bahnhof wieder. Er war ganz verzweifelt, er wollte nach Budapest. Es tröstete ihn, daß auch mein Weg dorthin ging. Er wich nicht von meiner Seite. In Budapest stellte sich heraus, daß der Zug nach Warschau von einem anderen Bahnhof abfuhr. Auch der Behäbige, wie ich den lästigen und umständlichen Begleiter bei mir nannte, wollte nach Schweden. Die Auskunft über den anderen Bahnhof war falsch. Es begann zu regnen. Ich versuchte, in verschiedenen Reisebüros zu erfahren, welche Züge nach Warschau und nach Riga ich benutzen müsse, um das Schiff nach Schweden zu erreichen. Der Behäbige beschloß, in Budapest zu bleiben. So fuhr ich allein in die Nacht. An der Grenze zur Tschechoslowakei wollte der kontrollierende Beamte, als er hörte, ich käme aus Palästina, mein Gepäck sehen. Er vermute wohl, fragte ich ihn, daß ich eine Bombe bei mir hätte. Als er in meinem Koffer nichts Verdächtiges fand, lächelte er, entschuldigte sich und meinte, er hätte das auch nicht von mir erwartet. In Warschau hatte ich einige Stunden Aufenthalt. Ich lief durch die Straßen und sah viel Elend, verwahrloste Kinder ohne Schuhe und Strümpfe. Mir schien, es gäbe unendlich viele Konditoreien. Vielleicht aber war diese Beobachtung dem Zustand zuzuschreiben, daß ich so lange keinen Kaffee mehr getrunken hatte. Bei der Weiterfahrt fielen mir die ärmlichen Holzhäuser der Bauern rechts und links des Bahndamms auf. Nach der lettischen Grenze änderte sich das Bild, die Gegend wurde freundlicher. Endlich Riga. Eine Reisende aus der Tschechoslowakei, die auch nach Stockholm wollte, schloß sich mir an. Sie war

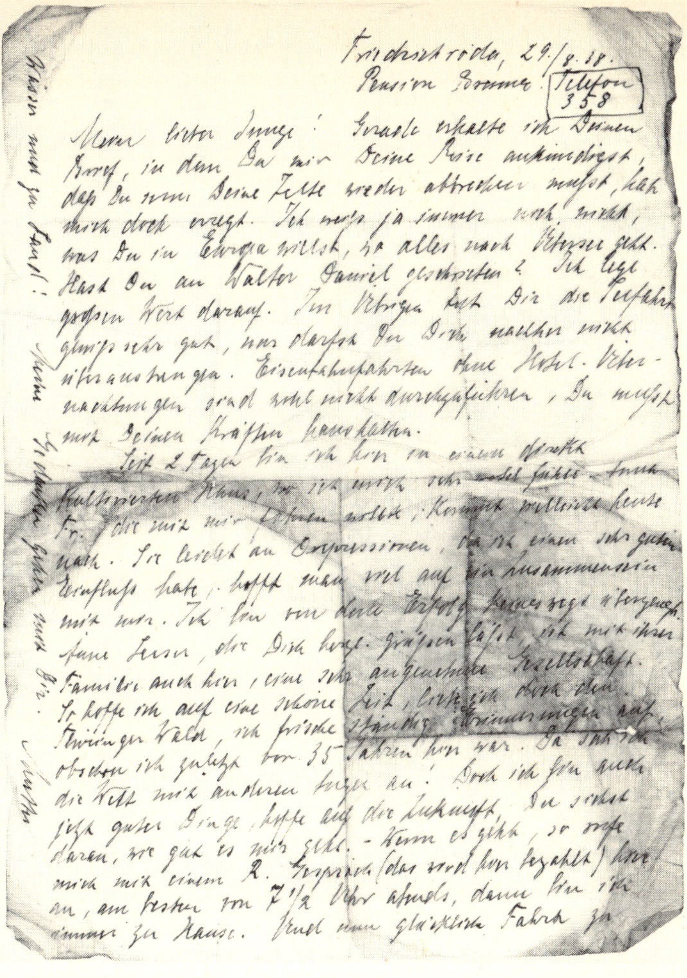
Friedrichroda, 29/8.38.
Pension [illegible]. Telefon 358

Mein lieber Junge! Gerade erhalte ich Deinen Brief, in dem Du mir Deine Reise ankündigst, daß Du nun Deine Zelte wieder abbrechen mußt, hat mich doch erregt. Ich weiß ja immer noch nicht, was Du in Europa willst, wo alles nach Übersee geht. Hast Du an Walter Daniel geschrieben? Ich lege großen Wert darauf. Im Übrigen hat Dir die Seefahrt gewiß sehr gut, nur darfst Du Dich nachher nicht überanstrengen. Eisenbahnfahrten ohne Hotel-Übernachtungen sind wohl nicht durchzuführen, Du mußt mit Deinen Kräften haushalten.

Seit 2 Tagen bin ich hier in einem [illegible] kultivierten Haus, wo ich mich sehr wohl fühle. [illegible] Fr. [illegible] die mit mir [illegible] wohnt; kommt vielleicht heute nach. Sie leidet an Depressionen, da ich einen sehr guten Einfluß habe, hofft man viel auf ein Zusammensein mit mir. Ich bin von dem Erfolg keineswegs überzeugt. [illegible] Leser, die Dich herzl. grüßen läßt, ist mit ihrer Familie auch hier, eine sehr angenehme Gesellschaft. So hoffe ich auf eine schöne Zeit, lebe ich doch den [illegible] Erinnerungen auf. Thüringer Wald, ich frische ständig [illegible] obschon ich zuletzt vor 35 Jahren hier war. Da sah ich die Welt mit anderen Augen an! Doch ich bin auch jetzt guter Dinge, hoffe auf die Zukunft, Du siehst daran, wie gut es mir geht. – Wenn es geht, so rufe mich mit einem R. Gespräch (das wird hier bezahlt) hier an, am besten von 7 1/2 Uhr abends, dann bin ich immer zu Hause. Und nun glückliche Fahrt zu

Küsse und gute Fahrt! Deine [illegible] Mutter

Der Brief der Mutter

jung und lebhaft und wirklich nicht schön. Wieder hatte ich Koffer zu tragen. Und sie mußte unbedingt Kaffee trinken, wir waren viel zu früh unterwegs auf der Straße, alles schien in der Stadt zu schlafen. Nur das teuerste Hotel hatte seinen Frühstückssalon geöffnet. Da ich sie eingeladen hatte, riß das Kaf-

Rudolf Hirsch in Tel Aviv, 1937

feevergnügen ein großes Loch in meinen Beutel. Auf dem Schiff lernte ich einen schwedischen Journalisten kennen, der von mir wissen wollte, wie man so in Palästina lebe. Meine Auskunft hat sicherlich für einen Artikel in seiner Provinzzeitung gereicht. Und ich traf eine Jüdin aus Trontheim. Sie sprach zu mir in einem mir in Brüssel vertraut gewordenem Jiddisch, gemischt mit norwegischen Worten. Es erinnerte mich an das Jiddisch der polnischen Arbeiter, mit denen ich beim »Patron« Matratzen hergestellt hatte.

Mit der Landung in Stockholm begannen die Schwierigkeiten. Ich durfte nicht von Bord gehen. Es wurde gerade ein Rudolf Hirsch gesucht, der irgendwo Bilder gestohlen haben sollte. Es dauerte lange, bis der Beamte sich überzeugt hatte, daß ich nicht der Dieb sein konnte. So durfte ich als letzter das Land betreten.

Stockholm war wohl die schönste Stadt, die ich kennenlernte. Etwa neun Monate lang konnte ich bei einer Familie wohnen, die zum Kreis der Genossen von »Neu Beginnen« gehörte. Aber die langen Schatten aus dem Land meiner Geburt lasteten auf uns. Die Berichte aus Deutschland über den 9. November 1938 erreichten uns auch hier. Später schrieb ich über diese Nacht des Verbrechens:

»In dieser Nacht vom 9. zum 10. November brannten in Deutschland die Synagogen, die Wohnungen und Geschäfte der jüdischen Mitbürger wurden demoliert. Die Scherben der eingeschlagenen Schaufensterscheiben bedeckten die Straßen der Städte. Die Scherbenhaufen boten den Anlaß zur zynischen Bezeichnung dieser Novembernacht als ›Reichskristallnacht‹. Jüdische Menschen wurden verhaftet und in die Konzentrationslager Dachau, Buchenwald und Sachsenhausen gebracht. In meiner Heimatstadt Krefeld waren es vierundsechzig Männer: Angestellte, Handwerker, kleine Geschäftsleute, Unternehmer, ein Rechtsanwalt und ein Ingenieur.

Es wurde gemordet, allein in Frankfurt am Main lagen achtzehn Leichen jüdischer Menschen tagelang unbeerdigt in ihren Wohnungen. Mord, Selbstmord und von den Nazis vorgetäuschter Selbstmord. Sechsundzwanzigtausend Menschen, die nichts anderes getan hatten, als daß sie jüdischer Abstammung waren, wurden in die Konzentrationslager verschleppt. Ein Häftling in Buchenwald, Emil Carlebach, hat nach der Befreiung das Eintreffen dieser Geschundenen geschildert: *Bei ihrem Einmarsch stand die SS mit Knüppeln und Peitschen bewaffnet an der Straße von Weimar Spalier, so daß nur ganz wenige unverletzt das Lager erreichten. Die von blutigem Gepäck und Kleidungsstücken bedeckte Straße, auf der zahlreiche Verwundete lagen, glich einem Schlachtfeld. Siebzig Häftlinge wurden infolge der furchtbaren Quälereien wahnsinnig. Man warf sie vorläufig in einen Holzverschlag. Von dort wur-*

den sie nach einiger Zeit gruppenweise in den Bunker überführt und von SS-Hauptscharführer Sommer erschlagen.

In meiner Heimatstadt wurde die große Synagoge an der Marktstraße, Ecke Peterstraße in Brand gesetzt. In der Weisung der Gestapo heißt es: »Synagogenbrände nur, wenn keine Brandgefahr in der Umgebung ist.« Es brannte auch die kleine Synagoge in Krefeld-Linn in der Rheinbabenstraße. Im Stadtteil Uerdingen hatte die Nazipartei die Aktion verpaßt. Die Uerdinger Synagoge blieb unbeschädigt, aber das Zerstören wurde mit Gründlichkeit nachgeholt. Ein entfernter Verwandter des erschossenen Legationssekretärs vom Rath, Dr. Titus Bredt, ließ alles Brennbare aus der Synagoge, Bänke, Fußbodenbretter, Gebetbücher, liturgische Gewänder, auf den Uerdinger Marktplatz bringen, mit Benzin übergießen und in einer Art Sonnwendfeuer verbrennen. Später wurde die Synagoge niedergerissen.

In dieser Nacht und in diesen Tagen wurde der Bevölkerung demonstriert: So wird es gemacht, wir, die Herrenrasse, können uns alles erlauben. Wir können unschuldige Menschen mißhandeln, erschlagen, ermorden, wenn wir sie als minderwertige Rasse einstufen. Wir können ihre Wohnungen zertrümmern, ihre Gebetshäuser in Brand setzen. ›... wir werden weiter marschieren, wenn alles in Scherben fällt ...‹ Und sie marschierten weiter. Diese schreckliche Novembernacht war die Generalprobe zur Ermordung von mehr als sechs Millionen jüdischer Menschen, in Auschwitz, in Treblinka, in Majdanek, in Sobibor und in vielen anderen Lagern.«

Als Berichterstatter im Ersten Auschwitz-Prozeß in Frankfurt am Main wurde mir ein Dokument bekannt, das der Direktor der IG Farbenindustrie, Dr. Otto Ambros, am 12. April 1941 an seine Konzernleitung über den *hervorragenden Betrieb des KZ Auschwitz* bei der Errichtung eines neuen IG Farben Werkes in Auschwitz geschrieben hatte: *Die neue Freundschaft mit der SS wirkt sich segensreich für uns aus.*

Segensreich.

Damals in Stockholm hatte ich mich der Illusion hingege-

Rechts sitzend: Meta Hirsch auf einem Ausflug im Wald bei Friedrichroda in Thüringen, August 1938.

ben, auch meine schöne Freundin Ruth könnte zu mir kommen. Ich wußte, daß sie in Tel Aviv von Tag zu Tag auf meine Nachricht wartete. Aber bevor ich eine Arbeitsbewilligung erhielt, mußte ich die Aufenthaltserlaubnis in den Händen haben. Ich schrieb ihr viele Briefe und versuchte, sie zu trösten. Es war mir hier überaus deutlich, daß die Nazis den Krieg entfesseln würden. Ich schrieb ihr, daß wir mit einer Kriegsdauer von mindestens fünf oder sechs Jahren rechnen müßten. Und ich bat sie auch, nicht allzulange auf mich zu warten, es könnte der Fall eintreten, daß ich festgehalten würde. Gleichzeitig versicherte ich ihr, für mich sei es nicht denkbar, mich an eine andere zu binden. Es waren Briefe voller Sehnsucht. An den Wochentagen saß ich Stunden um Stunden in verschiedenen Bibliotheken und studierte den dritten Band des »Kapitals« von Karl Marx. Ich schrieb der fernen Ruth nach Tel Aviv, sie solle versuchen, sich diesen Band zu beschaffen. Es sei besser zu lesen und zu lernen, als zu weinen und zu klagen. Und wenn sie über den Anfang nicht hinauskäme, solle sie das Buch nicht weglegen, sondern wieder und wieder versuchen, zum Verständnis vorzudringen. Sonntags, wenn die Bibliotheken geschlossen waren, ging ich mit geliehenen Schlittschuhen zum Eislaufen. Manchmal schienen mir die Sonntage endlos. Und ich drehte meine einsamen Spiralen.

Der Brief vom 3. September 1939

Im Frühjahr 1939 wurde ich in Stockholm verhaftet. Die schwedischen Behörden hatten herausgefunden, daß ich ein Visum mit einer Aufenthaltserlaubnis für das Land Palästina besaß. Acht Tage lang versuchte ich, hinter diesen »schwedischen Gardinen« mit einem Hungerstreik zu protestieren. Aber das hatte gar keinen Sinn, es wußte ja niemand draußen, daß ich im Gefängnis saß, wie sollte die Öffentlichkeit etwas davon erfahren? Ich wurde schließlich im Mai in Polizeibegleitung auf ein schwedisches Frachtschiff gebracht. Der sehr liebenswürdige Kapitän sagte mir die Zeiten, wann wir wo eintreffen würden. Er betonte, er könne mir nur ungefähre Angaben machen, ein gewisser Aberglaube verbiete es, sich genau auf den Tag festzulegen, es könne dann sein, man käme nie an. Nach seiner Berechnung sollten wir Casa Blanca etwa in der Zeit vom 28. bis 30. Mai erreichen, Tunis vom 1. bis 3. Juni, Malta vom 2. bis 4. Juni, Alexandria vom 5. bis 7. Juni.

Mit an Bord war ein junges Ehepaar aus dem finnischsprachigen Gebiet Schwedens auf ihrer Hochzeitsreise. Wir drei Reisenden waren zu den Mahlzeiten Gäste am Kapitänstisch. Und jeden Morgen sagte dieser mir durch seine wiederkehrenden Gewohnheiten alt erscheinende junge Ehemann in einem andächtig heiteren Tonfall: »Der Frühstück ist die schönste Jahreszeit.« Vielleicht hatte er recht, ein echtes Schwedenfrühstück ist eine sehr schöne Jahreszeit.

Schließlich landete ich wieder in Palästina. Als ich mich bei Ruth zurückmeldete, konnten wir beide vor Freude über unser Wiedersehen kaum sprechen. Sie empfing mich als ihren

Chawer, ihren Genossen, ihren Beschützer. Wir wollten hier in Tel Aviv zusammenleben. Am 3. August 1939 schlossen wir die Ehe in der Geschäftsstelle des Rabbinats in der Stadt Ramat Gan im Bezirk Jaffa. Sie war neunundzwanzig und ich war zweiunddreißig Jahre alt. Manchmal schien uns der Alltag zu erdrücken. Und vielleicht hat uns bald die Sehnsucht und auch die Liebe verlassen. Aber wir mochten uns noch immer und kamen schließlich gut miteinander aus. Wir lernten, uns zu respektieren.

Aus Essen erreichte uns ein Brief meiner Mutter vom 3. September 1939:

Meine lieben Kinder! Der Brief von R. & R. Hirsch vom 26. kam also glücklich in meinen Besitz, ich war sehr erfreut, hatte ich doch schon mit einer längeren Pause gerechnet. So schreibe ich auch heute, hoffe, daß Euch meine Zeilen erreichen. Vorläufig ist durchaus kein Grund zur Besorgnis, es geht mir ganz gut. Es ist wohl sehr vieles rationiert. ... Das Leben geht seinen

Ruth und Rudolf Hirsch in Tel Aviv, Dezember 1937

Gang weiter, wir hoffen nur, daß der Krieg keine weitere Ausdehnung nimmt.

Ich freute mich sehr, zu hören, daß Euer kleiner Betrieb einen guten Anfang hatte. Wenn die Kunden zufrieden sind, und die wirtschaftliche Lage einigermaßen sich entwickelt, so dürft Ihr gewiß vertrauensvoll in die Zukunft schauen. ...

Und wie ist die Wohnung geworden? Habt Ihr einen großen Balkon? Das ist doch gewiß sehr wichtig. Wie groß ist die Küche? Die Möbel sind geändert. Weiter erledige ich im Moment nichts, da ich die politische Entwicklung abwarten möchte.

Ist übrigens mein Blümchen angekommen? Heute lerne ich wieder was Neues. Kann man später nicht so was in Eurem Schaufenster ausstellen? Doch bis dahin hat's ja noch gute Weile. Schreibt bitte weiter, ich hoffe, daß die Post noch durchkommt. Einen Kuß von Mutter.

Da hatte ich nun also sehr bald nach meiner Rückkehr mit einem Partner ein eigenes Maßschuhgeschäft »Grundland & Hirsch, Tel Aviv« gegründet. Damals in Rheydt lag mir daran, auch das selbständige Modellzeichnen zu erlernen. Jetzt fertigten wir die Schuhe nach meinen Modellen. Und die Leute kamen sogar, kauften und bestellten.

Doch beunruhigte mich der Satz aus dem Brief meiner Mutter: *Vorläufig ist kein Grund zur Besorgnis.* Ich hatte keine Übersicht mehr über ihre finanzielle Situation. Einen Hauptteil der Erlöse aus Grundstücksverkäufen hatte ich für meine Gruppe nach Schweden transferiert. Mit dem geringen Rest, der mir nach der Abschiebung blieb, war es mir gelungen, das Schuhgeschäft einzurichten. Aber das brachte noch keinen Gewinn.

Schließlich mußte ich die Anfertigung von Schuhen nach Maß aufgeben. Wir hatten nicht genug Kunden. Von da an begann mein Arbeitsweg als Schnitt- und Absatzfräser durch eine Reihe Tel Aviver Schuhfabriken. Spiegel, Mamber, Lemberg, Na'alenu, Tifereth, Rosen. Wer diese Stätten nicht gesehen hat, dem nützt die Aufzählung der Namen wenig, der weiß nichts von der Enge, dem Staub, dem Lärm. Manche Werkstätten sind

Das kleine Schuhgeschäft Grundland und Hirsch in Tel Aviv. Vor dem Geschäft: Herr Grundland.

untergegangen, andere sind aufgeblüht. Einmal rutschte mir bei Mamber der Schuh unter der Fräsmaschine weg, der Schnitt ging tief in den Daumen. Ohnmächtig sackte ich auf dem harten Boden zusammen. Und doch hatte ich mir den Ruf erarbeitet, ein gesuchter Fräser zu sein. Ach ja, wie oft habe ich die Geschichte von meinem Chef, Herrn Spiegel, erzählt, wie er mich anschrie, als eine Partie Sandalen möglichst schnell fertig werden sollte. Ich konnte es nie ertragen, angeschrien zu werden. Ich sagte ihm: »Schreien Sie mich nicht an, sonst höre ich auf zu arbeiten.« Da er weiter schrie, stellte ich die Maschine ab und ging. Er lief hinter mir her, ich solle weitermachen. Ich erklärte ihm: »Heute nicht, Sie haben geschrien. Morgen werde ich alles aufarbeiten.« Er hat mich nie wieder angeschrien.

Gleichzeitig wurde ich als Schuhexperte des »Foreign Trade Institute« in Tel Aviv berufen, der offiziellen Export-Firma der gesamten Industrie zur Zeit der englischen Mandats-Herrschaft. Ich sollte den Export palästinensischer Luxusschuhe in die Schweiz begutachten.

Ich wußte nicht, ob meine Mutter genug Geld für das Erlangen der Ausreise zur Verfügung hatte. In ihrem Brief vom 3. September hatte sie geschrieben, sie wollte die politische Entwicklung abwarten. Einerseits hatte sie sich vorbereitet, das Land zu verlassen, andrerseits aber wollte sie bleiben. Sie wollte dort künstliche Blumen herstellen und hier in Tel Aviv unser Schaufenster damit dekorieren. Und im Brief stand: *Doch bis dahin hat's ja noch gute Weile.*

Es hatte keine gute Weile.

Seitdem und immer wieder steht die Frage vor mir, warum ich Mutter nicht entschieden gedrängt habe, zu kommen. War es Trägheit des Herzens? Ich hätte das Geld aufbringen müssen. Und wenn ich es hätte stehlen oder erbetteln müssen. Hätte sie aber, so zerbrechlich und schwach, die quälende Fahrt auf einem der Flüchtlingsschiffe ertragen können? Hätte. Hätte. Hätte.

Und Liesel, meine Schwester, wo war sie?

Liesel

Meine Schwester war ein außergewöhnlicher Mensch. Schon als Kind wurde sie von allen verehrt, sie war immer die beste in der Schule, beliebt bei ihren Klassenkameradinnen im Krefelder Lyzeum, auch, weil sie keine Gelegenheit verpaßte, ihre Lehrerinnen zu ärgern. Als sie zehn Jahre alt war, schrieb sie zum Geburtstag meiner Mutter ihren ersten Roman, eine fünfzigseitige Geschichte, nachgeahmt dem Stil von »Heidi«. Als

Zwölfjährige kaufte sie sich Gedichtbücher, las Stefan George und Franz Werfel. Von den Gedichten begriff ich damals nichts, das sagte sie mir auch. Mit Leichtigkeit spielte sie mich, ihren um ein Jahr jüngeren, stilleren, etwas verträumten Bruder, an die Wand. Ich wurde von ihr unterdrückt. Manchmal quälte sie mich. Sie herrschte. Doch ich war immer an ihrer Seite, auch ich bewunderte sie im Grunde meines Herzens. Sie verstand sich besonders gut mit unserem Vater. Für sie hatte er das Wort »Gummiküßchen« erfunden, wenn sie ihn auf zärtliche Art ermahnte, sie brauche ein neues Fahrrad mit besonderen Reifen. Was ist schon ein Mensch am linken Niederrhein ohne Fahrrad.

Liesel war dann bald aus Krefeld weggegangen. Nach Düsseldorf. Hier lernte sie auf einer Theaterschule die Grundbegriffe des Bühnentanzes. Später versuchte sie ihr Glück in Berlin, sie studierte als zusätzliches Fach Gymnastik und legte die Lehrerprüfung ab. Inzwischen hatte sie einen sympathischen jungen Mann kennengelernt. Er, in Berlin geboren, hatte in Köln Jura studiert und schon längst sein Studium beendet, scheute sich aber, das Staatsexamen zu machen. Da er aus einer wohlhabenden Berliner jüdischen Familie stammte, war meine Mutter glücklich über diese »Partie«, und die Familie Freund begrüßte gleichermaßen die Wahl ihres Sohnes Hans. Seine jüngere Schwester Gisela, hochbegabt, gab dieser Familie Glanz. Sie floh vor den Nazis nach Frankreich, später, als Photographin, wurde sie weltberühmt.

Im November 1929 veröffentlichte Liesel ihre Erfahrungen mit Tänzerinnen und Tänzern an verschiedenen Theatern in den »Monographien der Ausbildungsschulen für Tanz und tänzerische Körperbildung« im Leo Alterthum Verlag, Berlin-Charlottenburg. Es ist mir gelungen, ihre Schrift zu bewahren, sie hat mich überallhin begleitet. Ich lese in ihrem Vorwort:

Dies Buch ist ein Resultat der Zusammenarbeit aller bedeutenden Ausbildungsschulen für Tanz und tänzerische Körperbildung in Berlin. Es hat in der Hauptsache zwei Aufgaben. Einmal will es den jungen Menschen helfen, die sich in der Viel-

falt der Berufsausbildungsstätten schwer zurechtfinden, und ihnen die Wahl der jeweils richtigen Schule erleichtern.

»Vom Theatertanz« nannte sie ihr Nachdenken über diese besondere Kunst. Ich sehe sie vor mir, wie sie das alles niedergeschrieben haben muß, immer in Eile, immer für ein bestimmtes künstlerisches Ziel, temperamentvoll und kritisch.

Auf dem letzten Theaterkongreß 1928 ist viel vom Theatertanz gesprochen worden. Es wurde von der Form der Bühne und der Arena geredet, auch davon, daß sich der Tänzer eine unabhängige Stellung im Theater schaffen müsse. Über die Bedeutung des Theatertänzers im heutigen Theater als Kulturfaktor hörte man nichts.

Und sie fragt: *Zunächst, was will der Tänzer vom Theater? Er will dort tanzen. Ist das Theater heute überhaupt wahrhaft tänzerischen Elementen zugänglich? Was wird gespielt: meist Gesellschaftsstücke mit krimineller oder psycho-erotischer Fragestellung, in denen das Milieu naturalistisch dargestellt wird und wenig Gelegenheit zum Tanz bietet. Bestenfalls bleibt für schmissige Girls oder mondäne Tänze Platz. Der innere Gehalt der Stücke ist in der Regel so dürftig, daß beim Verlassen des Theaters ein leicht fader Geschmack haften bleibt, an Erlebnishaftem wenig.*

Sie dachte nach über den Tanz in der Oper, über die Einheit von Inhalt, Ton und Spiel. Mit kritischem Abstand meinte sie: *Genau wie vor zwanzig Jahren singen die Sänger sich herrlich an, aber sie haben keine Beziehung zueinander. Mit traditionellen Bewegungen tönen sie ihren Gesang ins Publikum (hat man jemals eine wahrhaft tänzerische Carmen gesehen?). Hin und wieder erfreut uns eine kleine Balletteinlage, die aber nur äußerlichen Zusammenhang mit dem Stück hat.*

Ich gehe Liesels Gedanken nach: *Der heutige Bühnensänger ist eigentlich Konzertsolist. Seine gesangliche Schulung ist oft ausgezeichnet, aber sein Gewand scheint nur zufällig das eines Lohengrin zu sein. Mit gleichen Gesten könnte er im Konzertsaal auftreten. Einzelne Solisten bringen Glanzleistungen, neben denen das Niveau der Übrigen bedeutend sinkt. Die üb-*

liche Gestaltung der klassischen Oper ist überlebt. Die Zukunftsform ist ein universelles Spielstück, in dem gesprochen, gesungen und getanzt wird. Darin werden nicht Sänger und Sprecher und Tänzer nebeneinanderstehen, sondern jeder Spieler wird außer der eigenen Kunst Elemente der anderen Darstellungsformen beherrschen: der tänzerische Schauspieler.

Sie beschrieb ihre Erfahrung: *Beim Moskauer Jüdisch-Akademischen Theater sehen wir, daß es möglich ist. Diese Stücke werden keine technischen Höchstleistungen im Einzelnen sein, sondern der einzelne wird sich dem Inhalt und der Form des Ganzen anpassen. Es ist eben das einheitliche Niveau, das angestrebt werden muß. Dem Theatertänzer wird es eine größere Freude sein, zu einem organischen Element des Theaters zu werden, als isoliert auf den Brettern zu stehen.*

Sie wollte eine Erneuerung, und sie verstand sich als eine, die gleichzeitig belehren und lernen kann. *Ihr Tänzer müßt mithelfen, das Theater von Grund auf neu aufzubauen. In einem oberflächlichen Unterhaltungstheater habt ihr nichts zu suchen ... Macht euch mit den geistigen Strömen und Nöten eurer Zeit vertraut, dann werdet ihr in dem Schaffensprozeß mit eingeordnet sein. Nicht hochmütiges Danebenstehen wird euch schöpferisch machen.*

Auch Liesel und Hans Freund waren in die Kommunistische Partei eingetreten, fast gleichzeitig mit mir. Aber wir wußten das damals nicht voneinander. Vielleicht war es das Zögern ihres Mannes vor dem Staatsexamen, etwas Unentschlossenes, das sie schwer ertrug, ich weiß es nicht, jedenfalls trennte sie sich 1932 von ihm.

Sie ging dann, durch Vermittlung von Herbert Wehner, in die Sowjetunion. Ich sah sie zum letzten Mal 1934 auf der dänischen Insel Bornholm. Meine Mutter war aus Deutschland gekommen, ich aus Belgien, meinem zweiten Exilland. Wir, Liesel und ich, hatten noch unsere deutschen Pässe, so war eine Reise in das neutrale Dänemark möglich.

Es war gerade zu der Zeit, als Hitler mit Hilfe der SS in Bad Wiessee seinen ältesten Mitstreiter, den Stabschef der SA

Röhm und eine Reihe von anderen hohen SA-Führern, ermorden ließ, angeblich weil sie einen Putsch planten. Liesel und ich glaubten damals, das könnte der Anfang vom Ende der Nazibarbarei sein.

Erst bei dieser letzten Zusammenkunft haben wir beide unsere tiefe Verbundenheit verstanden. Hier in Bornholm nahmen wir drei schmerzlich voneinander Abschied. Mit Liesel blieben wir, meine Mutter und ich, über eine befreundete Schweizer Familie in Verbindung. Wir erfuhren noch, daß Liesel auf der Krim war, um dort den Kurgästen Unterricht in rhythmischer Gymnastik zu geben. Aber seit 1937 bekamen wir keine Antwort mehr. Die Verbindung war abgebrochen.

Damals wußte ich nicht, daß ihr Verstummen das Ende ihres Lebens war. Ich hatte viele Jahre die Hoffnung, sie habe eine geheime Aufgabe im Widerstand übernommen. Aber trotz allen Bemühens – sie blieb verschwunden.

Ich war nicht blind. Ich las über die Moskauer Prozesse, in denen alte Bolschewisten zum Tode verurteilt wurden. Mir wurde deutlich, diese Revolutionäre konnten keine Naziagenten sein, sie hatten aber in einigen Fragen andere Auffassungen als die herrschende Fraktion unter Stalin. All das war in den Protokollen zu lesen. Man konnte zum Beispiel entnehmen, auf welchen Widerstand vieler alter Mitstreiter Lenins die »Liquidierung der Kulaken« gestoßen war. Wer die offiziellen Gerichtsprotokolle aufmerksam studierte, konnte aus den fingierten Beschuldigungen die echten Differenzen herauslesen.

Ich war nicht mehr ahnungslos, ich war nicht gutgläubig. Aber ich war bei allem Terror überzeugt, daß die Sowjetunion die einzige Macht sei, die dem verbrecherischen Naziregime ernsthaft Widerstand leisten würde. Ich blieb bei dieser Auffassung auch in der bitteren Zeit, als die Sowjetunion den Nichtangriffspakt mit den Nazis unterschrieb. Ich wußte, die Westmächte waren nicht bereit, mit der Sowjetunion ein Bündnis zum Schutz des bedrohten Polen einzugehen. Damals in Tel Aviv stand das alles in den Zeitungen.

Bis zum Mai 1933 hatte meine Schwester Liesel in Köpenick gewohnt. Sie hatte dort, nach der Trennung von ihrem Mann, Unterricht als Gymnastiklehrerin gegeben.

Einen Monat später, im Juni, fielen mordende SA-Horden über antifaschistische Köpenicker Bürger her. Die »Köpenikker Blutwoche« begann.

Siebzehn Jahre danach – zurückgekehrt aus Tel Aviv – schrieb ich als Gerichtsberichterstatter für die »Tägliche Rundschau« über das Verfahren »Gegen Plönzke und andere« vor dem Ost-Berliner Landgericht. Zweiunddreißig ehemalige SA-Leute waren angeklagt. Sie hatten am 21. Juni 1933 und in den darauffolgenden Tagen auf barbarische Weise Köpenicker Antifaschisten gequält und ermordet. Vom 5. Juni bis zum 19. Juli 1950, dem Tag der Urteilsverkündung, nahm ich an jedem Prozeßtag teil. Ich erfuhr durch erschütternde Zeugenaussagen, wie diese ehemaligen SA-Männer ihre Verbrechen an Kommunisten und an Sozialdemokraten, aber auch an parteilosen Antifaschisten verübten. Das Gericht sprach gegen die besonders sadistischen Anführer Todesurteile aus, die anderen wurden zu Zuchthausstrafen nach Maß ihrer Verbrechen verurteilt.

Das letzte Foto von Liesel. Ich konnte es bis heute aus diesen Bornholmer Tagen bewahren. Sie sitzt in einer Felsenlandschaft auf einem Stein, das rechte Bein angewinkelt und mit ihren Armen umschlossen. Es sieht so aus, als halte sie sich selbst fest, als schütze sie sich vor einem Abgrund. Aber sie lacht. Ihr langes, dunkles, lockiges Haar hat sie unter einer kleinen Mütze verborgen. Aufmerksam und furchtlos blickt sie in die Tiefe.

Ohne Wiederkehr

Meine Mutter hatte nicht die heitere, manchmal spielerische Art meines Vaters. Sie war ernster, oft leidend. Ihr Hauptinteresse galt der Literatur. Heinrich Heine vor allem. Manchmal setzte sie sich an den Flügel, spielte Schubert und Beethoven. Und auch Wagner. Dann kam Liesel hinzu und sang mit angenehm klangvoller Stimme.

Mutter hatte eine Vorliebe für Orchideen. Es gelang ihr, die Pflanzen immer wieder zum Blühen zu bringen. Ich sehe sie auf einem vergilbten Foto bei diesen Blumen. Sie sitzt da, die Hände auf den Schoß gelegt. Ruhig. Freundlich. Ein wenig müde. Ihre schönen dunklen Augen sind umrändert. Aber sie lächelt verzeihend.

Nach dem Tod meines Vaters meinte Liesel, sei meine Mutter aufgelebt. Meine Schwester war der Überzeugung, das eheliche Zusammenleben sei nicht harmonisch gewesen. Ich konnte das nicht beurteilen.

Im Mai 1933 war meine Mutter gezwungen, das Geschäft zu verkaufen. Der Freund der Familie Hirsch, Rechtsanwalt Dr. Ernst te Neues, schrieb mir später, wie es zugegangen war, daß meine Mutter *als Jüdin wegen einsetzender Terrormaßnahmen* (das Schuhhaus) *nicht mehr weiterführen konnte. Boykottposten der SA hielten Kunden vom Geschäft fern, judenfeindli-*

Liesel Hirsch, 1934 auf Bornholm - das letzte Bild.

che Plakate wurden angeklebt, antisemitische Schimpfworte wurden in den Laden geschrien; auch Haussuchungen fanden statt.

Ein schneller Käufer fand sich ein. Gustav Grüterich. Er plazierte nun in großen weithin sichtbaren Buchstaben seinen Namen draußen über die Fenster, wo er noch heute zu lesen ist. Die Gelegenheit zum »Jubelpreis« war gekommen. Für einen Apfel und ein Ei hatte er sich in den Besitz des bedeutendsten Schuhgeschäfts in Krefeld gesetzt. Ein Fräulein Klara Klauser aus der Hindenburgstraße in Wuppertal stand ihm zur Seite. Der Arisierer schämte sich nicht, geltend zu machen, er habe meiner Mutter ja doch einen großen Gefallen getan. »Freiwillig« habe sie einen Verkauf angestrebt und seinem Angebot zugestimmt. Auch die Rheinstraße hatte ihren Namen verloren. Nun konnte der neue Eigentümer sich rühmen: Deutsches Geschäft. Kauft bei Grüterich an der Adolf-Hitler-Straße.

Ausgelöscht der Name Lefman Hirsch.

Die Mutter - das letzte Bild.

Wie die Schuhhäuser meiner Verwandten in Essen und in Remscheid lag dieses von meiner Mutter und mir erworbene Schuhgeschäft nun also auch an der Adolf-Hitler-Straße.

Später teilte mir Anwalt Dr. Ernst te Neues aus Krefeld mit: *Um leben zu können, mußte Ihre Mutter, Meta Hirsch, nach und nach den ganzen Grundbesitz verkaufen. Sie hatte die Judenabgabe zu bezahlen. 1942 kam sie nach Steele in ein Ghetto. Von dort nach Theresienstadt. Ihr Mobiliar wurde teils beschlagnahmt, teils geplündert, das Silber, die Kunstschätze. Ihr Bankguthaben wurde von der Oberfinanzdirektion Düsseldorf eingezogen.*

Ende des Jahres 1945 erreichte mich in Tel Aviv ein Brief aus Prag. Alice Leyser hatte ihn am 18. November 1945 geschrieben:

Lieber Herr Hirsch! Ihre Mutter wurde am 9. 10. 1944 nach Auschwitz mit vielen anderen geschickt. Sie gab mir im letzten Moment den Brief für Sie und Ihre Adresse und bat mich, den Brief nur abzusenden, falls sie nicht zurückkehren würde. Da es an dem Transporttage sehr regnete, und ich den Brief während der ganzen Zeit in der Manteltasche trug, sieht er leider so unansehnlich aus. Ich brachte Ihre Mutter und meine Schwester, die mit ihr zusammen fortging, bis zur Sperre (ein paar Schritte vom Zug), und wenn wir natürlich beim Abschied nicht sehr froh waren, so hatten wir doch die Hoffnung, daß wir uns bald wiedersehen würden, wozu die politische Lage uns damals berechtigte.

Meine Schwester ist auch nicht zurückgekommen, und es ist so gut wie sicher, daß sie gleich von der Bahn aus in die Vergasung gekommen sind, und wie die Dinge liegen, müssen wir froh darüber sein, daß dies sofort geschehen ist; denn bei früheren Transporten geschah die Vergasung nicht sofort bei Ankunft, und die Ärmsten hatten dauernd ihr Todesurteil vor Augen und wurden in der Zwischenzeit von SS-Männern und -Frauen malträtiert. Ihre Mutter sollte schon früher einmal fort. Damals lag sie mit Durchfall – sie litt manchmal daran – und es gelang mir damals, den mir befreundeten Vertrauens-

arzt zu veranlassen, sie transportunfähig zu schreiben. Diesmal, bei den letzten elf Herbsttransporten, konnte man überhaupt nichts mit Bestechungen machen.

Mein Mann ging am 1. 10. 1944, und da er auch nicht bei bester Gesundheit war – er hatte, nahm man an, eine tuberkulose Drüse unter dem Bauchfell – und gute Pflege und Ruhe sollten ihn heilen –, so muß ich jetzt annehmen, daß er auch gleich in die Vergasung geführt wurde. Ich habe nie etwas über ihn erfahren können und habe nur sehr, sehr geringe Hoffnungen auf eine Wiederkehr.

Ihre Mutter wohnte für Theresienstädter Verhältnisse ziemlich gut in einer Küche, so daß sie es im Winter immer schön warm hatte. Sie hatte mit anderen die Aufwärmeküche zu bedienen, d. h. Kleinigkeiten zu kochen und gefaßtes Essen aufzuwärmen. Ich machte öfter mit ihr Krach, daß sie überhaupt Arbeit angenommen hatte, aber anscheinend hatte sie es gern, etwas zu leisten und wollte wahrscheinlich so den Platz in der Küche behalten. Später setzten wir bei ihrem Hausältesten durch – ich kannte ihn amtlich gut –, daß sie es leichter hatte. Mein Mann und ich haben sie häufig besucht; denn sie wohnte vis à vis von meiner Kaserne in einem Privathaus zu ebener Erde, und später, als der Häuserblock von den Nazis bezogen wurde, arrangierten wir es, daß sie in meine Kaserne ins gleiche Stockwerk wie ich kam, und dort sahen wir uns fast jeden Tag, und dort brauchte sie auch nicht zu arbeiten und konnte sich ihr Leben, wie sie es wollte, einrichten. Bei schönem Wetter ging sie in dem nahen Park spazieren, saß dort stundenlang, besuchte wohl auch Bekannte und Verwandte und ging zur Post, falls sie mal eine Paketmeldung hatte. Gerade den letzten Sommer ging es ihr verhältnismäßig gut. Es war ein sehr schöner Sommer, und bis auf kleine Herzbeschwerden, die sie aber weiter nicht störten; denn das hatte sie, wie sie mir sagte, im normalen Leben auch gehabt, ging es ihr damals gut, und sie genoß den Sommer, so gut es nur unter den gegebenen Verhältnissen ging. Da die Friedensaussichten auch sehr gut waren und sie in der letzten Zeit durch die Ölsardinenpakete aus Por-

tugal, die sie ziemlich regelmäßig bekam und durch andere kleine Pakete von ihrem früheren Wirtschaftsfräulein und meiner Schwägerin Liese sich besser ernähren konnte, war sie ganz zufrieden. Die Ölsardinen tauschte sie sich teilweise gegen andere Lebensmittel ein.

Es war alles ganz gut, bis im Herbst wie eine Bombe die Transporte hereinplatzten. Zuerst hieß es, daß nur 5 000 Männer zur Arbeit gingen, darunter eben auch mein Mann und mein Schwager, später aber kamen die anderen Transporte anschließend hintereinander. Ich habe den Brief Ihrer Mutter an Sie gelesen und muß bestätigen, daß sie in Theresienstadt immer Menschen hatte, die ihr das Leben erleichterten und ihr viel Schweres abnahmen. Das lag eben an ihrer netten Art, wie sie mit Menschen umging, und an ihrer großen Bescheidenheit. Sie war mit allem zufrieden, klagte nie über Dinge, die man dort eben nicht ändern konnte, und erwarb sich die Liebe und Achtung aller ihrer Zimmerinsassen, die auf ihre schwache Konstitution Rücksicht nahmen. Ich hatte einen Fensterplatz in meinem Zimmer, der herrliche Gebirgsaussicht hatte, und wenn ich gar mal zu besonderen Gelegenheiten Kuchen backen ließ – wir bekamen aus Prag von unserem Freund, bei dem ich jetzt wieder wohne, und mit dem wir schon 17 Jahre zusammenleben, ab und zu Pakete – und wir saßen zusammen auf meiner aus Matratzen gemachten Couch und bewunderten das Gebirge, so glaubte sich Ihre Mutter schon beinahe auf einem Erholungsurlaub in den Alpen und ging mit erhöhten Gefühlen nach Hause. Viele stimmte der Anblick auf die schöne Natur in der Gefangenschaft nur noch trauriger, Ihre Mutter aber genoß – in der Hoffnung auf die Zukunft – alles Schöne, was sich ihr bot und war dadurch viel zufriedener. Wenn ihr die Gefangenschaft manchmal zu lange dauerte und sie den Mut verlor, kam sie schnell wieder hoch, wenn man ihr die politische Lage klar machte, und daß der Frieden in Aussicht. Da sie bei uns ein nüchternes Urteil gewohnt war, hatte unser Zureden immer Erfolg, und sie meinte dann immer: »Wenn Sie das selbst sagen, dann bekomme ich ja wieder Mut.« Ich hof-

fe, in dieser Beziehung konnten wir ihr von Nutzen sein und sie über die schwere Zeit etwas hinwegbringen. Materiell war unsere Hilfe nur sehr klein, und sie übertreibt in ihrer Bescheidenheit und Güte. Wenn man ihr irgendeine Kleinigkeit brachte, machte sie eine große Sache daraus und machte mir dafür alle meine Näharbeit, wie Strümpfestopfen etc. Ich hatte Ihre liebe Mutter einmal bei Peppi Flatow kennengelernt und erfahren, wie vornehm sie im allgemeinen und besonderen zu meiner Schwägerin, als diese noch unverheiratet, stets war. Dann hatte ich sie einmal flüchtig in Krefeld bei einem Besuch gesehen. Als mir Hans nun in Theresienstadt sagte, daß Ihre Mutter angekommen sei, fragte ich mich, daß ich als Alteingesessene – wir waren mit dem ersten Transport in Theresienstadt aus Prag angekommen – ihr kleine Erleichterungen (Matratzen etc.) verschaffen konnte; denn psychologisch wirkt es natürlich sehr, wenn man bei der Ankunft merkt, daß man eine Seele hat, die sich um einen kümmert. Die ersten Tage sind natürlich die schlimmsten, und besonders waren es für sie die deutschen Transporte. Die älteren Frauen kamen hin, ohne bekannte Gesichter zu sehen, alles Fremde, auch eine fremde Sprache, da bei der Transportleitung die Leute tschechisch untereinander sprachen. Da von Deutschland nur alte Leute – außer den Kriegsverletzten – nach Theresienstadt kamen, die Jungen gingen direkt nach Polen, so waren die deutschen Juden viel schlechter dran als die alten Leute von der Tschechoslowakei, die schon bei der Ankunft irgendeinen Bekannten oder Verwandten antrafen, der sich um sie kümmerte. Also, es war selbstverständlich, daß wir bei den aus Deutschland kommenden Bekannten dasselbe taten wie die Tschechen bei ihren Landsleuten, die für uns Deutsche zum großen Teil wenig Liebe und Verständnis hatten und haben. Ich habe mich mit Ihrer Mutter sehr viel unterhalten, und das Erfreulichste, wovon man sprechen konnte, war natürlich die Vergangenheit. Ihre Schwester Liesel habe ich ein paar Mal bei Peppi, als sie dort erfolglos wirtschaftlich ausgebildet werden sollte, gesehen. Da ich Sie nun gar nicht kannte, versuchte Ihre Mutter, Sie mir nahe zu bringen, und sie sprach immer mit besonderer Liebe von Ihnen und daß sie innerlich sich beide gut verstanden hätten, und sie freute sich, daß sie eine so nette Frau gefunden hatten. Ich glaube, Sie aus den Erzählungen ziemlich gut zu kennen, und da ich weiß, daß Sie Ihre Mutter sehr liebten, kann ich Sie wirklich sehr beruhigen. Ihre Mutter hat es in Theresienstadt nicht schlecht gehabt, weil sie es nicht schlimm empfunden hat und Sie beide in Sicherheit glaubte, und schließlich ist ja das subjektive Empfinden maßgebend, und weil sie so war, haben sie alle gern gehabt und haben ihr das Leben leichter gemacht, und dadurch hatte sie es auch objektiv gut. Sie hat z. B. nie ihren Platz aufwischen müssen und sonstige zu schwere Arbeiten machen müssen, das hat man ihr immer gern abgenommen, und ihr Tod, an den sie bei ihrem Weggang überhaupt nicht gedacht hat, und dessen sie wahrscheinlich kaum oder nur im letzten Moment gewahr wurde, war noch der beste, den wir ihr unter diesen Umständen wünschen konnten.

Die Erde von Krefeld

Die Erde am linken Niederrhein klebt dir an den Fußsohlen. Sie ist dunkel und fruchtbar. Viel Sumpf ist da, träge und verträumt die Gewässer. Und überall Pappeln. Es sind die Bäume, die schnell gedeihen, die stark und groß werden und silberne Blätter haben. Daneben die auf Napoleons Anordnung gepflanzten Pyramidenpappeln an den alten Landstraßen.

Aber Erde an den Fußsohlen kann auch Dreck werden. Die Sümpfe können gefährlich sein. Und die Nachtigallen, die in den Büschen so sehnsuchtsvoll seufzen, verstummen im Herbst. Die alten Bauernhäuser mit den braunroten Ziegeln, die das Bild der Landschaft prägen, verschwinden mehr und mehr. Man muß sie unter Denkmalschutz stellen.

»Krefeld, eine Stadt wie Samt und Seide«, steht als Merkspruch auf allen Briefen, die in Krefeld in den Kasten wandern. Auch das stimmt nicht mehr. Samt wird kaum noch in Krefeld hergestellt, viel mehr in Oedt. Die Seide hat es schwer, sich gegen Eisen und Stahl – Edelstahl – und Chemie durchzusetzen. Und wer spinnt heute überhaupt noch Seide? Ach, es ist meist Kunstseide geworden.

Der Niederrhein ist keine Idylle, ich hätte beinahe gesagt, ist keine Idylle mehr. Er war es nie. Die Romantik ist dahin wie das Klappern der Seidenwebstühle; der alte Mann mit der Samtrolle auf dem Buckel ist verschwunden. Selbst in meiner Kinderzeit war er schon eine Seltenheit. Bei den computergesteuerten Webstühlen ist er nur noch Symbol. Ein Denkmal unter Denkmalschutz – auf dem Südwall.

Ich weine nicht um die alte Welt, aber Wehmut beschleicht mein Herz. Ja, hier war meine Heimat. Hier habe ich hören, sehen, laufen und sprechen gelernt – auch ein wenig denken. Wohl bin ich mit dem silbernen Löffel gefüttert worden. Und alle, vor allem mein Vater und meine Mutter und meine holländische Kinderfrau Nelly, wollten mir den Start ins Leben leicht machen. Was für Mühe haben sie sich gegeben, mit Liebe und auch mit Strenge. Ich habe ihnen wenig Freude gemacht. Nicht all ihre Erwartungen habe ich erfüllt. Bereits vom ersten Tag meiner Geburt an war ich ein eigensinniges, störrisches, neugieriges Kind.

Nach dem Krieg bin ich nicht nach Krefeld zurückgegangen. Die Herren von der Chemie, die Herren von Eisen und Stahl und Edelstahl, ja auch die Herren von Samt und Seide kannte ich zu gut. Mit Herz und Hand, mit Geld, und beinahe hätte ich geschrieben mit guten Worten, nein, mit bösen Worten haben sie von jeher den Alldeutschen Verband unterstützt, der sich dann im 1. Weltkrieg unter Großadmiral Tirpitz die Vaterlandspartei nannte. Diese kleinen, aber mächtigen Gruppen wollten Masseneinfluß gewinnen und riefen die deutsch-völkische und die Nazipartei ins Leben. Sie billigten ihren Wahlspruch, den sie selber mit lanciert hatten, vor allem jene Parole: »Schlagt *sie* tot! Das Weltgericht fragt euch nach den Gründen nicht!« So hielten sie es 1912, 1914, 1918, 1933, 1939 bis zum bittren Ende 1945 und auch noch danach. Ihre einzige Sorge: Die Sicherung und Vermehrung ihrer Güter, ihres Vermögens, ihrer Häuser und ihrer Liegenschaften. Was sie 1933 noch nicht hatten, das haben sie dazu arisiert. Ihnen war jedes Opfer recht – das Opfer der anderen. Wenn sie nur Herr im Hause blieben.

Auch wenn der Staat später Wiedergutmachungen, wie sie es nannten, leisten mußte, sie haben den großen Schnitt gemacht. Sie, ihre Söhne und ihre Enkel. Dort, wo einmal meine Heimat war.

In diesem Landstrich hier am linken Niederrhein bin ich aufgewachsen. Hier begann mein Weg. Hier habe ich denken gelernt. Und wenn ich von »zu Hause« träume, dann träume ich von dieser Landschaft mit den sanften Wiesen und den großen Pappeln, von meinen Eltern und von meiner Schwester Liesel. Ich träume von meiner Kinderfrau, der Holländerin Nelly. Von Aurel Billstein und seiner Frau Martha, von Heiner Plum. Und sehr oft auch von Lore.

ZWEITES BUCH

Der Gastfreund

Der Aufenthalt in den Städten meiner Flucht, in Amsterdam, Brüssel, Tel Aviv und Stockholm war jedesmal kurz bemessen. Jetzt kam ich zum zweiten Mal nach Palästina. Im Sommer 1939, kurz vor dem Überfall der Naziarmee auf Polen, war ich wieder in Tel Aviv.

Es hatte zwischen dem jüdischen und dem arabischen Teil der palästinensischen Bevölkerung lange Zeit erbitterte bewaffnete Auseinandersetzungen gegeben. Die britische Mandatsmacht, die eigentlich für Ruhe und Ordnung in diesem Land zu sorgen hatte, war nicht in der Lage, diese Kämpfe zu unterdrücken. Aber mit Beginn des Zweiten Weltkriegs herrschte wie durch ein Wunder Waffenruhe zwischen Juden und Arabern in Palästina. Von Tel Aviv aus konnte man unbehelligt in die arabische Mutterstadt Jaffa gehen und wurde freundlich dort aufgenommen.

In dem alten Land der Bibel, von zionistischen Vereinigungen nach dem Ersten Weltkrieg als Heimstatt für die verfolgten Juden angestrebt, dem Mandatsgebiet des Königreichs Großbritannien, hatten Hunderttausende von der Rassenpolitik der Nazis verfolgte deutsche, österreichische, polnische und tschechoslowakische Juden Zuflucht gefunden.

Es herrschte keine Wehrpflicht, doch im Verlauf des Zweiten Weltkriegs gab die britische Mandatsregierung einen Erlaß heraus, daß es für Staatsangehörige des Mandatsgebiets möglich sei, freiwillig der britischen Armee beizutreten. Mit vielen anderen meldete ich mich und war schon draußen auf einer Art Exerzierplatz der Gruppe deutscher Juden zugeteilt. Bei der körperlichen Untersuchung betrachtete der Arzt meine Beine lange und kritisch, auch, wie mir schien, sorgenvoll. Meine schweren Krampfadern beunruhigten ihn. Ich glaubte seine Bemerkung richtig verstanden zu haben, mit solchen, an manchen Stellen sogar offenen Beinen, hätte ich sowieso kein langes Leben zu erwarten. Ich wurde als untauglich abgewiesen. Also ging ich zurück zu meiner Arbeit als Sandalenmacher an einer Schuhmaschine in Tel Aviv.

Es hatten sich hier in der Stadt am Meer, von den Erbauern Frühlingshügel genannt, deutsche Emigranten zusammengefunden. Wir waren fest entschlossen, nach dem Krieg in die Heimat zurückzukehren, um für ein besseres Deutschland zu wirken. Wir wußten, der berühmte deutsche Schriftsteller Arnold Zweig hatte sich durch einige schwerwiegende Erkenntnisse weitgehend von den Gedanken der zionistischen Bestrebungen gelöst. Er hatte gesehen, wie der Zionismus eine erbitterte Feindschaft der Araber hervorrief, mit Waffengewalt wurden Kämpfe ausgetragen. Er lebte in Haifa, der großen Hafenstadt, seine Wohnung lag am Hang des legendären Berges Carmel. Unser kleiner Tel Aviver Kreis hatte mich beauftragt, Arnold Zweig zu fragen, ob er bereit sei, in unserem Komitee den Ehrenvorsitz zu übernehmen. Es muß etwa im Oktober 1943 gewesen sein.

Entscheidendes hatte sich in diesem Jahr 1943 ereignet. Am 25. Januar war bei der Schlacht um Stalingrad der Roten Armee die Spaltung der deutschen 6. Armee gelungen. Am 31. Januar ergab sich General Paulus mit seinen Soldaten. Durch diese Niederlage der Wehrmacht war der Krieg im Grunde entschieden. Es begann der Rückzug über fast zwei Jahre. Die zurückflutenden Deutschen hinterließen verbrannte Erde. Hunderttausende deutscher Soldaten, darunter Offiziere und Generale, gerieten in Gefangenschaft. Am 12. Juli 1943 hatte sich in Moskau das Nationalkomitee »Freies Deutschland« gebildet. Den Bestrebungen deutscher Antifaschisten schlossen sich auch Kriegsgefangene an.

Unser kleiner Tel Aviver Kreis hatte sich vorgenommen, im Sinne dieses Nationalkomitees zu wirken. Wir mußten damals illegal tagen. Bei dem Nationalismus, der in Palästina und später auch im Staate Israel herrschte, wäre schon die Absicht einer Rückkehr von deutschen Juden nach Deutschland als Vaterlandsverrat betrachtet worden. Wir versammelten uns jeden Samstagnachmittag in der Pinsker Straße 31, in meiner Wohnung. Um nur einige Namen zu nennen: Alfred Moos aus Ulm, Ernst Singer aus Köln, Karl Simonson aus Bernburg an der Saale. Sie kamen mit ihren Frauen. Wir versorgten deutsche Kriegsgefangene, die in Ägypten in Lagern lebten, mit antifaschistischer Literatur. Wir hatten Freunde unter uns, die der britischen Armee angehörten, sie konnten die Materialien an Ort und Stelle bringen.

Es mag wie ein Gleichnis der Hoffnung und der Hoffnungslosigkeit des Exils dastehen: Einer unter meinen Freunden versuchte in Tel Aviv als Schuster durchzukommen. Nur unter einem Treppenabsatz konnte er den Platz für seinen Schemel finden. Dort hatte er sogar die Ehre, die verschlissenen Schuhe von Ben Gurion besohlen zu dürfen. Aber jeden Tag kaufte er beim Großhändler nur so viele Schusternägel, wie er für einen Tag brauchte. Jeden Tag hoffte er, abreisen und in seiner Heimat mitwirken zu können, menschliche Lebensverhältnisse wiederherzustellen.

Als ich mich im Oktober 1943 auf den Weg nach Haifa zu Arnold Zweig machte, erinnerte ich mich natürlich noch an meine erste Begegnung mit ihm. Es war am 30. Mai 1942. Bei einer Veranstaltung im Kino Esther hatte Arnold Zweig für die Liga V, Victory, gesprochen und dazu aufgerufen, die kämpfende Sowjetunion mit Ambulanzen zu unterstützen. Am 26. Juni 1942 hatte er darüber im »Orient«, einer Zeitschrift etwa im Format der früheren »Weltbühne«, beschrieben, wie er von *Rollkommandos* aus dem Saal geprügelt wurde, weil er deutsch sprach.

Ich saß damals in einer der vorderen Reihen, sprang vor zu ihm, nahm ihn bei der Hand und zog ihn zu einem Seitenausgang. Er fragte mich: »Was ist los?« Ich sagte ihm: »Das sind die Extremisten, von denen Sie eben gesprochen haben.« Es waren Rowdys, die mit ihren Knüppeln die Menschen zwingen wollten, nur hebräisch zu sprechen. In seinem Bericht über den Überfall im Kino Esther schrieb Arnold Zweig: *Und hinter der Maske der Sprachbesorgnis – was entblößte sich da? Der alte liebe Hang zu Faschismus und jener Haß gegen die russische Revolution, den die Besiegten von 1917 und 18 tief im Busen hegten.*

Damals hatte ich mich ihm nicht vorgestellt. Ich kam also jetzt im Oktober 1943 als ein Fremder zu ihm. Er öffnete die Tür. Ich stellte mich vor und erklärte ihm in aller Kürze unser Anliegen. Er war ausgesprochen unfreundlich zu mir. Er meinte: »Jetzt kommen alle Zionisten zu mir, enttäuscht von der Wirklichkeit und wollen, daß ich ihnen einen Weg nach Deutschland zurückweise.«

»Bevor Sie die Tür zuschlagen, Herr Zweig«, sagte ich höflich aber bestimmt, »hören Sie mich bitte noch einen Augenblick an. Sie irren sich, wir sind keine Bittsteller. Wir sind auch nie Zionisten gewesen. Wir sind Mitglieder verschiedener linker deutscher Parteien.« Er blieb stehen, bat mich dann herein, hörte zu, mehr und mehr interessiert, äußerte schließlich seinen Wunsch: »Ich möchte mir gern einmal Ihre Gruppe ansehen.« Wir vereinbarten ein Treffen bei seinem nächsten Aufenthalt in Tel Aviv und besprachen auch die Möglichkeit einer Übernachtung. Er sagte, bisher habe er bei einer befreundeten Familie gewohnt, aber dort sei es zu einigen Differenzen gekommen. Ich bot ihm sofort an, natürlich könnte er bei uns, meiner Frau Ruth und mir, in der Pinsker Straße 31 übernachten. Die Wohnung läge im Zentrum der Stadt. Von unseren zwei Zimmern würden wir ihm eins überlassen. Nachmittags könnte er dann die ganze Gruppe kennenlernen.

Und er kam. Nach seinem ersten Aufenthalt in der Pinsker Straße erreichte uns sein Brief vom 15. Dezember 1943 aus Haifa. Er entschuldigte sein langes Schweigen, ein Rheumatismus, verursacht durch den Fahrtwind bei der Rückfahrt,

Beatrice und Arnold Zweig

habe ihn daran gehindert, sich für die Gastfreundschaft zu bedanken. Er stellte fest, *die Probe gemeinsamer Häuslichkeit auf engem Raum* sei durch die *geistige Übereinstimmung* bestanden. In dem Brief setzte er unser Gespräch über Deutschland fort. Er dachte nach über die Schuldzuweisung am Krieg. Es dürfe sich nicht wiederholen, wie es 1918 geschah, daß die wirklichen Kriegsverbrecher unbelastet blieben. Es wäre für das deutsche Nachkriegsleben wünschenswert, wenn sich innerhalb der Wehrmacht eine Kraft gegen Hitler entwickeln würde. Wir hatten in diesem Novembergespräch versucht, uns für das Land unserer Herkunft eine Volksvertretung der deutschen Werktätigen vorzustellen und hofften, daß die notwendige Gesellschaftsumbildung gelingen möge. In diesem Zusammenhang empfahl er mir das Buch »The Managerial Revolution« von James Burnham. Hier fänden sich Überlegungen, die sich mit seinen Gedankengängen berührten. Er allerdings habe sich dem Problem des menschlichen

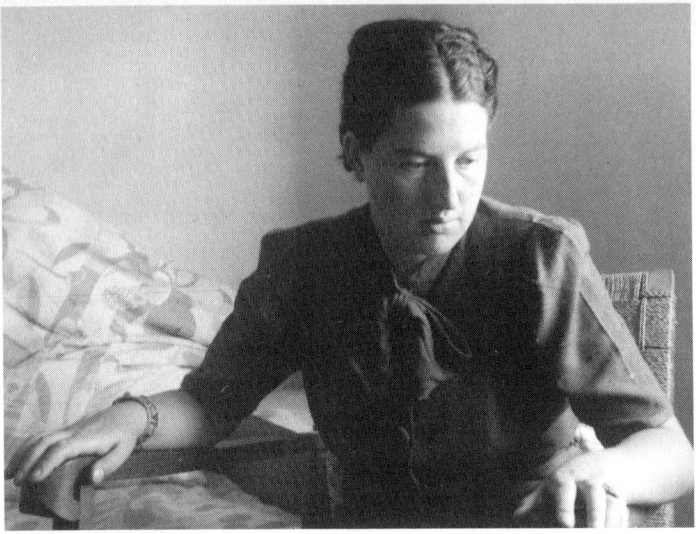

Ruth Hirsch in Tel Aviv, Dezember 1937

Zusammenlebens durch Erkenntnisse *auf der Grundlage von Marx und Freud* genähert.

Seinen Aufenthalt bei uns empfand er nicht als eine Selbstverständlichkeit, ausdrücklich bedankte er sich bei Ruth *für die viele Wirtschaft, die Sie für mich in Ihrer knappen Hausfrauenzeit bewältigen mußten. Ich hoffe aber, Sie empfinden diese ganze Geschichte ebenso als Plus, wie Ihrer beider bestens grüßender Zweig.*

Von Anfang an nahm er Anteil an unseren Arbeiten. Es faszinierte ihn, wie Ruth als Sekretärin bei einer großen Exportfirma die vielsprachige Korrespondenz erledigte. Meine Berichte über meine Arbeit als Schuhfräser in einer kleinen Sandalenfabrik nahm er manchmal respektvoll, manchmal auch amüsiert zur Kenntnis.

Während seines ersten Aufenthalts bei uns kam auch die Rede auf Dr. Arnold Chempin. Unser Kreis hielt relativ lose Beziehungen zu diesem hochbegabten Mann, der sich in vielen künstlerischen Berufen versucht hatte. 1931 hatte ich ihn

Rudolf Hirsch in Tel Aviv, Dezember 1937

in Berlin in einem kleinen Theater, das Unter den Linden spielte, als Schauspieler in dem satirischen Zeitstück »Die Mausefalle« gesehen. In dem überfüllten Theater erlebte ich ihn in der Rolle des Chefs der größten europäischen Schuhfabrik Taba – damit war überdeutlich Bata gemeint. Durch sein Auftreten gewann das Bild der Rechtlosigkeit des ihm entgegengesetzten Fabrikarbeiters Fleißig an bedrückender Schärfe. Es zeigte das Elend der Fabrikarbeiter. In diesem Jahr 1931 wurde die »Mausefalle« zur Sensation im Berliner Theaterleben. Chempin und sein Freund Gustav von Wangenheim hatten das Stück gemeinsam für die links orientierte »Truppe 31« geschrieben. Zu dem Ensemble gehörte auch Steffie Spira. Mehr als hundert Mal wurde »Die Mausefalle« in Berlin aufgeführt.

Am Tag nach dem Reichstagsbrand kam für die »Truppe 31« das Verbot, »Die Mausefalle« zu spielen. Auf Nachfrage im Polizeipräsidium – Chempin sagte später, es sei sehr naiv von ihm gewesen, überhaupt dort hinzugehen – erfuhr er, ein weiteres Auftreten dieser Truppe auch mit anderen Stücken sei nicht mehr erwünscht.

Chempin konnte nach Palästina entkommen. Er hatte in Berlin viele Berufe ausgeübt, auch als Leiter der Antiquitätenabteilung des großen Kaufhauses Wertheim. Jetzt, in Tel Aviv, war er an einer kleinen Lampenfabrik beteiligt, bei den Herren Goldschmidt und Schwabe. Chempins Rolle im ungeschriebenen Stück der Wirklichkeit von Tel Aviv war nun der Lampenverkäufer in der Heßstraße, Ecke Allenbystraße. Dieser Lampenladen war auch der Ort für öffentliche Vorträge und Rezitationen.

Dabei verstand, geschweige denn sprach Arnold Chempin nicht ein einziges Wort Iwrith. Aber mit seinem unendlichen Charme wirkte er überzeugend. Gern und häufig zitierte er vor Freunden den Satz von Arthur Schnitzler: *Wir spielen alle – wer es weiß, ist klug.*

1944

In einem Brief vom 9. Januar fragte Arnold Zweig, ob er wieder zu uns kommen könne, Chempin habe ihn zu einem Vortragszyklus eingeladen, der Mitte Januar beginnen sollte. Da er aber nun nichts Näheres darüber gehört hatte, bat er Ruth, sie möge sich bei Goldschmidt & Schwabe erkundigen, ob es bei dem Termin bliebe. In dieser Zeit gab es nur wenige private Telefonanschlüsse in Tel Aviv. Aber in ihrer Export-Firma hatte Ruth die Möglichkeit zu telefonieren, Arnolf Zweig zu benachrichtigen und ihn wissen zu lassen, daß er wieder als Gast willkommen sei.

Er wies in seinem Antwortschreiben auf die Sendungen der »Moskauer Welle« hin, ein Umschwung bereite sich langsam im deutschen Heere vor. *Über dies und alles andere mündlich.*

Im Februar baten wir Arnold Zweig, bei seinem nächsten Besuch sein Manuskript »Das Beil von Wandsbek« zu uns nach

Tel Aviv zu bringen. Wir schrieben ihm: *Es könnte ja sein, daß aus einer Idee, die wir jetzt haben, eventuell etwas Gutes werden könnte.* Wir sahen die Möglichkeit einer Herausgabe in Moskau, wir hielten eine Verbindung zur Redaktion »Internationale Literatur«, die dort ihren Sitz hatte. Auf dem Umweg über Teheran sollte das Manuskript nach Moskau gebracht werden. Ruth Hirsch teilte ihm am 13. März 1944 mit: *Also gerade ist das Manuskript glücklich abgedampft und alles ist okey ... Ansonsten wollten wir Ihnen nur mitteilen, daß wir uns sehr freuen, wenn Sie bald wieder hier auftauchen werden – müssen wir eigentlich noch mal betonen, daß Sie jederzeit gerne bei uns wohnen können?*

Im Frühjahr hatte sich die Lage im Lande verschärft. Radikale Gruppen der zionistischen Bewegung verübten Terroranschläge auf britische Besatzungstruppen. Die britische Besatzungsbehörde griff speziell in Tel Aviv zum Mittel des Curfew, der völligen Ausgangssperre. An einigen Tagen wurde die Sperre für die Dauer von einer Stunde gelockert, Frauen sollten die Möglichkeit haben, für ihre Familien Lebensmittel einzukaufen. In seinem Brief vom 26. März erklärte Zweig, daß er durch die Ausgangssperre behindert sei, nach Tel Aviv zu kommen. Und wieder kreisten seine Gedanken um das Land seiner Sprache, um eine wahrscheinliche Teilung Deutschlands nach dem Sieg der Alliierten.

Im April war der beliebte Arzt Dr. Mandelberg in Tel Aviv gestorben. Er hatte in Rußland der menschewistischen Partei angehört, aber als die Sowjetunion von den Nazis überfallen wurde, unterstützte er die Hilfsaktionen mit großem Elan. Und er, der ehemalige Menschewist, bestand darauf, er wollte die erste Ambulanz, die durch die Spenden angekauft werden konnte, nach Teheran begleiten. 1941 hatten die Alliierten den deutschfreundlichen Schah zur Abdankung gezwungen. Alliierte Truppen waren einmarschiert. Sowjetische Streitkräfte hielten den nördlichen Teil des Iran besetzt, der südliche Teil wurde von den Westalliierten kontrolliert. In der Trauerfeier für Dr. Mandelberg hielt Arnold Zweig die Gedenkrede.

Zweigs Brief an uns zum 1. Mai hatte etwas Rührendes: *Meine lieben Hirsche, ich möchte euch heute bloß die Hand schütteln.* Über einen neuen Termin für seinen Besuch konnte er noch nichts mitteilen, denn die LEPAC, Levant Publishing Company, hatte den Mugrabi-Saal im größten Kino in Tel Aviv für Arnold Zweigs Vortrag nicht bekommen. Der Saal durfte für Veranstaltungen in deutscher Sprache nicht benutzt werden.

In seinen Erinnerungen »Mein Repertoire« beschreibt Arnold Chempin die LEPAC. Der Kern unserer antifaschistischen Organisation war eine Art Buchgemeinschaft. Und er berichtet: *Es wurde eine Verbindung mit den Sowjets aufgenommen, die wissenschaftliche, politische und literarische Werke in allen europäischen Sprachen herausbrachten, also gerade das entwickelten, was wir für die vielsprachige Bevölkerung des Landes brauchten, antifaschistische Propaganda auf allen Wegen und Umwegen.*

Als wir uns zur Gründung der LEPAC im Hause der gastfreundlichen Familie des Teppichhändlers Rosenberg zusammengefunden hatten, ging Herr Rosenberg am Ende der Sitzung zu seinem Grammophon und legte eine Platte auf. »Der Messias.« Für uns alle erklang das »Hallelujah« von Händel in Mozarts Bearbeitung. Es war merkwürdig und feierlich, diese abschließend gesungenen Worte zu hören: »... von nun an und ewig.«

Am 4. Mai teilte Arnold Zweig uns mit, ein Exemplar seines Romanmanuskripts »Das Beil von Wandsbek« sei in London angekommen. Einige Tage später erfuhren wir von ihm, daß ein Inhaber eines Haifaer Konzertcafés ihm zu Ehren eine Matinee veranstalten wollte. Zweig hatte zugestimmt. Uns gegenüber berief er sich dabei auf Heinrich Mann, der ja auch gern seinen Umgang mit Varietékünstlern gehabt habe, im Gegensatz zu seinem Bruder Thomas, der sich wohl eher zu Professoren hingezogen fühle. Einen Monat später bezeichnete er das Resultat der Matinee als »zufriedenstellend«. Die ungewöhnlich große, auf dem halben Blatt schräggestellte

Schrift verriet eine gewisse Hast: *Es war Eure Hilfe, die mich in so tauglichem Nervenzustand erhalten hat. Das wollte ich Euch noch schnell verraten. ... und somit eile ich zur Post.*

Gelegentlich, wenn er eine Sekretärin zur Verfügung hatte, waren seine Briefe mit Schreibmaschine getippt, meist kamen seine Mitteilungen handschriftlich. Er hatte die Gewohnheit, das Blatt völlig auszunutzen, selbst dann, wenn er oben einen kleinen Seitenrand einhielt, ließ er ihn am Ende verschwinden. So schrieb er am 14. Juli wieder auf einen halben Bogen, und am Ende seiner Mitteilungen stand die erste Ankündigung über eine neue Arbeit: *Ich habe viel zu tun, wechselnde Laune, sehr zögernd, daß mein nächster Roman »Traum ist teuer« heißen und einen politischen Standpunkt einnehmen wird.*

Wie jedes Jahr im September, wenn wir einige Tage Ferien machten, besuchten Ruth und ich meine Cousine Gertrud Cohen in Nahariya. Hier in dieser Siedlung am Meer, an beiden Ufern des Ga'aton, nördlich von Haifa hatten sie ihr Zuhause gefunden. Manchmal nahm sich ihr Mann, der vielbeschäftigte Dr. Cohen, den wir oft in Essen oder Krefeld getroffen hatten, Zeit für uns. Wir waren uns nicht fremd geworden, er als Zionist und ich als Kommunist. Bei einem Ausflug in die Umgebung führte er uns zu den noch immer nachweisbaren Spuren christlicher Kreuzfahrer. Unvermittelt hielt er uns den peinlichen Satz aus einem der Romane Fontanes vor, über den ersten Kreuzzug unter Peter von Amiens. Das Ritterheer zur Befreiung des Heiligen Grabes hätte dieser Mönch wohl nicht »beim Erdbeerpflücken« zusammentrommeln können. Natürlich mußten wir über unser gemeinsames Unbehagen gegenüber Fontane lächeln. Hat der Dichter wirklich nicht gewußt, wie es war mit dem fanatischen Mönch Peter, genannt der Einsiedler, dem Anführer im Krieg um die Seelen der Menschen und um die Wege des Handels? Die Kreuzritter begannen ihren Feldzug zu Hause, sie sagten: In unserer Mitte wohnen die Juden, die unseren Heiland gekreuzigt haben, rächen wir an ihnen seinen Tod, rotten wir sie aus. Und sie überzogen auf ihrem Wege zu dem fernen Heiligen Grab schon in den Städten des Rheinlands die jüdischen Gemeinden mit Mord.

Ich hatte sicher mein Vorurteil gegen Fontane von meiner Mutter übernommen. Sie mochte ihn nicht. Sie nahm lieber Fritz Reuters Werke zur Hand, vor allem sein Buch »Ut mine Festungstid«. Oft hat sie, wenn ich als Kind krank war, an meinem Bett gesessen und mir seine Geschichten vorgelesen, die er »Olle Kamellen« nannte.

Auf dem Rückweg aus den Ferien bei meiner Cousine in Nahariya lieferten wir, wie wir es ihr versprochen hatten, die Früchte aus ihrem Garten bei Arnold Zweig in Haifa ab. Er bestätigte unseren Besuch mit seinem »Erntelied«. Lächle niemand über die gewollte Unbeholfenheit der Verse, sie beanspruchen sicher keinen Platz in seinem Gesamtwerk. Aber für mich ist dieses Blatt, auf dem seine akkuraten Schriftzüge stehen, ein Merkmal seiner liebenswürdigen Spielerei für uns, für seine Freunde. Vielleicht hat er all die heiteren Worte nur wegen dieser einen ernsten Zeile von der Veränderung geschrieben (s. nächste Seite).

Mit dem Datum vom 15. September 1944 erreichte uns, wieder die großen, hastigen, erregten Schriftzüge, ein Brief Arnold Zweigs. Der gerade über das Radio bekanntgegebene Mord an Ernst Thälmann und Rudolf Breitscheidt hatte ihn aufgewühlt. Er wollte einfach mit jemandem darüber sprechen. Ihm war der Luftangriff »aus Versehen« auf das KZ Buchenwald gleich unglaubhaft erschienen. Er bedauerte, daß wir so weit voneinander entfernt wohnten. Schließlich nahm er *die Gelegenheit der Weltschöpfung von bloß 5705 Jahren* – nach dem religiösen jüdischen Kalender – zum Anlaß, uns ein gutes neues »Jährchen« zu wünschen.

Er liebte Wortspielereien, die Gespräche mit unserem Freund, dem Rechtsanwalt Dr. Ludwig Barbasch, nannte er barbaschen. Jeden Freitagabend kam Dr. Barbasch zu uns, seine Frau begleitete ihn nicht. Arnold Zweig und er hatten völlig entgegengesetzte Auffassungen und Charaktere. Sie schrien sich an, auch weil Dr. Barbasch schwerhörig war. Er konnte

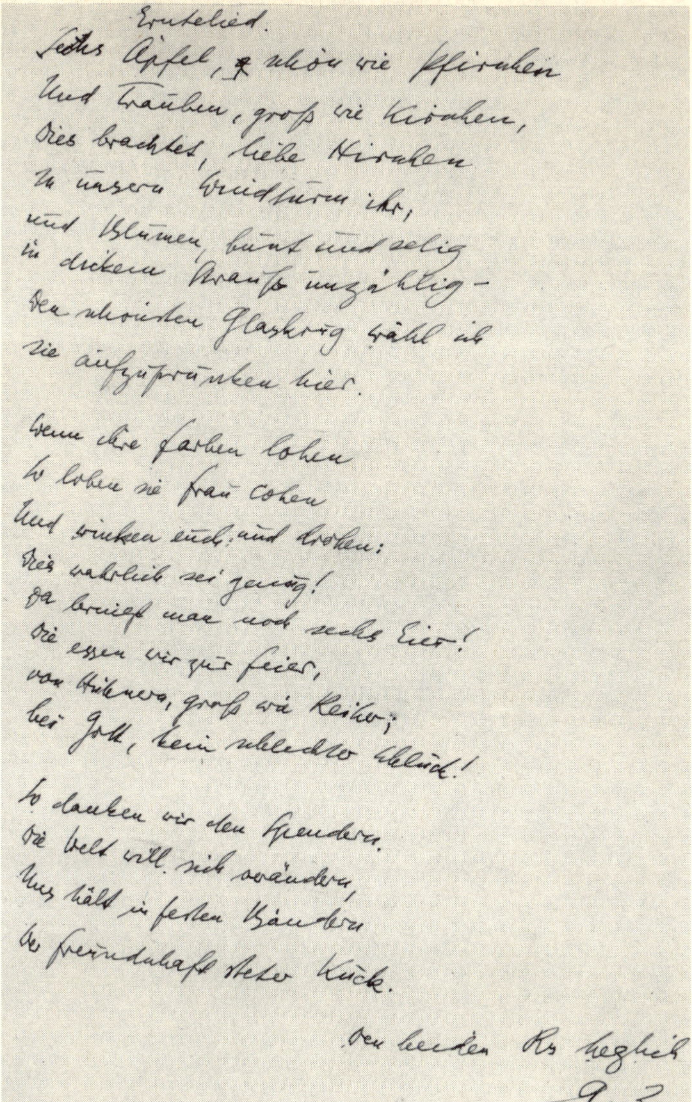

Erntelied.

Sechs Äpfel, schön wie Pfirschen
Und Trauben, groß wie Kirschen,
Dies brachtet, liebe Hirschen
Zu unserm Grundstück ihr,
und Blumen, bunt und selig
in dickem Strauß unzählig –
Den schönsten Glaskrug wähl ich
sie aufzuprunken hier.

Wenn ihre Farben lohen
So loben sie Frau Cohen
Und winken euch; und drohen:
Dies wahrlich sei genug!
Da bringt man noch sechs Eier!
Die essen wir zur Feier,
von Hühnern, groß wie Reiher;
bei Gott, kein schlechter Glück!

So danken wir den Spendern.
Die Welt will sich verändern,
Uns hält in festen Bändern
Der Freundschaft steter Druck.

Den beiden Rs herzlich
A. Z.
+ B. Z + a. Z.

Arnold Zweig, Das Erntelied

sich in keinem Punkt mit Arnold Zweig verständigen. Er hatte in Deutschland einer linksradikalen Partei angehört, der Kommunistischen Arbeiterpartei. Damals hatte er in seine Berliner Anwaltspraxis einen jungen Rechtsanwalt aufgenommen, Hans Litten. In einem Prozeß hatte Rechtsanwalt Litten Hitler als Zeugen geladen, ihn vernommen und bloßgestellt. Unmittelbar nach dem Reichstagsbrand 1933 wurden Ludwig Barbasch und Hans Litten verhaftet. Nach qualvollem Martyrium, das vier Jahre, elf Monate und eine Woche dauerte, wurde Hans Litten im Konzentrationslager Dachau in den Tod getrieben.

Ludwig Barbasch, schwer mißhandelt, fast taub geschlagen, wurde von den Nazis nur unter der Bedingung aus der Haft entlassen, sofort nach Palästina auszuwandern. Trotz aller Gegensätze war eine Freundschaft zwischen Arnold Zweig und Ludwig Barbasch entstanden, beide hatten Lust am Meinungsstreit, das Treffen bei uns in der Pinsker Straße 31 war ihnen eine liebe Gewohnheit geworden.

Über sein Romanmanuskript »Das Beil von Wandsbek« teilte Arnold Zweig uns am 16. Oktober mit, ein englischer Übersetzer sei bei dem Verlag Hutchinson gewonnen.

Dafür sollte das Zusatzmanuskript versandfertig gemacht werden. Sonst habe er wenig Schreibenswertes, aber um so mehr Lust auf *Plauderei und Geschwätz.*

Neben seiner Arbeit am Roman »Traum ist teuer« beschäftigten ihn andere Pläne. Er wollte Einfluß nehmen, nicht abseits stehen. So schrieb er mir über seine Idee, dem Komitee »Freies Deutschland« vorzuschlagen, eine Konferenz deutscher Geistesarbeiter einzuberufen, aus allen Zentren der Emigration. Die Zukunft des deutschen Volkes und seines Staates sollte erörtert werden. Diese Konferenz gäbe Gelegenheit, die Lügen der Goebbels-Propaganda über die Absichten der Sieger zu entkräften. Sicher sei Moskau für diese Friedenskonferenz der geeignete Ort. Verkehrstechnisch läge zwar London günstiger, dort aber sei das Komitee sicherlich nicht anerkannt. *Da die Dinge aber liegen wie sie liegen, bleibt Moskau für die-*

se Einladung die einzig legitimierte Stelle. Er wollte, *daß man an die Stelle eines zu zerfetzenden Deutschlands die Bereitschaft setzt, die Vereinigten Sozialistischen Demokratien Europas zu schaffen, als Erweiterung des Blocks der West- und Südslawischen Länder.* Dieser Brief über seinen großen Traum vom Frieden in Europa endete mit Grüßen und Wünschen für den kommenden Wetterumschlag. Sein Traum von dieser Friedenskonferenz zerging vor der Wirklichkeit.

Anfang Dezember konnte Ruth unserem Gastfreund nach Haifa melden: *Aus England hörte ich von unserem Soldierfriend Jeffrey, daß Hutchinson »Das Beil« bereits ankündigt – so dürfte also das kommende Jahr einen günstigen Anfang nehmen.* Im letzten Monat dieses Jahres wohnte er bei uns in der Pinsker Straße.

Ruth Hirsch, 1939

Nach seiner Rückreise ließ Arnold Zweig uns wissen: *Ich habe mich bei euch so gut ausgeruht.* Und alle vermißten kleinen Dinge hatten sich wieder eingefunden. *Auch das Kofferschlüsselchen ist da, es lag brav im Koffer.* Das Datum seines Briefes, der 30. Januar, gab Zweig den bitter-ironischen Schlußsatz ein: *Und nun: gute Feier der »Machtergreifung« heute abend, nicht wahr? Immer Euer A. Z.* Nach genau zwölf Jahren zeichnete sich jetzt die Befreiung ab.

Für ein Schreiben im März wählte er die Anrede: *Liebe Freunde von und zu Hirsch-Liebergott.* Unser Hauswirt hörte auf den vielversprechenden Namen Gottlieb, eine gefundene Gelegenheit für Arnold Zweigs Wortspielerei. Der Brief zeigte eine erwartungsvolle Heiterkeit: *Die Russen versichern sich in der Literatur immer: Christ sei erstanden, er sei wirklich erstanden, und geben sich Küsse.* Wieder dachte er nach über das Land unserer Herkunft, nicht ohne Hoffnung: *Diesmal dürfen wir sagen: Das alte Deutschland ist tot, ein anderes wird erstehen, wir wollen, daß es ein besseres sei.*

In einem Brief vom 2. April dachte er über die Verpflichtung nach, mit *Nüchternheit, Sachkenntnis und Vorsicht* die Situation zu analysieren, die sich in Deutschland herausbilden würde. Man dürfe die Erneuerung *nicht den Narren überlassen, welche von einer Umerziehung des deutschen Volkes sprechen, ohne selber im mindesten erzogen zu sein.* Über all dieses und über *die Kriegerkaste in kapitalistischen Entwickungsräumen* müsse bei seinem nächsten Aufenthalt in Tel Aviv gesprochen werden.

Zwei Tage später bedankte sich Ruth auch in meinem Namen für die Wünsche zum »Heiligen Osterfest«, erneuerte die Einladung in die Pinsker Straße, auch Frau Zweig sei herzlich willkommen, *und wir könnten dann vielleicht alle zusammen »das plötzliche Ende« feiern.* Sie beschrieb, wie es war in diesen Tagen bei von und zu »Hirsch-Liebergott«: *Im übrigen erwarten wir mit Spannung »das Ende« und unser Radio ist jetzt das kostbarste Objekt in unserer Wohnung und wird täglich abends umlagert von allen unseren Freunden.*

Als das Kriegsende endlich gekommen war, gab es für deutsche Emigranten noch keine Ausreiseerlaubnis in das befreite und in vier Zonen aufgeteilte Deutschland. Und Ruth, die, wie die meisten anderen, illegal eingewandert war, besaß nicht einmal einen Paß. Erst nach der Gründung des Staates Israel im Jahre 1948 bekam sie sofort einen Reisepaß und konnte ausreisen.

Für den Juli, so schrieb uns Arnold Zweig, sei auf Veranlassung von Chempin eine Lesung aus seinem Stück »Bonaparte in Jaffa« in Tel Aviv vorgesehen. Sobald er den Termin wisse, käme er einige Tage vorher zu uns. Er hätte das Bedürfnis, mit uns zu »talken«. Seine Gedanken gingen wie so oft nach Deutschland: *Also werden wir in dem gevierteilten Deutschland eine Arbeit leisten müssen, die das von drei, vier Generationen Vernachlässigte nachholt.*

Er schrieb uns über seine Sehschwierigkeiten, doch eine »Blutspritzcour« sei mit Erfolg angewendet worden. Und am 2. September berichtete er, er könne jetzt fast den ganzen Tag lesen, seine Augen hätten sich wesentlich gebessert: *Also stürzte ich mich auf Karlchen Marx aus Trier, als ich in meiner Büchersammlung eine Arbeit von Lenin über Marx und Engels entdeckte. Ist dies das von Rudolf geliehene Buch?*

Neben der Zuversicht heimzukehren, behielten wir immer die Skepsis über die Möglichkeit, die Gesellschaft in Deutschland neu zu gestalten. Unser Gastfreund, der fast auf den Tag zwanzig Jahre älter war als ich, erschien mir manchmal wie einer unter den altehrwürdigen Propheten. Für ihn begann nach dem Sieg über den Faschismus *unsere Anstrengung, auch den zweiten Teil der Tragödie zu gewinnen, der auf den Namen Frieden laufen wird.* Der Gedanke, daß ein Friede auch eine Tragödie sein könnte, machte mich betroffen. Sah er die Entfremdung der Menschen im geteilten Land unserer Herkunft voraus?

Er wollte wissen, was wir zu dem »Bonaguttmann« sagten. Wir hatten die Aufführung seines Stückes »Napoleon in Jaffa« erlebt. Es gehört, wie vielleicht seine Dramatik überhaupt, nicht zu seinen stärksten Arbeiten, wenngleich Arnold Zweig selbst gerade seine dramatischen Arbeiten schätzte und unter deren Mißerfolgen auf den Bühnen litt. Uns interessierte »Napoleon in Jaffa« schon, denn wir wohnten ja nun hier an Ort und Stelle. Jaffa war nicht fern, nicht fremd. Wieder spielte Arnold Zweig in seinem Brief mit Worten. Die Anfangsbuchstaben seiner Figur Bonaparte setzte er von den Namen des jungen polnischen Schauspielers Guttmann. Für mich bleibt Guttmann in Erinnerung als der polnische Oberst in Franz Werfels Stück »Jakubowsky und der Oberst«. Beide fliehen in Frankreich vor den heranrückenden Nazis, das Ziel ist ein Flughafen, wo ein Flugzeug nach England sie erwartet. Die Kunst, eine tragische Komödie ohne Verzerrung darzustellen, war bei der Aufführung im Tel-Aviver Dachtheater gelungen. Hinreißend brachte Guttmann die Wendung der Dankbarkeit, er habe in der Kathedrale seines Herzens eine Kerze angezündet, die Vorgabe für Jakubowsky, der beim Abschied auf dem Flughafen erwiderte, er werde in der Synagoge seines Herzens eine Kerze anzünden.

Arnold Zweig ärgerte sich über die Reaktion auf sein Napoleonstück: *Es gab einen Sturm im Wassergläschen, der Kritik im Blumenthal wegen.* Blumenthal war eine Wochenzeitschrift, der Begründer hatte seinen Namen als Bezeichnung für das Blatt eingesetzt. Auch Chempin war über die Kritik empört und forderte Arnold Zweig in einem Eilbrief auf, sich dagegen zu wenden. Aber in einem zweiten, rasch nachgeschickten Brief an den Autor des »Bonaparte in Jaffa« mein Chempin, vielleicht habe er sich doch übermäßig geärgert und alles zu wichtig genommen.

In einem Brief vom 3. Oktober versuchte ich ihn über den Mißerfolg der improvisierten Aufführung seines Stückes »Bonaparte in Jaffa« zu trösten. Mehr und mehr war er uns vertraut geworden, er hatte uns das Du angeboten. Ich gab ihm zu bedenken: *Immerhin besteht jetzt die Aussicht, daß man den »Bonaparte« im Deutschen Theater in Berlin aufführen könnte. Chempins Freund und Mausefallen-Kollege Gustav Wangenheim ist dort Intendant. Das hörte ich im Leipziger Radio, das neben vieler Schmalzmusik manchmal einige Körnchen fallen läßt, die von Osten her heranwehen.*

Der November des Jahres 1945 war bei uns völlig ausgebucht. Da Arnold Zweig aber zu dem Treffen unserer kleinen Gruppe kommen wollte, baten wir Frau Lerski für dieses eine Mal um eine Bleibe für unseren Gast. In ihrer Wohnung spielte die Dachterrasse eine besondere Rolle, hier experimentierte ihr Mann, Helmar Lerski, für seine Fotografien mit dem Licht der palästinensischen Sonne.

Später, im begleitenden Text zum Buch mit einer Auswahl von Helmar Lerskis Lichtbildern »Der Mensch – mein Bruder«, nannte Arnold Zweig ihn den »Beherrscher des optischen Reiches«, den »Klassiker des Porträts der menschlichen Erscheinung«. Und er würdigte die besondere Art der Gastfreundschaft von Frau Lerski. Sie hatte einen Jour fixe eingeführt, ihre Wohnung über den Dächern von Tel Aviv war ein besonderer Anziehungspunkt. Zwar ging es spartanisch zu, Tee oder Orangensaft und ein paar Kekse wurden gereicht, aber niemand von uns erwartete dort kulinarische Genüsse, wir waren neugierig auf Begegnungen und Gespräche, oft saßen wir auf der Dachterrasse, der Blick ging weit hinaus über die Erde unter dem sehr blauen, unbarmherzigen Himmel.

Als ich Helmar Lerski damals nach dem Geheimnis seiner Kunst fragte, sagte er mir, in jedem Menschen steckt alles. »Es kommt nur darauf an, worauf das Licht fällt. Nie benutzte er künstliche Beleuchtung. Sein Atelier war die Dachterrasse, dort lenkte er mit Spiegeln die Sonnenstrahlen auf Menschen, die er zu sich gebeten hatte, junge und alte, auf das Gesicht des arabischen Fischhändlers, auf die jüdische Farmarbeiterin, auf den blinden Bettler aus Buchara, auf die Jemenitin aus Aden, auf die Mutter des Talmud-Schülers, auf den Rabbiner aus

Jerusalem, der würdig und gedankenerfüllt erschien wie der Moses von Michelangelo.

Anfang Dezember kündigte Arnold Zweig seinen Besuch für den 16. dieses Monats an. *Inzwischen Vorfreude auf das Wiedersehen.* Er brauche Informationen für die Arbeit an seinem Roman »Traum ist teuer«. Und am 21. Dezember berichtete er, wie er ohne Schwierigkeiten mit dem Egged-Bus bequem nach Haifa zurückgekommen sei. *Ich danke Euch besonders für die Vermittlung der Bekanntschaft von unserem Sergeant, alles, was er mir erzählte, haftet fest und tut gute Dienste.* Wir hatten ihm unseren Freund Herbert Mayer vorgestellt, der jetzt die britische Uniform trug.

1946

Arnold Zweig beklagte sich am 6. Januar über *rätselhafte Untertemperaturen und eine entsprechende Verdrossenheit und Schlappheit.* Aber die Begegnung mit Herbert Mayer klang noch in ihm nach: *Seine Mitteilungen haben mich instand gesetzt, den letzten, noch undiktierten Teil des Romans noch konkreter zu fassen, als ich es vordem im Sinne hatte.*

So tauchen im Buch »Traum ist teuer« Spuren auf von dem tapferen Mann, dem es als Sergeant der britischen Armee gelang, in Griechenland Partisanen aus dem Gefängnis zu befreien.

Erst 1950, ich war vor wenigen Monaten aus Israel nach Ostberlin zurückgekehrt, sollte ich Herbert Mayer unter sehr unglücklichen Umständen wiedersehen. Zu dieser Zeit schrieb ich als freier Mitarbeiter Gerichtsberichte für die »Tägliche Rundschau«, die Tageszeitung der sowjetischen Administration. Herbert Mayer war nach Westdeutschland zurückgekehrt, aber die Wiederbewaffnung dort hatte ihn entsetzt, auch die schmerzliche Beobachtung, wie altgediente Nazis Regierungsposten besetzen konnten. Er wollte in Ostberlin eine Redaktion oder einen Verlag finden, wo er seine Fähigkeit einsetzen konnte, das Zeitgeschehen in satirische Verse umzusetzen. Der schlanke, elegante, nicht sehr hochgewachsene Mann konnte durch seine aufmerksame Liebenswürdigkeit Frauen bezaubern. Er wohnte nun in Ostberlin bei einer Freundin, wie er mir sagte. Alles ließ sich gut an. Wir hatten uns wiedergefunden. Aber dann bekam ich eine Vorladung zur Polizei. Der sich dort als zuständig erklärende Beamte eröffnete mir, man habe einen gewissen Herbert Mayer festnehmen müssen, der Verdacht bestehe, er sei ein britischer Agent. In diesem Zusammenhang sei man auf mich gestoßen. Ich weiß es noch sehr genau, ich habe laut gelacht und gesagt: »So ein Blödsinn, Herbert Mayer ist kein britischer Agent.« Und ich erklärte ihnen, wie mein Freund, um die Nazis zu bekämpfen, in der britischen Armee sein Leben eingesetzt hatte. Daß er, der vernehmende Beamte, mir jetzt gegenübersitzen könne, verdanke er auch Herbert Mayer. Ich verbürgte mich für ihn, sagte: »Er ist ein deutscher Dichter, ein Sozialist.« Der Beamte entgegnete hart und kurz, ich könnte mir solche Worte sparen: »Er hat bereits gestanden.« Ich ließ mich nicht beirren: »Das ist Unsinn, er ist kein britischer Agent. Er kann gar nichts gestanden haben.« Er fragte: »Sie bleiben dabei?« Er schrieb meine Antwort auf: »Ich bleibe dabei.« Und er fragte noch einmal: »Sie verbürgen sich für ihn?« Ich wiederholte: »Ich verbürge mich für ihn.« Und erklärte: »Es ist ein Unrecht, ihn festzuhalten.«

Jeder Tag, den Herbert Mayer in der Haft verbringen mußte, war ein Tag zuviel. Endlich wurde er entlassen, es habe sich alles aufgeklärt. Er wolle bleiben und hier wirken. Ob ich ihm zusichern könne, daß er nie wieder in so eine Situation käme. Nein, ich war nicht sicher. So fand er schließlich in Frankfurt am Main bei »Metall«, der westdeutschen Zeitung der IG Metall, den Platz für seine Verse. Hier veröffentlichte er seine Gedanken über den Sozialismus, über Erniedrigte und Beleidigte, auch kritische Beobachtungen. All das war sicherlich nicht geeignet zur Aufnahme in einen Musenalmanach für die Stillen im Lande. Im März 1965 schrieb er in seiner Zeitung »Metall« über Toleranz und wünschte, sie sollte mehr bedeuten als eine *Anstandspflicht.* Er fragte nach dem Sinn der verordneten »Woche der Brüderlichkeit«:

Bruder auf Raten?
In jedem Jahr lädt man uns ein,
Ein Bruder und ein Mensch zu sein,
Man soll sich lieben und vertragen,
Im März an ganzen sieben Tagen.

Für den, der sich zu denken traut,
Und auf den Wandkalender schaut,
Bleibt – wird auch noch so nett gesprochen –
Ein Rest von einundfünfzig Wochen ...

1963 trafen wir uns in Frankfurt am Main wieder, ich war dort als Berichterstatter über den Auschwitz-Prozeß für die »Wochenpost« und die »Berliner Zeitung«. Die Zeit und die Umstände hatten unsere Freundschaft aus den Tagen von Tel Aviv nicht zerstören können. Schließlich, als eine Art verspäteter Entschuldigung, wurde er offiziell zu den Arbeiterfestspielen nach Leipzig eingeladen.

Er war noch nicht sechzig Jahre, als er starb. Sein Herz hatte zuviel der Mühe, der Anstrengung und der Enttäuschung erfahren müssen. Zusammen mit der IG-Metall und seiner Mutter haben wir nach seinem Tod Anfang des Jahres 1973 eine Auswahl seiner Arbeiten zusammengestellt »Zeitgeschichte – Zeitgedichte«. Herbert Mayer war ein Träumer, der den großen Traum von der Gerechtigkeit hier auf Erden nicht aufgegeben hatte.

Zurück nach Tel Aviv. Zu Beginn des Jahres 1946 schrieb uns Arnold Zweig aus Haifa, er wolle jetzt seine Untertemperaturen nicht mehr zur Kenntnis nehmen, die vielleicht auf die Enttäuschung zurückzuführen seien, daß sein »Beil« noch nicht einmal gesetzt wurde. Es sei unsicher, ob die Militärzonen überhaupt für deutsche Bücher geöffnet würden. Mißmutig meinte er: *Alle Okkupanten sind einander gleich. Und seitdem ich weiß, daß dies so ist, wundere ich mich über nichts mehr.* Nun wollte er mit uns die Möglichkeiten besprechen, seine Bücher in die Schweiz, nach Paris und nach Milano zu schicken. Auch wollte er wissen, *was für Papiere unser Sergeant mitgebracht hat.* Wir sollten ihm mitteilen, ob er sich an anderer Stelle zum Übernachten anmelden solle, *damit Rudolf nicht auf dem Feldbett zu kampieren braucht.*

Ich antwortete umgehend, wir sähen trotz seiner Enttäuschung eine Morgenröte, wenn auch »wenig und dünn«. Wir hätten schon eine pompöse Voranzeige für das »Beil von Wandsbek« aus dem englischen Verlag erhalten. Um meine Nachtruhe auf dem Klappbett brauche er sich keine Sorgen zu machen, die hiesigen Lederfabrikanten seien zu der Überzeugung gekommen, es wäre nun an der Zeit, die spärlichen Kriegsgewinne etwas aufzurunden. Ich schilderte den umständlichen Weg des Leders für die Schuhfabrikation auf dem Schwarzmarkt, der in immer schwärzere Hände gelange. Das würde so lange fortgesetzt, bis sich die sogenannten billigen Preise dem Schwarzmarkt angeglichen hätten. Die Folge sei, mein Arbeitgeber, Herr Spiegel, dieser Ehrenmann, kaufe nicht auf dem schwarzen Schwarzmarkt, nicht aus Prinzip, sondern aus Angst vor Verlusten. Das Resultat sei für mich jetzt eine beschränkte Arbeitszeit, statt der zehn, wie bisher, nur noch vier oder fünf Stunden. Deswegen ersetze die Nachtruhe auf dem Klappbett den Gegenwert für die verbrauchte Arbeitskraft vollständig. Und der Zustand bliebe: Die Regierung sei hart, aber der schwarze Schwarzmarkt sei härter. *So ist also die Freude über den kommenden Besuch vollkommen, und das pochende Gewissen unseres Freundes kann sich beruhigen.*

Wir alle seien der Meinung, ließ ich ihn wissen, daß eine Botschaft von ihm an den Kongreß von PEN-Mitgliedern in Stockholm eine sehr wichtige Sache wäre. Dabei verschwieg ich ihm nicht meine Skepsis über das Ergebnis der Zusammenkunft.

Ende Mai teilte er uns mit, daß er nicht nach Stockholm reisen würde, da die Londoner PEN-Gruppe der Emigranten-

Schriftsteller keinen eigenen Vertreter entsenden dürfe. Er meldete seinen Besuch für die ersten Junitage an und erklärte, nie wieder würde er so angestrengt arbeiten wie in den vergangenen fünf Jahren. Jetzt aber habe er sich doch endlich erholt. Und er benannte eine Zeugin, die das bestätigen könne: Lea Grundig.

»Heute und morgen«

Lea Grundig hatte ein besonderes Schicksal nach Tel Aviv geführt. Unvergeßlich dieser Tag im Februar 1944 in Tel Aviv, wo ich Zuflucht gefunden hatte nach vielen Irrfahrten, als doppelt Verfolgter, als Kommunist und Jude. Dort, wo ich arbeiten konnte als Schuhfräser in einer kleinen Sandalenfabrik. Es war ein Samstag, der Ruhetag. Ich kam mit meiner Frau Ruth von einer offiziellen Kunstausstellung im Theater Habimah am Ende des Rothschild-Boulevards, tief enttäuscht über das, was ich gesehen hatte. Schöne, belanglose Bilder: malerische Winkel in Jaffa; alter Mann im Gebet; Blumenstücke; Sonnenaufgang am Strand.

Auf dem Heimweg entdeckte ich im Schaufenster der kleinen »Galerie Katz« in der Dizengoffstraße Erstaunliches. Zeichnungen, graphische Blätter, die in ihrer Ausführung an Käthe Kollwitz, aber auch an Meister des Mittelalters erinnerten. Ich las: »Ausstellung Lea Grundig.« Wir gingen hinein. Und ich sah sie, umringt von Besuchern, sah ihren schönen, guten Kopf mit dem dunklen Haar. Ich hätte gern mit ihr gesprochen. Aber ich war und bin schüchtern.

Angerührt durch Leas Kunst begann ich zu schreiben. In der deutschsprachigen antifaschistischen Monatsschrift »Heute und Morgen« erschien mein Beitrag zu dieser Ausstellung. Mein Blick auf das Tel Aviv des Jahres 1944: Gutgekleidete, fröhliche Menschen überall, volle Kaffeehäuser mit Musik und Tanz. Und, ja, auch Soldaten. Man war ja noch im Krieg, aber Gott sei Dank, er war weit weg. Seit die Naziarmee nach der

Schlacht um Stalingrad auf dem Rückzug war und seit das Afrikakorps unter Rommel von den Briten und den Australiern geschlagen war, konnte man in Tel Aviv aufatmen. Wenn auf sogenannten »Totenschiffen«, alten abgewrackten Seelenverkäufern, nachts illegale jüdische Flüchtlinge an Land gebracht wurden, drückten manche britische Kapitäne, die mit ihren Kriegsschiffen das Mittelmeer beherrschten, beide Augen zu und ließen sie landen. Es hatte sich im Lande Prosperity ausgebreitet, man lebte und man verdiente. Was man nicht regulär kaufen konnte, bekam man irgendwo für sein gutes Geld.

In diesem Umfeld die Ausstellung von Lea Grundig. Die Wand fällt fort, die Tel Aviv von den Ereignissen der Welt trennt, und man blickt in das Tal des Todes. Man blickt in das leidende und kämpfende Europa. Bei Lea Grundig sieht man nicht Blümlein auf der Wiese, nicht badende Frauen am Meer, nicht malerische Winkel in Jaffa, nichts Buntes und nichts Preisgekröntes, nichts, was sich ein Mann der Prosperity kauft, keine Ware für den sonst so aufnahmebereiten Markt. Hier zeigt ein Mensch das, was man nicht sehen will, aber was man sehen muß. Was das übervolle Herz nicht für sich behalten will und nicht für sich behalten kann. Sie zeigt das Elend der Unterdrückten, und sie zeigt auch den Widerstand. Die Augen von Lea Grundig sehen mehr als die Oberfläche. In diesem Kriegsjahr 1944.

Arnold Zweig schätzte ihre Arbeiten. Es ergab sich die Gelegenheit, daß er mir die Künstlerin vorstellte. Wir wurden ihre Freunde. Sie kam oft zu uns, zeigte uns ihre neuen Zeichnungen und Radierungen.

In diesen Tagen und Jahren entfaltete sie eine große Produktivität, gestaltete immer wieder die Geschundenen, die Leidenden, die Kämpfenden. Aber auch die Mörder und die Folterknechte. Sie wurde im Lande populär, konnte sogar ihre Blätter in dem einzigen Museum der Stadt Tel Aviv ausstellen.

Ihre tiefe Sorge blieb in diesen Jahren das Schicksal ihres Mannes Hans. Sie sprach oft von ihm, ihrem geliebten Kameraden, dem großen Maler. Beide waren von den Nazis in Dresden verhaftet worden. Die Gestapo hatte von ihm gefordert, er, der »Arier« und Kommunist, solle sich von ihr, der »minderrassigen« Jüdin Lea scheiden lassen. Er wurde aus dem Gefängnis entlassen mit der Auflage, sich alle vierzehn Tage bei der Gestapo zu melden. Lea blieb im Gefängnis. Jetzt fragte ihn der Gestapoknecht, wann er, Hans Grundig, sich endlich von der Jüdin trennen wolle. Sollte er sich weigern, werde er das Judenweib nicht wiedersehen. Es würde ihrer beider Tod bedeuten.

Dezember 1939. Lea wurde entlassen. Die Liebenden trafen sich trotz Verbots. Der Scheidungsspruch der Verbrecher galt nicht für sie. Für beide blieb das Gelöbnis: Bis daß der Tod uns scheidet.

Leas Weg: Unter Gestapo-Bewachung im Zug nach Prag. Nach Wien. Nach Bratislava. Im August 1940 per Schiff zum Donaudelta. Sie wartete einen ganzen Tag mit vielen jüdischen Menschen aus anderen Transporten. Wir erfuhren, so sagte Lea, die Wahrheit. Die Haganah, die halblegale zionistische Wehrorganisation hatte mit dem Reichssicherheitshauptamt in Berlin einen »Deal« abgeschlossen. Für eine unbekannte Summe von Dollarnoten hatte das Reichssicherheitshauptamt in Berlin eine Anzahl Juden aus dem von Nazis besetzten Europa bis nach Rumänien ausreisen lassen. Der Haganah war gestattet worden, alte, abgetakelte Schiffe aufzukaufen. Lea beschrieb sie: *Da sahen wir eine seltsame Flotte auftauchen. Schiffe, wie wir sie noch nicht gesehen hatten, Reste von Schiffen, halbtote Schiffe, wieder notdürftig aufgetakelt und wie mit Schorf bedeckt. Der Schorf waren rohe Aufbauten aus Holz, Stellagen, eine über der anderen. Zum Spott trugen diese widerwärtigen Schiffsgespenster noch überaus pompöse Namen: »Pacifique», »Milos«, »Atlantique.« Wir ahnten nicht, daß diese Schiffe für uns bestimmt waren.*

Lea wurde der »Pacifique« zugeteilt. In unbeschreiblicher Enge. Vier Monate ohne Aufenthalt unterwegs. Ausgespien und völlig rechtlos. Ein Sturm zerstörte einen Teil der hölzernen Schiffswand. In fieberhafter Angst wurde das Stück ver-

Lea Grundig

nagelt. In dieser Nacht gebar eine zwanzigjährige Mutter ihr Kind. Beide überlebten. Lea hat sie gezeichnet.

Endlich tauchte die »weiße Stadt« auf. Haifa. Das Ziel. Das Ende der Irrfahrt schien nahe, aber der High Commissioner, der Beauftragte seiner Britischen Majestät, wollte die Passagiere nicht in das Land Palästina einreisen lassen. *Wie ein Päckchen mit falscher Adresse* wurden die Flüchtlinge zurückgewiesen.

Die unerwünschten Seefahrenden hatten keine gültigen Einreisepapiere. Sie wurden auf ein anderes Schiff gebracht, auf die »Patria«. Das Schiff war alt, aber seetüchtig, französischer Herkunft, nach der Niederlage Frankreichs von den Briten gekapert. Das Ziel für diese Flüchtlinge sollte die Insel Mauritius sein, an der Küste von Afrika, eine britische Kolonie. Dort sollten sie während der Dauer des Krieges interniert werden. Aber die »Patria« fuhr nicht ab. Heute wissen wir warum. Es mußte ein neuer Backofen eingebaut werden. Die Haganah aber wollte das Schiff versenken. Man wußte, es galt noch immer das Gesetz aus der osmanischen Zeit: Schiffbrüchigen muß Asyl gewährt werden. Der Haganah gelang es, zwei Bomben, zwei Höllenmaschinen, auf die »Patria« zu bringen. Die erste Höllenmaschine versagte aus unbekanntem Grund, die zweite explodierte frühmorgens am 25. November 1940.

Lea Grundig hat die Katastrophe geschildert: *Im Hafen von Haifa, einem der schönsten Häfen, im Angesicht der Stadt, ging ein Schiff unter. Es wurde auf die Seite geworfen, die Treppen wurden unbegehbare Brücken, Stationen schrecklichen Sterbens. Trauben verzweifelter Menschen hingen an den Geländern, bis sie hinabfielen.*

Es starben die Kranken in ihren Betten, es starben jene, die hinuntereilten, um ihre Habe zu retten, es starben jene, die in den Kajüten blieben, es starben jene jungen Leute, die versucht hatten, schwimmend das Land in der Wartezeit zu erreichen, die von den britischen Konstablern aufgegriffen worden waren, die nun in geschlossenen Kabinen eingesperrt waren, die nicht mehr das rettende Deck erreichen konnten. Von den eintausendneunhundert Passagieren auf der »Patria« ertranken im Hafen von Haifa zweihundertfünfzig Menschen. Menschen, die den Krieg – wenn auch in sicher unangenehmen Bedingungen – auf Mauritius überlebt hätten.

Lea entkam dem Inferno. Auf Umwegen, erst ein Jahr nach Kriegsende, erfuhr sie, daß Hans wieder in Dresden sei. Endlich erhielt sie einen Brief von ihm: *Komm zurück. ... Noch sind die Tage lang, aber die Sonne steht nicht mehr im Zenit. Kurz ist die Zeit, Liebste, komm, komme, ehe es Abend wird.*

Ich denke nach über Hans Grundig, über die Erzählungen damals in Tel Aviv von Lea und über unsere Begegnungen später in Dresden und Berlin.

Vision eines Malers

Der Maler Hans Grundig, zur mitternächtlichen Stunde »zwischen Karneval und Aschermittwoch« des Jahres 1901 geboren, hat in seinem Hauptwerk wie ein Prophet seine Vision von der Verwüstung des Lebens durch die 1933 zur Macht Gekommenen angekündigt. Er sah die Zerstörung seiner Heimatstadt Dresden voraus, zehn Jahre vor der Nacht vom 13. zum 14. Februar 1945, als die Bomben niedergingen.

Mit einer außergewöhnlichen Beobachtungsgabe geht er durch den Alltag seiner Zeit. Die Siegheilrufe sind ihm Vorboten eines grauenvollen Unheils. Er leidet an der Veränderung der Stadt seiner Geburt, der Schönen, Stolzen, von Kennern Elbflorenz genannt, wie sie sich dem Verführer hingibt, an Vergewaltigung gewöhnt, wie sie Denunzianten belohnt, die eilfertig melden, wer nicht rechtzeitig die rechte Fahne herausgehängt hat. Er wehrt sich gegen das Versinken in Barbarei mit seinem Mittel, dem Bild. Überwacht von der Gestapo, unter Gefahr verhaftet zu werden, beginnt er 1935 die Arbeit an seinem Triptychon »Das Tausendjährige Reich«.

Mit der Wahl der Altarform aus der mittelalterlichen kirchlichen Kunst erhebt er sich über Alltägliches. Die Farben seiner Vision haben noch heute das geheimnisvoll Leuchtende. Vielstufiges Rot und tiefdunkles Grün tauchen auf, wie es vor ihm nur von Hieronymus Bosch bekannt war.

Er beginnt mit dem Spottlied, mit dem linken Flügel »Karneval« in Öl auf Holz. Vor der Kulisse einer Straßenschlucht, begrenzt von den Türmen und dem geschwungenen Bahnhofsdach der großen Stadt, in den vielleicht vom Untergang der Sonne geröteten Himmel, ragen schwarze Fahnen, geschieht der wilde Tanz einer aufgebrachten Menge. Lea sah es: *Ich erkannte, daß Hans ein später, aber legitimer Erbe des alten Hieronymus Bosch war, und Breughel hatte ihn belehrt.*

Im April 1936 wird Hans Grundig aus der Reichskulturkammer ausgeschlossen, das bedeutet Berufsverbot. Wie eine verheißungsvolle Botschaft erreicht ihn im späten Frühjahr

Lea Grundig: Porträt Hans Grundig, 1936

eine Einladung aus der Schweiz. Ein Angebot für einen längeren Aufenthalt bei einem ihm unbekannten Verehrer seiner Kunst, Dr. Albert Merkling.

Aber er will jetzt das zweite Bild der großen Trilogie beenden, seinen prophetischen Totengesang »Vision einer brennenden Stadt«. Die Mitteltafel des Triptychons. Seine Vorahnung der Zerstörung menschlichen Lebens. In seinem Buch »Zwischen Karneval und Aschermittwoch« beschrieb er den

Gedankengang, *wenn ich auch kein Prophet und Sterngucker war, so war ich doch Marxist und wußte, wohin die Menschheitsmörder ihre Stiefel setzen wollten.*

In der Vision von Hans Grundig aus dem Jahr 1936 ziehen die Flugzeuge davon, sie haben ihre Bomben abgeworfen. Die Stadt brennt. Ein riesiger Krater beherrscht das Bild. Ruinen im Mittelteil unter dem brandgeröteten Himmel. Einmal standen hier wunderbare Gebäude einer stolzen Stadt.

Er malt in dem kleinen Atelier in der Ostbahnstraße. Jeden Abend muß er das Bild vor der ständigen Bedrohung einer Razzia durch die Gestapo verstecken.

Endlich machen sie sich auf die Reise in die Schweiz. Zu Fuß durchqueren sie die Fränkische Schweiz. Entsetzen packt sie. In jeder Ansiedlung, die sie auf ihrem Weg berühren, in jeder Stadt, jedem Dorf, jedem Flecken, am Eingang und am Ausgang, hängen über die Straße gespannt Transparente mit der Inschrift »Juden ist der Durchgang dieses Ortes verboten«.

Nicht zu vergessen: Am 19. Juli 1937 wird in München die Wanderausstellung »Entartete Kunst« eröffnet. Zu den Geächteten, die im »Aussstellungsführer« verzeichnet sind – die Veranstalter vermeiden das Wort Katalog, es wird alles eingedeutscht, sagten sie doch auch zum Komma nur noch Beistrich – gehören Otto Dix, Oskar Kokoschka, Max Beckmann, Paul Klee, Ernst Barlach, Emil Nolde, Wassily Kandinsky, Lyonel Feininger und Hans Grundig. Die Seite, auf der Hans Grundigs Arbeit »Mutter mit Kindern« abgebildet ist, hat die Überschrift: »Kunst predigt Klassenkampf« Das Wort Kunst setzten sie in Anführungszeichen.

In einem Bericht der Zeitung »Der Ruhrarbeiter« vom 20. Juli 1937 heißt es über die Ausstellung: *Bilder, die eine so gemeine Verhäßlichung aller Ideale des Reinen, Schönen und Edlen sind; Bilder, die Frontsoldatentum und Kriegserlebnis in die Kloake jüdischer Verhöhnung und Niedertracht getaucht haben, daß man versucht ist, jedes einzelne dieser Bilder herunterzureißen und an den freigewordenen Nagel den Verbrecher aufzuknüpfen, der solche Tollheiten verbrach.*

Und doch kehren Lea und Hans Grundig wieder aus der Schweiz zurück, sie wollen mit ihren Arbeiten in ihrem Dresden zum Widerstand gegen die Nazis beitragen. Sie wissen, es kann ihre Verhaftung, es kann ihren Tod bedeuten. Sie wollen ihre Freunde und Mitstreiter nicht im Stich lassen.

Kaum sind sie zu Hause, werden beide von der Gestapo verhaftet und drei Tage in Gewahrsam gehalten. Wieder freigelassen arbeiten sie weiter, werden am 2. Mai 1938 erneut verhaftet. Nach sechs Monaten kommt Hans Grundig frei. Lea bleibt inhaftiert. Sie war wegen Vorbereitung zum Hochverrat zu einem halben Jahr verurteilt worden. Obwohl diese Zeit abgelaufen ist, wird sie nicht entlassen.

In dieser Zeit, getrennt von Lea, rafft Hans Grundig sich auf, seinen bitteren prophetischen Liebesgesang anzustimmen, sein Zeugnis über diese mörderische Zeit, sein Triptychon »Das Tausendjährige Reich« soll nicht unvollendet bleiben. Es ist das Lied seiner Sehnsucht nach der Geliebten. Da steht sie unter schwarzen Fahnen, »das Silberne«, am Bildrand des rechten Flügels »Chaos«. Sie allein, der einzige Mensch unter wilden Tieren, die durch die Straßenschlucht jagen. Alles ist schrecklicher eingetroffen als im Angsttraum aus den ersten Tagen ihres Zusammenseins. Er wirft über seinen Abgesang die ganze Fülle seines Rot in vielerlei Abstufungen. Zorn und Trauer. Und das Entsetzen des Ausgeliefertseins.

Noch einmal Lea. In der Predella. Sie ist die Schlafende, hingestreckt vor dem Schwarz tiefer Nacht.

Im Dezember 1939 wird Lea Grundig entlassen und nach Palästina abgeschoben. Kurze Zeit später erneute, nun schon die dritte Verhaftung Hans Grundigs; er wird in das Konzentrationslager Sachsenhausen bei Berlin eingeliefert. Sein »Schutzhaftbefehl« wegen staatsfeindlicher Tätigkeit war von Heydrich unterzeichnet. 1941 beim Morgenappell wird seine Gefangenennummer aufgerufen. Zum Verhör. Ein SS-Untersturmführer hält ihm vor, der Schweizer Jurist Albert Merkling habe sich für ihn bei Göring eingesetzt. Abschlägiger Bescheid. Da ist noch ein Brief mit einer Karte, er soll quittieren, daß er es gesehen hat. Sie spotten über die alberne Zeichnung mit einem Engelchen und Geige und einem Vers über ein »Silbernes«. Hans Grundig versteht die Mitteilung, Lea hat Palästina erreicht.

1942 wird Hans Grundig in das Außenlager Berlin-Lichterfelde überführt. In der Zentrale des Terrors, im Reichssicherheitshauptamt in der Prinz-Albrecht-Straße, teilt man ihn einem Arbeitskommando zu, das für Heydrich ein Schloß eines Hohenzollernprinzen ausbauen soll. Hans Grundig arbeitet als Dekorationsmaler.

Mit dreihundert anderen politischen Häftlingen ist Hans Grundig im September 1944 der Strafdivision Dirlewanger zugeteilt. Am 25. Dezember 1944, bei einem Fronteinsatz in der Nähe von Budapest, gelingt ihnen der Übertritt zur Roten Armee.

Er wird Anfang 1946 zurückkehren nach Dresden. Er wird dann als Rektor und Professor einer Malklasse an die wiedereröffnete Akademie der bildenden Künste berufen werden. Und er wird schon ein Jahr später seine »Entlastung« vom Amt

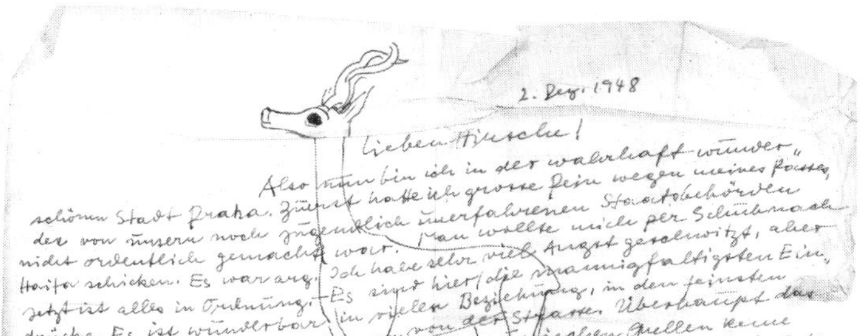

Brief von Lea Grundig, 2. Dezember 1948

erfahren. Vielleicht ist seine Gesundheit schon zu sehr angegriffen. Oder mögen sie ihn nicht, diese Eifrigen, diese Dogmatiker des Sozialistischen Realismus?

Ich habe das Unglück, in keinen Konfektionsanzug zu passen.

Aber die Liebenden, Hans und Lea, haben sich in der Stadt ihrer Geburt wiedergefunden. Ihr Zusammensein dauert nicht mehr lange. Er stirbt im September 1958 an Tuberkulose.

Hans Grundigs Triptychon »Das Tausendjährige Reich« konnte, versteckt im Keller bei der Mutter in der Homannstraße, die Nazizeit überstehen. Es fand in der Galerie Neuer Meister an der Brühlschen Terrasse in Dresden seinen Platz. Mit dem Gemälde hatte Hans Grundig vor dem gewarnt, was kommen würde. Vor dieser Nacht.

Gusti

Und bei den Grundigs – wieder ein Vorgriff – lernte ich 1949 in Dresden auf meinem Weg von Tel Aviv nach Berlin Gusti kennen, sie wohnte mit ihren Katzen zwei Häuser weiter in derselben Straße wie die Grundigs. Sie war die zauberhafteste, strengste und charmanteste Freundin bis zu ihrem letzten Tag, bis zum 7. April 1970.

Gusti, ihr Schriftstellername Auguste Lazar, ihr bürgerlicher Name Auguste Wieghardt-Lazar, war schon eine legendäre Gestalt, als ich sie kennenlernte. Sie kam aus der »feinen« Wiener Gesellschaft. Gusti, jüdischer Herkunft, wurde bereits als Kind getauft. Sie hatte an Bildung alles gierig aufgenommen, was das aufgeklärte Bürgertum ihr bieten konnte. Sie heiratete, selber zierlich von Gestalt – eine Duodezausgabe der Gattung Mensch, wie sie einmal schrieb – den hochgewachsenen, blonden Professor Karl Wieghardt, einen Mathematiker an der damaligen Dresdner Technischen Hochschule. Professor Wieghardt starb in den zwanziger Jahren, und die Professorenwitwe mit dem sympathischen Wiener Dialekt lebte unauffällig in Dresden.

Lea Grundig: Auguste Lazar. 1967

Mit etwa fünfundvierzig Jahren wandte sich diese Dame, durch ihr großes Herz und ihren kritischen Verstand angefeuert, dem Kommunismus zu. Nach dem Machtantritt der Nazis konnte sie vielen verfolgten Antifaschisten helfen. Sie war ja völlig unverdächtig. Und ganz im stillen begann sie – sie hatte Germanistik und Pädagogik studiert – ein Buch zu schreiben, ein Kinderbuch. Ihr Manuskript »Sally Bleistift in Amerika« wurde von Freunden aus Deutschland hinausgeschmuggelt und in die Sowjetunion gebracht. Dort erschien es 1935 in deutscher Sprache unter dem Autorennamen Mary Macmillan. Es wurde in viele Sprachen übersetzt und begeisterte Kinder in der ganzen Welt. Beliebt war vor allem die Figur der alten Sally Bleistift, diese aus Rußland stammende jüdische Frau, die in ihrem Laden alte Kleider verkauft, die heimatlose Kinder bei sich aufnimmt: das kleine Findelkind aus dem Viertel der Schwarzen, John Brown, den fünfzehnjährigen Indianerjungen Redjacket, den sommersprossigen Billy, und dazu kommt noch Betty, die Enkelin von Sally. Es ist eine spannende Geschichte mit Verfolgung und einem bösen Sheriff Bullering. Jim, der Schwarze mit dem Glasauge, und Wenzel Swoboda, ein alter böhmischer Arbeiter, stehen auf der Seite Sallys und ihrer Kinder. Ein Buch für die Solidarität aller Kinder und der verfolgten Erwachsenen aller Rassen. Eine Anklage gegen Unterdrückung, Vorurteile und Dummheit.

Ein dänischer Professor, den Gusti während einer Reise etwa 1938 kennenlernte, fragte sie damals: »Selbstverständlich identifiziert sich jeder Schriftsteller mit seinem Helden; aber daß sich eine verhältnismäßig junge, passabel aussehende Frau mit einer alten häßlichen Jüdin identifiziert, ist mir noch nicht vorgekommen. Was steckt dahinter?«

Sie konnte es ihm damals nicht sagen, später, nach Dresden zurückgekehrt, noch in der Nazizeit, wußte sie die Antwort: *Es war ein Protest gegen meine ganze Vergangenheit, gegen die geistige und politische Haltung der Kreise, aus denen ich kam, besonders gegen meine Familie ...*

1939, als ihre jüdische Abstammung sich nicht mehr verbergen ließ, mußte sie vor den Nazis fliehen, sie emigrierte nach England. Als sie 1949 nach Dresden zurückkehrte, traf sie einige ihrer alten Freunde wieder. Auch Lea und Hans Grundig.

Es muß noch Ende 1952 gewesen sein, da brachte Gusti einen Vorschlag zur Sprache: Viele waren aus der Emigration heimgekommen, Schriftsteller und auch solche, die es noch nicht waren. Sie hatten alle einen Schatz an Erfahrungen und Abenteuern aus fremden Ländern mitgebracht. Eine Abenteuerserie für Kinder könnte geschrieben werden. Dem deutschtümelnden Karl May sollte etwas Neues entgegengestellt werden. Der »Kinderbuchverlag« schien begeistert. Und Gusti bekam den Auftrag, eine Rahmengeschichte zu schreiben. Sie nannte ihre Wunschautoren, zu denen sie auch mich zählte. Nachdem man uns die Idee der Rahmenhandlung »Geschichten aus Peter Kiesels Wanderjahren« zugeschickt hatte, wurden wir zu einer Konferenz nach Berlin eingeladen. Die gewiß unfertige Rahmengeschichte überzeugte die Eingeladenen, zu denen auch Ludwig Renn gehörte. Als wir unsere Vorschläge für die Kinderbuchgeschichten eingebracht hatten, stand eine »Fachfrau« auf, zuständig für das Gebiet der Kinderliteratur und sagte: »Die ganze Rahmengeschichte ist nicht typisch. Wenn ein hoher Staatsfunktionär bei seiner Arbeit zusammenbricht, dann ist es typisch, daß die Partei sich seiner annimmt, dann sorgt die Partei dafür, und das ist das Typische in unserer Gesellschaft, daß der Genosse in ein Sanatorium gebracht wird. Da wird man nicht zulassen, daß der Chauffeur eigenmächtig mit dem Schwerkranken wegfährt. Eine Darstellung, wie sie die Genossin Lazar gegeben hat, ist völlig unrealistisch.«

Vergeblich versuchten Ludwig Renn und wir anderen auf dieser Versammlung den Plan zu retten. Die Abenteurerserie starb, ehe sie geboren war. Aber dennoch, Gusti hatte etwas in Bewegung gesetzt. Ludwig Renn schrieb durch ihre Anregung seine Geschichte »Nobi«, vom Schwarzen, der um seine Würde als Mensch kämpft. Aus meinen Aufzeichnungen über

Griechenland in den Jahren 1944, 1945 wurde das Buch »Herrn Louisides bittre Mandeln«.

Gusti, tief enttäuscht, wollte kein Kinderbuch mehr schreiben. Ihre eigene Arbeit für diese Reihe war die phantastische Geschichte der schönen Burmesin Thu, ihrer Tochter Isabella und ihrer Enkelin Diana. In ihrem Buch »Arabesken« geben aber die Geschichten aus Burma den zauberhaften Klang, den Gusti bei den Schumannschen Klavierstücken so liebte: »Von fremden Ländern und Menschen«. Alles, was sie während ihrer Emigration in England aus der »Tausendundeinenachttruhe« bei Miß Penelope Hopkins zu Tage förderte, ist nun in dieses Memoirenbuch »Arabesken« eingewoben.

In der Vorstellung von Millionen Kindern in aller Welt wurden ihre erfundenen Figuren wirklich wahre Menschen. Es lag eines Tages in ihrem Briefkasten ein Schreiben eines Kindes aus Übersee mit der Adresse: »An Frau Sally Bleistift, die in Dresden einen Konsum haben soll.« Es war kein postalisches Wunder, daß dieser Brief ankam, es zeigte nur, auch unsere Briefzusteller waren als Kinder mit Sally Bleistift großgeworden.

1947

Im Februar 1947 erreichte uns ein Brief Arnold Zweigs aus dem Wollstein House. Er hatte auf Veranlassung der britischen Mandatsverwaltung seine Wohnung im House Rino auf dem Carmel zu verlassen. Seine neue Bleibe sollte nun in der Carmel Avenue 65 sein.

Wegen der bewaffneten Auseinandersetzungen zwischen jüdischen und arabischen Gruppen besetzten britische Soldaten strategisch wichtige Plätze auf dem Carmel. Der Umzug störte ihn sehr: *Teuflischerweise hat meine Produktivität gerade diese Tage benutzt, um zwei wichtigste Buchpläne zur Reife zu bringen: Das Freud-Buch und der Roman der beiden Jesusse, des von Bethlehem und des von Nazareth, des Sohnes Josefs aus dem Hause Davids und des Sohns der Maria: Ich hat-*

te so immer zwischen der Innenwelt und der Außenwelt hin und her zu pendeln.

In unseren Gesprächen tauchte wieder und wieder seine Idee auf, es könne neben dem einen, dem friedfertigen, den anderen, den revolutionären Jesus gegeben haben.

Er trug uns auf, Frau Biro zu benachrichtigen und zu grüßen. Die Biros stammten aus Graz, auch sie wohnten in der Pinsker Straße, sie waren eng befreundet mit Arnold Chempin. Sie hatten ein Töchterchen, Lorle, begabt für Cello. Mit ihr und Gabriele, unserer langjährigen Freundin, die uns am Flügel begleitete, versuchte ich mich als Flötist. Sie wartete mit ihrer Mutter voll Ungeduld auf die Heimkehr nach Österreich. Auf meinem Rückweg im November 1949 traf ich beide in Wien, herzlich wurde ich begrüßt. Wir wollten uns nicht aus den Augen verlieren.

Und später, viel später habe ich versucht, in einem Roman den Weg der schönen Gabriele von Berlin-Moabit bis nach Tel Aviv zu beschreiben. Die Geschichte ihrer einzigartigen Liebe zu einem Mann und zu diesem Land.

Etwa Mitte April wohnte Arnold Zweig wieder bei uns in der Pinsker Straße. Wir überlegten mit ihm, ob wir nicht einen eigenen Verlag für Taschenbücher gründen sollten. Wir hatten in unserer Gruppe einen Papier- und Druckfachmann, der uns beratend zur Seite stehen könnte. Der in Aussicht genommene Ratgeber, Ernst Singer, ein Kölner Original, war mein engster Freund. Er, Mitglied der KPO (Kommunistische Partei Opposition), hatte sich von Antisemiten in Deutschland nie etwas gefallen lassen. Die Fäuste des großgewachsenen, korpulenten Mannes waren so schlagkräftig wie sein Mundwerk. Aber die Sehnsucht nach seiner Heimatstadt konnte ihn zu Tränen rühren, wenn er das Lied von Willi Ostermann anstimmte: »Ich möt zu Fuß nach Kölle jon.«

Als einer der Ersten von uns, noch vor den Biros, kehrte er nach Deutschland zurück. Aber er siedelte sich in Düsseldorf an, nicht in seinem Köln, und wurde Oberregierungsrat. Als ich etwa ein Jahr später, Ende 1949, nach Deutschland kam, lebte er schon nicht mehr. Mit Wehmut denke ich an meinen Besuch bei seiner Frau Lotte in Düsseldorf. Es erschien uns so unglaubwürdig, daß er nun nicht zu unserem Wiedersehen zur Tür hereinkam.

Doch in diesem April des Jahres 1947 waren wir ja noch im Lande. Und erfanden immer neue Variationen für unsere Verlagspläne, der Name »Brückenverlag« wurde erwogen. Eine Brücke in die uns unbekannte Welt der deutschen Nachkriegsleser. Von Arnold Zweig kamen aufmunternde Worte, unsere Verlagsidee sei erfreulich, aber ob wir auch die Papierfrage bedacht hätten. Das sei *das A und O bei allen Druckgründungen.* Er meinte: *Wenn der Zonenblödsinn fällt, und da Europa die deutsche Potenz in Konsum und Produkt nicht entbehren kann, wären gute Chancen für einen linken Verlag. Nur Kapital müßtet ihr beschaffen.* Er bot uns sein »Huppertbuch« an, es könnte deutsch, englisch und französisch herauskommen, *und das wäre sogar geschäftlich rentabel.* Er hatte dieser Arbeit den Titel »Engpaß der Freiheit« gegeben.

In meiner Antwort vom 1. Mai bedankte ich mich für seine Bereitwilligkeit, uns sogar ein Manuskript für einen Verlag, der nur auf dem Papier steht, zur Verfügung zu stellen. Ahnungsvoll wiederholte ich: *Er steht wirklich nur auf dem Papier.*

Aber nun meinte Zweig, das Huppert-Manuskript sei verschwunden, er habe es *unvorsichtigerweise* der LEPAC anvertraut. Wir sollten nachfragen, denn er müsse dafür noch ein Vorwort schreiben *gegen die Verdrängung aller Erlebnisse und Erkenntnisse, die mit der Epoche des Faschismus zu tun haben.* Aber ohne Aussicht auf Einkünfte aus dieser Arbeit wollte er im Augenblick keine weitere Mühe darauf verwenden. Wir konnten ihm über den Verbleib seines Manuskripts »Engpaß der Freiheit« mitteilen, daß wir es bereits vor einem halben Jahr auf seine Veranlassung seiner Agentin in Jerusalem geschickt hatten.

In dieser Zeit hatte ich wieder einmal Schwierigkeiten, eine Arbeitsstelle zu finden. Ruth meinte, statt einer Schuh- wäre eine Schmiedewerkstatt für mich besser gewesen, dann könnte ich für die Eisen, von denen ich theoretisch so viele hätte, wenigstens das Feuer anfachen.

1948

Im Zusammenhang mit der Resolution der UNO-Vollversammlung vom November 1947 über die Gründung eines jüdischen und eines arabischen Staates kam es zu Beginn des Jahres 1948 immer wieder zu blutigen Auseinandersetzungen und Übergriffen gegen britische Soldaten. Arnold Zweig schrieb uns, daß in einem Nachbartal Häuser durch Bomben getroffen worden seien. *Daß unsere Reiseabsichten durch die Zerstörung beschleunigt werden, die das jüdische-nichtjüdische Zusammenleben in unserer Stadt betroffen hat, versteht sich ja. Wir werden ohne Wehmut bis zum Spätherbst in Europa zu bleiben versuchen, sofern man uns dort zu Essen gibt.* Er bedauerte, daß es nicht möglich gewesen sei, nach Tel Aviv zu kommen.

Er fühlte sich von allem abgeschnitten. *Wir haben kaum noch Nepht, nur geborgtes Öl, mit Panzerwagen herbeigebrachtes Brot, wir kriegen weder Zeitungen noch Post, bewegen uns jetzt den dritten Tag nur in der engsten Nachbarschaft und freuen uns über die Vorräte an Konservenbüchsen, die ich in vergangenen Monaten gelegentlich kritisiert habe. Daß wir kein Fleisch und kein Weißbrot haben, nur hie und da ein Ei ergattern, keine Schokolade, keine Margarine, muß auch einmal im Briefe festgehalten werden.* Am Ende des Briefes stand noch ein handschriftlicher Zusatz: *Mündlich genaueres über meine Pläne. Man kann nicht alles heute zu Papier bringen, die Möglichkeiten wechseln zu schnell.*

In Tel Aviv war es um uns ziemlich still geworden. Unsere besten Freunde waren abgereist. Wir, Ruth und ich hatten aber noch Arbeit, Ruth wie immer in ihrer Firma und ich vormittags als Schuhfräser in der kleinen Sandalenfabrik von Herrn Spiegel, nachmittags hatte ich als von der entstehenden Republik angeforderter Fachmann täglich die Produktion der größeren Schuhfabriken zu begutachten, ob sie für den Export geeignet sei. Und hatte täglich auf Bestechungsversuche der Herren Schuhfabrikanten höflichst abzuwinken.

Arnold Zweig dagegen schilderte uns im März 1948, daß man in seiner Straße, der Carmel Avenue, schon am Morgen begonnen habe, aus Maschinengewehren zu feuern. Für seine Frau Beatrice mußte aus Sicherheitsgründen ein Bett in der Diele aufgeschlagen werden, Kniebeschwerden hinderten sie am Aufstehen. »Rotkäppchen« – wegen ihrer roten Mützen wurden Angehörige einer britischen Elitetruppe so bezeichnet – waren ins Haus gekommen und wollten ihre Stellung auf dem Dach beziehen. *Ich habe in diesen zehn Tagen großer Aufregung – Haushalt, Pflege, Einkauf, Korrespondenz, Ärzte, die Wohnungsfrage, die Möbel- und Bücherfrage, ein bißchen Freudbuch, meine eigene Kur und die elende Politik – keine Schreibnerven.*

Einen Monat später, Mitte April, erhielten wir seinen Brief mit dem Anklang einer Erwartung auf die Heimreise: *Niemals hätte ich gedacht, daß meine abgekämpften Nerven und die politischen Umstände im Lande zustande bringen würden, was jetzt zustande kommt.* Er bedankte sich für unsere Freundschaft als unser *immer währender Gastfreund A. Z.* Und er wünschte, daß wir uns, wo auch immer, wiederfinden würden. Aus Schloß Dobřiš in der Nähe von Prag erreichte uns Ende Juli sein Brief mit der Anrede: *Liebste Freunde, oder Hirsche im wilden Tel-Aviver Urwald.* Er schilderte voll Genugtuung, wie er in Prag als Staatsgast aufgenommen wurde. Es war ein Erfolgsbericht. Seine vier Romane vom großen Krieg der weißen Männer waren für eine Neuauflage vorgesehen, das »Beil« sollte übersetzt werden, Leute vom Film, Theater, Rundfunk belagerten ihn. Aber es war auch ein Bericht über seinen Schmerz:

Und der jähe Ausriß aus dem Boden Palästinas, so karg und schnöde der sich auch erwiesen hatte, tat so weh und nahm so viel Kraft, daß ich mich wundere, alles geschafft zu haben, was darauf folgte. Ich bin noch etwas benommen, wie Ihr Euch denken könnt, besonders weil sich unsere Haifaer Nachbarn und Behörden so überraschend hilfreich und kameradschaftlich benommen haben.

Am 14. Mai 1948, um die Mitternacht, endete das britische Mandat über Palästina, der High Commissioner und die britischen Truppen hatten das Heilige Land verlassen. Im Tel-Aviver Museum war der Staat Israel ausgerufen worden. Die Araber, unterstützt von allen arabischen Staaten, außer Libanon, erklärten dem neugegründeten Staat Israel den Krieg. Die bewaffneten jüdisch-zionistischen Verbände gründeten gemeinsam die Armee des neuen Staates Israel.

Die wichtigste Gruppe war die Haganah. Sie hatte unter der britischen Mandatsregierung eine halblegale Stellung. Jedermann wußte, daß die Hilfspolizei, die mit den britischen Polizeiverbänden in den jüdisch bewohnten Landesteilen vergeblich für die Mandatsmacht Großbritannien für Ruhe und Ordnung zu sorgen hatte, von der Haganah gestellt wurden. Die Haganah hatte vor allem in den Kibbuzim, den landwirtschaftlichen genossenschaftlichen Siedlungen, ihre Hauptstütze. Der Gewerkschaftsverband »Histadruth« unterstützte materiell und ideell die Haganah. Ihr Vorsitzender und gleichzeitig der Chef der größten Arbeiterpartei Mapai, David ben Gurion, wurde zum ersten Ministerpräsidenten des Staates Israel gewählt.

Die »Irgun Zwai Leumi«, die zweite bewaffnete Organisation, kämpfte für einen Judenstaat zu beiden Seiten des Jordan. Sie hatte die Briten als Besatzungsmacht bezeichnet und begonnen, sie vor dem Zweiten Weltkrieg mit Terroranschlägen zu bekämpfen. Während des Krieges stellten sie ihre Tätigkeit bis zum Januar 1944 ein. Es gab immer eine Verbindung zur Haganah, man stimmte sich über geplante Aktionen ab. Als die Irgun den Seitenflügel des Jerusalemer »King David Hotel« in die Luft sprengen wollte, den Verwaltungssitz des Chief Secretary der britischen Mandatsregierung, bestand die Haganah darauf, es dürften keine Menschenleben in Gefahr geraten.

Sie schlug vor, die Sprengung nachts durchzuführen und den Chief Secretary zu warnen.

Die Irgun änderte die Pläne. Für den 22. Juli 1946 war alles vorbereitet. Auch die Haganah war informiert. Die Irgun ging wohl auf die Bedenken der Haganah ein, sie beauftragte eine Frau aus ihrer Organisation, den Chief Secretary zu warnen, der Seitenflügel des Hotels würde in den nächsten dreißig Minuten gesprengt. Außerdem informierte die Frau das nahegelegene französische Konsulat und die Redaktion der »Palestine Post«, eine englische Zeitung, die den gemäßigten Zionisten, der Jewish Agency, nahestand.

Die Irgun hatte im Keller unter dem Seitenflügel drei Milchkannen abgestellt, in denen der Sprengstoff verborgen war. Der Chief Secretary Mr. John Shaw soll nach Darstellung der Irgun diese Warnung mißachtet und geäußert haben, wir lassen uns nicht von den Juden vorschreiben, wann wir unsere Räume verlassen. Später behauptete Shaw jedoch, er habe nie eine Warnung bekommen.

Wohl erklärte die Telefonzentrale des King David Hotels, daß dort etwa zwei Minuten vor der Explosion eine Warnung eingegangen sei. Und daß diese Warnung sofort an den Direktor des Hotels weitergeleitet wurde. Der Direktor, ein Herr Hamburger, habe jedoch diese Warnung erst nach der Explosion bekommen. Auch das französische Konsulat und die »Palestine Post« sollen von dem Telefonanruf erst nach der Explosion erfahren haben. Achtundzwanzig Engländer, siebzehn Juden und einundvierzig Araber fanden den Tod.

Menachim Begin war damals der Leiter der Irgun, er wurde später, als Vorsitzender des rechtsgerichteten Likud-Block, Ministerpräsident des Staates Israel. Als er mit Ägypten Frieden schloß, wurde er gemeinsam mit dem ägyptischen Präsidenten Nobelpreisträger.

Die Lehi war eine Abspaltung von der Irgun. Die Leitung hatte zuerst Abraham Stern, ein aus Polen stammender radikaler Zionist. Die Gruppe vertrat die Auffassung, die britische Regierung sei ein größerer Feind der Juden als die Naziregierung. Man müsse gegen die britische Mandatsregierung in Palästina mit den Hitlerbanditen zusammenarbeiten, um sie zu zwingen, mehr jüdische Flüchtlinge in das Land zu lassen, als es bisher erlaubt war.

Die britische Polizei verfolgte diese Gruppe mit größerem Nachdruck als die anderen Organisationen. Sie spürte Abraham Stern in einer Wohnung auf und erschoß ihn. Die Leitung der Gruppe übernahm nunmehr ein Dreierkopf, einer von ihnen war Jitzchak Shamir. Viele Jahre später wurde er nach Begin Ministerpräsident des Staates Israel.

Für mich stand nun die Einberufung bevor. Meine Krampfadern an beiden Beinen bis obenhin waren für das englische Militär der Grund, mich für dauernd als untauglich zu erklären. Ob der gleiche Standard bei den Juden gültig sein würde, mußte abgewartet werden.

Doch die Lage beruhigte sich bald. Vielfach wurde im Lande der bevorstehende zweite Waffenstillstand mit den von allen Seiten angreifenden arabischen Truppen bedauert, denn man war überzeugt, mit den von der Haganah inzwischen aus Osteuropa herbeigeschafften Waffen Jerusalem und das ganze cis-jordanische Palästina in wenigen Tagen zu besetzen.

Unser Denken konzentrierte sich immer mehr auf die endliche Heimkehr. Die Hobbies, an denen wir uns bisher seelisch emporgerankt hatten, waren sanft entschlafen, Ruth, befreundet mit dem Besitzer eines Tattersalls, konnte manchmal ausreiten. Doch jetzt waren die Pferde zur Kavallerie eingezogen worden und dienten den neuen Brigadiers und Colonels. Und die Flöte, an der ich mich ausprobierte, mußte nun schweigen, weil die Fenster wegen der Bombengefahr ausgehängt worden waren und die Nachbarn vor Mißtönen bewahrt werden mußten. Die Besucher in der gastlichen Wohnung der Pinsker Straße blieben aus, sie hatten längst den Heimweg angetreten. Aus dem tschechischen Dobříš erreichten uns von Arnold Zweig besorgte Töne über seine von starken Depressionen gepeinigte Frau Beatrice. Nun schien der Empfindsamen nicht einmal der Ausweg in ihre Welt der Malkunst zu helfen, kein Trost mehr im Anfertigen von Aquarellen und Zeichnungen. Arnold Zweig überlegte, ob es sinnvoll und möglich sei, daß sie wieder nach Israel zurückkehre. *Ich bleibe natürlich vorderhand hier. Hoffentlich gelingt Euch eine Ausreise bald oder im Frühling. Ohne Euch hätte ich den Weg zu meinen heutigen Übersetzungen viel schwerer gefunden. Im Oktober besuche ich Berlin, hatte hier schon Besuch von zwei Geschäftsträgern aus der Ostzone.*

1949

Auf einem Briefbogen vom »Kulturbund zur demokratischen Erneuerung Deutschlands« in der Berliner Jägerstraße standen seine Mitteilungen vom 3. März 1949. Er hatte den Brief Rabbiner Steven Schwarzschild, der nach Tel Aviv flog, mitgegeben. Das Schreiben von Arnold Zweig war wie ein Aufschrei. Er war nun ohne Sorgen um seine Existenz, aber *meine Dita hat einen schweren seelischen Schock erlitten schon durch die Berührung mit den Resten der Juden in Prag, und nun ist es so schlimm, daß wir durch die stärksten modernen Mittel versuchen müssen, sie der Wirklichkeit wiederzugeben. Hätte ich sie nur nicht mitgenommen!*

Es war, als sei die Zufriedenheit über seine Anerkennung ausgelöscht. Er zählte die Reihe seiner Erfolge auf. Vier Bücher seien kurz vorm Erscheinen, drei andere würden vorbereitet. Über die Aufführung seiner Theaterstücke würde verhandelt, der Film vom »Beil« sei im Werden. In diesem Monat beginne der Fortsetzungsabdruck des »Beils« in der »Neuen Berliner Illustrierten«. Ebenfalls in Fortsetzungen erscheine seine Novelle »Abschied vom Frieden 1932« in der Wochenzeitung »Sonntag«. In allen Zeitungen und Zeitschriften der Ostzone ständen seine Aufsätze und Novellen. Auch habe er guten Kontakt zu den Russen und auch zu Israel-Vertretern. *Und alles, alles würde ich hergeben, wenn ich Dita dadurch in den alten Zustand versetzen könnte. Sie leidet schrecklich, Todesängste, lebt in der Westendkuranstalt.* Wenn dort ihre

Melancholie geheilt werden könnte, wäre auch er wiederhergestellt. Abschließend gab er uns den Rat: ... *falls Ihr in den Westen wollt, rate ich nicht zu; hier fehlen uns Menschen Eurer Art an allen Stellen. Einreise in die Ostzone könnte ich bewirken, Quartier besorgen etc., etc. Jetzt ist's noch hart für Ruths zarte Natur, aber anschauen solltet Ihr's euch. Ich bleibe wohl hier bis Dita wieder ganz hergestellt ist. Ich denke viel an Euch und Euren Mut und bin ganz wie eh und je Euer A. Z.* Und an den Rand geschrieben: *Ich vergesse natürlich nie, wie sehr Ihr mein politisches Denken gefördert und gerichtet habt, vielen Dank nebenbei!*

Auch Lea Grundig hatte das Land verlassen. Wir erfuhren von ihr über ihre erste Ausstellung in Prag am 30. Dezember 1948 bei Melantrich am Wenzelsplatz: *Schön ist Prag, schön ist der Herbst hier, ich hatte es schon fast vergessen. Und viel kalte Nebel gibt's. Aber die Menschen sind von einer nicht zu beschreibenden Freundlichkeit und Gefälligkeit, und wenn sie hören, man kommt aus Palästina, sehr interessiert.*

Ihr nächster Brief kam im Juni aus Warschau, auch dort bereitete sie eine Ausstellung ihrer Arbeiten vor. Hans Grundig, ihr Mann, war noch immer im Sanatorium. Sie berichtete über die Dresdner Akademie. Der holländische Architekt Inant Stam sei Rektor, sie sei als Prorektor benannt. Sie berichtete über eine Verbesserung der Lage in der Ostzone. Doch sie war besorgt, *wie stark noch die faschistische Ideologie in den Menschen sitzt. Langsam, langsam dringt unsere Erziehung durch, vor allem bei der Jugend.* Und sie meinte, in keinem anderen Land leben zu können, der Geist der Demokratie und des Humanismus sei ihr bereits unentbehrlich. Doch kämen manchmal *Anfälle von großer Sehnsucht nach Israel.*

In diesen Jahren war ihr Mut der Rückkehr und ihr Enthusiasmus zum Neuanfang überschattet von der Krankheit ihres Mannes, aber auch von den Schwierigkeiten, ihre künstlerischen Ideen ohne Zugeständnisse verwirklichen zu können.

Vom Flughafen Lydda aus begann Ende Oktober 1949 mit einem Visum der sowjetischen Botschaft meine Heimreise mit Zwischenstationen in Florenz, Graz und Dresden. Es war nicht leicht gewesen, aus meinem letzten Asylaufenthalt in das Land zu gelangen, das meine Sprache spricht. Es gab Einreisesperren, die Engländer ließen mich nicht in die von ihnen besetzte Zone einreisen. Dort lag meine Heimatstadt Krefeld. In unserem Freundeskreis von Genossen aus unterschiedlichen sozialistischen Parteien und Gruppierungen, die sich nicht den zionistischen Bestrebungen angeschlossen hatten, waren wir übereingekommen, ein jeder solle möglichst in die Besatzungszone zurückkehren, dorthin, wo sie oder er zuletzt vor der Flucht aus Nazideutschland gewohnt hatte. Warum die britische Mandatsregierung von Palästina mir keine Einreise in die britische Besatzungszone gewährte, wurde mir nicht mitgeteilt. Sollte man vielleicht dort wissen, daß unsere kleine Gruppe sich immer in unserer Wohnung in Tel Aviv, Pinsker Straße 31 versammelt hatte? Sollte es beunruhigend gewesen sein, daß bei uns auch der Schriftsteller Arnold Zweig wohnte, wenn er vom Berge Carmel sich in die Niederungen, ins Tel-Aviver Land, begab?

Offensichtlich sah die weise Mandatsregierung, unterrichtet vom intelligenten »Intelligence Service«, solche undurchsichtigen Individuen wie mich lieber stillgelegt in dem unregierbaren Heiligen Land, das die britische Armee in den nächsten Jahren sowieso räumen mußte, als in der noch unsicheren, aber wirtschaftlich wichtigen britischen Besatzungszone in Deutschland.

Ruth war schon vier Wochen vorher abgereist, sie hatte eher als ich die Erlaubnis des Staates Israel bekommen, das Land zu verlassen. Arnold Zweig hatte sich für uns bei einem alten Freund eingesetzt, der nun Minister im ersten Kabinett Israels geworden war, und ihn um eine Ausreisegenehmigung zunächst für Ruth gebeten. Er hatte sie, um seiner Bitte Nachdruck zu verleihen, als seine angeblich langjährige und unentbehrliche Sekretärin angefordert.

Am 10. November 1949 erwartete mich Ruth in Berlin. Am Anhalter Bahnhof. Mit einem gewissen Stolz wies sie auf ihren Begleiter. Arnold Zweig hatte seinen Chauffeur geschickt, und zum erstenmal in meinem Leben trug mir jemand meine Koffer. So wurde ich, der rückkehrende Emigrant, zu aufwendig, wie ich es empfand, empfangen und nach Berlin Niederschönhausen zur Schloßgutvilla in der Ossietzkystraße gefahren, wo in diesen Tagen Arnold Zweig auf Veranlassung der Regierung wohnte. Dort könnten wir unterkommen, bis wir, Ruth und ich, eine eigne geeignete Bleibe gefunden hätten. So gelangte ich pünktlich an seinem Geburtstag dorthin, wo »die Hohen schön hausen«, wie man mir sehr bald hinter vorgehaltener Hand erzählte. Dieser Stadtteil gehörte zu Pankow. Die Regierenden hatten sich hier nahe beim Schloß in Häusern angesiedelt, in ihrem von Wächtern umgebenen »Städtchen«.

Die Wiedersehensfreude war getrübt, Beatrice Zweig litt zusehends unter Depressionen. Sie, die »Junge Frau von 1914« aus dem berühmten Buch von Arnold Zweig, hatte noch immer Angst vor Deutschland.

Die Luft war kalt und feucht. Und welcher mir übel gesonnene Geist es auch gewesen sein mag, er schlug mich zur Begrüßung nieder. Rippenfellentzündung. Man rechnete mit dem Schlimmsten, das bedeutete, man rechnete schon nicht mehr mit mir. Es gab wohlmeinende Bekannte, die Ruth vorsorglich über mein bevorstehendes Ende trösteten und ihr beruhigend erklärten: Aber das Leben geht weiter.

Zwischen meinen Papieren liegt noch immer meine Anmeldung bei der polizeilichen Meldebehörde, ausgefüllt am 12. November 1949. Auf dem Formular stand: Letzte Wohnung. Ganz wörtlich genommen: Wäre meine Wohnung in der Pinsker Straße 31 tatsächlich der letzte Ort meines Bleibens gewesen, hätte ich ja gar keinen neuen Antrag auszufüllen brauchen. Aber ich verzichtete auf Hinweise über einen besseren Ge-

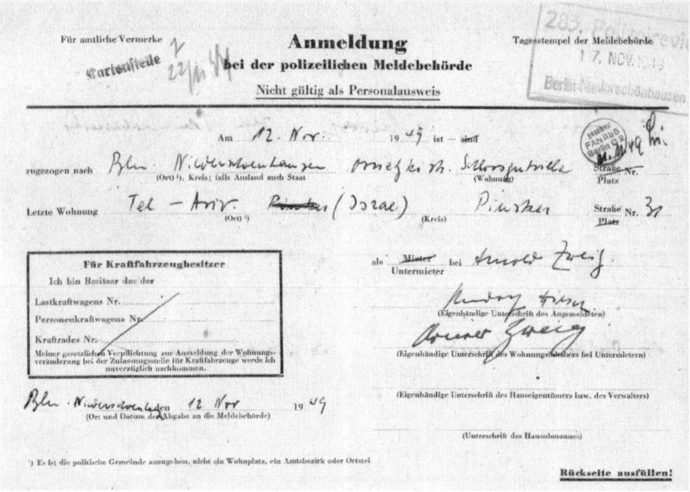

Für amtliche Vermerke

Kartenstelle

Anmeldung
bei der polizeilichen Meldebehörde
Nicht gültig als Personalausweis

Tagesstempel der Meldebehörde
283. Polizeirevier
17. NOV. 1949
Berlin-Niederschönhausen

Am 12. Nov. 1949 ist – sind

zugezogen nach Bln. Niederschönhausen (Ort)[1], Kreis; falls Ausland auch Staat … (Wohnung) Straße Nr. Platz

Letzte Wohnung Tel-Aviv (Ort)[1] (Israel) (Kreis) Straße Nr. 31 Platz

Für Kraftfahrzeugbesitzer
Ich bin Besitzer des/der
Lastkraftwagens Nr.
Personenkraftwagens Nr.
Kraftrades Nr.
Meiner gesetzlichen Verpflichtung zur Anmeldung der Wohnungsveränderung bei der Zulassungsstelle für Kraftfahrzeuge werde ich unverzüglich nachkommen.

als ~~Mieter~~ Untermieter bei Arnold Zweig

(Eigenhändige Unterschrift des Angemeldeten)

Arnold Zweig
(Eigenhändige Unterschrift des Wohnungsinhabers bei Untermietern)

(Eigenhändige Unterschrift des Hauseigentümers bzw. des Verwalters)

(Unterschrift des Hausobmannes)

Bln. Niederschönhausen 12. Nov. 1949
(Ort und Datum der Abgabe an die Meldebehörde)

[1] Es ist die politische Gemeinde anzugeben, nicht ein Wohnplatz, ein Amtsbezirk oder Ortsteil

Rückseite ausfüllen!

Anmeldung in Berlin-Pankow

brauch der deutschen Sprache. Zwei Spalten weiter sollte die »eigenhändige Unterschrift des Wohnungsinhabers« eingesetzt werden. Die Schriftzüge von Arnold Zweig sind mit ruhiger Hand geführt, der Zuname trägt die für ihn charakteristischen geschwungenen Unterschleifen.

Nun war ich zum Gast geworden.

Das Blatt trägt schließlich als Bestätigung für mein Wohnrecht als Untermieter den Tagesstempel des 283. Polizeireviers und ausgerechnet das Datum meines Geburtstags, den 17. November.

[Hier enden die Aufzeichnungen.]

Walter Nowojski
»DAS LEBEN – WAS SONST«

»Ich nehme zur Kenntnis, daß ich einer Generation angehöre, deren Hoffnungen zusammengebrochen sind. Aber damit sind diese Hoffnungen nicht erledigt.«

Stephan Hermlin, 1992

Immer wieder haben seine Freunde ihn gedrängt, endlich seine Autobiographie zu schreiben. Die Freunde kannten sein Schicksal, wußten von einem Menschen, den man durch ganz Europa getrieben, den es schließlich nach Palästina verschlagen hatte, der erst sehr spät wieder in das Land seiner Herkunft heimkehren konnte und sich dann doch an einem ganz anderen Platz als an seinem geliebten Niederrhein niederließ. Wenn die Freunde drängten, hat Rudolf Hirsch gelächelt. Er hatte stets neue – triftige – Gründe, diese Arbeit aufzuschieben. Zunächst mußte das Buch »Um die Endlösung« fertiggestellt werden, seine aufsehenerregende Beschreibung der sich über viele Jahre hinziehenden Prozesse gegen die Nazischergen. Wobei es ihm auch darum ging, die »weißen Flecke« der Prozeßführung zu benennen, die Hintermänner vielfältigster Couleur. Danach galt es, gemeinsam mit seiner Frau, der Schriftstellerin Rosemarie Schuder, das grundlegende Essaywerk über die Wurzeln und Wirkungen des Judenhasses in der deutschen Geschichte, »Der gelbe Fleck«, zu schreiben. Und dann noch »Die arische Jüdin«, die Fortsetzung seines autobiographisch intendierten Romans »Patria Israel«. Erst dann, die Freunde ließen nicht nach, begann der inzwischen Neunundachtzigjährige, die Geschichte seines Lebens zu diktieren. Vieles war aus dem beneidenswerten Gedächtnis noch immer sofort abrufbar, anderes mußte aus dem Studium von Dokumenten, alten Aufzeichnungen, Briefen neu erinnert werden. Aber noch immer war Rudolf Hirsch überzeugt davon, daß man um ihn nicht so viel Wesens machen sollte. Bis zum Ende meinte er, daß er selbst gar nicht so wichtig sei. Noch 1996 hatte er, wiederum mit Rosemarie Schuder, nach langen Gesprächen mit dem Antifaschisten Kurt Julius Goldstein, der Auschwitz überlebt, den Todesmarsch nach Buchenwald überstanden hat und Zeuge der Selbstbefreiung der Häftlinge von Buchenwald wurde, dessen Leben »Nummer 58866 Judenkönig« beschrieben. Mit der Geschichte seines eigenen Lebens nun aber hielt er sich sehr zurück. Er erzählt lebendig von seiner Kindheit, den Eltern, der Schwester, den Verwandten, den Gefährtinnen und Genossen. Wenn es aber darum geht, das eigene Schicksal zu erzählen, wechselt Rudolf Hirsch sehr schnell in die Berichtsform über, wird er sehr knapp – zuweilen zu knapp. Und er blieb auch dann knapp, wenn Freunde nachhaken, wenn sie etwas genauer erfahren wollten. Rudolf Hirsch diktierte, solange er noch die Kraft dazu aufbringen konnte. Zum Schluß fiel es ihm immer schwerer. Schließlich bricht die Geschichte ab, bleibt Torso. Er hatte sich doch zuviel Zeit gelassen; das andere war ihm wichtiger gewesen.

Die verlorene Welt

Die Lektüre des Erinnerungsbuches »Aus einer verlorenen Welt« bringt zur Gewißheit, was die Leser des erzählerischen Werkes von Rudolf Hirsch längst ahnten, daß nämlich in seinen Romanen die von ihm geschaffene fiktive Figur des Georg Samson keinesfalls lediglich autobiographisch *intendiert*, sondern weitgehend mit dem Autor *identisch* ist. Unzählige Episoden sind pure Erinnerungen eigenen Erlebens. In der

Umschreibung der Figur Georg Samsons gestattete sich Rudolf Hirsch, eigenes Erleben zu *erzählen*, nicht lediglich zu *berichten*. Und es reizt nun natürlich, diese authentischen Erzählteile aus seinen Romanen hervorzuholen, um die Aufzeichnungen »Aus einer verlorenen Welt« zu ergänzen.

Zu Beginn seines Romans »Die arische Jüdin« beschreibt der vierundachtzigjährige Autor seinen Körper. »Ich bin ziemlich korpulent, höfliche Leute bezeichnen das als untersetzt. Auch gelte ich als nicht sehr groß gewachsen, eher klein. Meine ehemals prächtigen Haare, dunkelbraun und sehr lockig, habe ich schon mit zwanzig Jahren verloren ... Der verbliebene spärliche Haarkranz ist nun fast ganz weiß ... Auch mein Mund paßt mir nicht. Schmallippig hätte mir mehr zugesagt. Doch die Natur hat mich mit ausgeprägten Lippen versehen. Und meine Nase ist – ich möchte auch taktvoll zur mir selber sein, und deshalb schreibe ich – ziemlich prägnant. So gehöre ich zu den Menschen, die man als Mittelmeertyp bezeichnen kann. In Italien, Spanien, Griechenland und auch Frankreich falle ich nicht auf. Hier in den nördlichen Zonen, behaupten einige Leute, ich sehe wie ein Jude aus. Das war viele Jahre meines ausgedehnten Lebens durchaus unangenehm, weil ich ja wirklich ein Jude war und ein Jude bin. Nein, nein, es war mehr als unangenehm, es was gefährlich, lebensgefährlich.« Die ihm bei zahlreichen Lesungen gestellte Frage des Publikums, was denn seiner Meinung nach ein Jude sei, beließ er immer bei der Feststellung, daß er sich »vom jüdischen Glauben und seinen vielfältigen Religionsvorschriften, von seinen komplizierten Speisegesetzen entfernt habe, daß« er »ein deutsch schreibender und sprechender Journalist und Schriftsteller« sei. »Wenn mich irgend jemand einen Juden nennt, widerspreche ich ihm nicht. Für mich ist das ›Judesein‹ weder eine Beschimpfung noch eine Schande, aber auch kein Verdienst.« Wie immer man dazu steht, mehr war von Rudolf Hirsch, auch in Gesprächen im Freundeskreis, nicht zu hören. Dabei kannte er sich in den Fragen des Judentums, auch in den Religionsgesetzen, den Forderungen der Thora wie kaum ein anderer aus. Er sprach jiddisch und hebräisch. Er diente mir für meine Arbeit an dem Nachlaß von Victor Klemperer als lebendiges Lexikon; dabei war ihm keine Bitte und keine Frage zuviel. Er und seine große Bibliothek standen einfach zur Verfügung. Ein seltener Freund.

Rudolf Hirsch war für uns, seine Freunde, stets ein lebenszugewandter, ein humorvoller Mensch voller Selbstironie. Gleichzeitig aber lag ständig der Schatten einer Traurigkeit über ihm, nicht zu verwechseln mit Schwermut oder Trostlosigkeit. Dann gingen seine Gedanken zurück in die Zeit seiner Kindheit in Krefeld, in die Welt, die ermordet wurde. Dennoch kehrte er aus der Emigration in Palästina nach Deutschland zurück. Er sagte jedem, der ihn danach fragte, warum er ins Land der Mörder gegangen sei: »Ich lasse mir von meinen Todfeinden, den Nazis, nicht vorschreiben, wo ich leben soll.« Als Kommunist, der er war, hatte er sich entschieden, in Ostberlin zu bleiben. (Im übrigen hatten ihm die englischen Besatzungsbehörden eine Heimkunft nach Krefeld verwehrt.) Später fuhr er oft nach Krefeld. Seine Besuche galten Aurel Billstein, dem Kommunisten, der auch in der Bundesrepublik angesehen war als Ehrenbürger seiner Vaterstadt. Aus dem Jahr 1931, als Rudolf Hirsch Mitglied der Kommunistischen Partei geworden war – Aurel Billstein war damals Organisationsleiter des Unterbezirks Krefeld – rührte ihre Freundschaft. Oft saß er nun in dem kleinen Haus zur »Alten Flur« auf dem für die Gäste bestimmten Sofa. Am schmalen Kopfende war Aurels Platz. Neben ihm zur Rechten saß seine Frau Martha, neben ihr seine Tochter Ruth und Aurel gegenüber der Schwiegersohn Helmut Wolf. Manchmal kamen auch die Enkel, kluge, großgewachsene Kinder.

Von dem großen Zimmer im Haus Alte Flur öffnete sich der Zugang zu Aurels Arbeitsraum. Er hatte begonnen, Material zu sammeln für seine Arbeiten über den Widerstand gegen die Nazi-Herrschaft am linken Niederrhein. Die Regale waren bis obenan zur Decke gefüllt mit Büchern und Ordnern voller Dokumente. Auf dem Schreibtisch häuften sich Manuskripte und Bücher. Man konnte hinausblicken in den Garten mit Apfel- und Pflaumenbäumen und Blumen und Kräutern.

Mitten in der Stadt, in unmittelbarer Nähe der Dionysiuskirche lag das Schuhgeschäft L. Hirsch. Sooft Rudolf Hirsch nach dem Krieg auch in Krefeld weilte, das Schuhgeschäft hat er kein einziges Mal mehr betreten. Er wollte es nicht. Und vor dem Elternhaus an der Wilhelmshofallee blieb er nicht einmal stehen. Aber immer ging er zum Stadtwald, gegenüber dem nun längst in Parzellen aufgeschnittenen und mehrfach bewohnten Park Marienhof. Das schöne Gärtnerhaus im Schweizer Stil war abgerissen. An der Ecke stand und steht – jetzt zwar ist das Dach verfallen – noch immer die kleine offene Laube, aus der er als Kind mit seiner Schwester Liesel zugesehen hatte, wie Leute mit damals noch als etwas Besonderes geltenden Autos vorüberfuhren. All das aber war nun eben »eine verlorene Welt«. Nur die Verbundenheit mit Aurel Billstein gab ihm jetzt noch das Gefühl, zu Hause in Krefeld zu sein.

Seit ich Rudolf Hirsch und seine Frau Rosemarie Schuder kennengelernt hatte, stand ihr Haus am Alten Wasserwerk in Friedrichshagen mir jederzeit offen. Hirschs, was im Osten nur ganz selten anzutreffen war, pflegten noch so etwas wie open house. (Ich werde nie vergessen, wie mir der Autor der »Räuberbande« und des »Ochsenfurter Männerquartetts«, Leonhard Frank, den ich 1960 in der Münchener Tengstraße besuchte, erzählte, daß ihn Otto Grotewohl bei einem seiner Besuche in der DDR einlud, in die DDR umzusiedeln. Aber Frank, der sich im Bayern der Nachkriegszeit politisch durchaus nicht heimisch fühlte, zögerte, weil die Intellektuellen der DDR so abgeschlossen lebten, weil er keinerlei private Einladungen erhalten habe, eben weil er nirgendwo »open house« fand. Frank ist bekanntlich, sehr vereinsamt, in München gestorben.) Unsere Gespräche fanden stets in dem schönen Biedermeierzimmer statt. Mein Platz als Gast war immer auf dem roten Sofa unter jenem Gemälde eines niederländischen Meisters aus dem 17. Jahrhundert, von dem in vielen Büchern Rudolf Hirschs die Rede ist. Auch in der Autobiographie findet sich die »Dunkle Grotte mit Schmetterlingen« mit ihren geheimnisvollen Symbolen. Der Vater hatte es einst von einer Versteigerung für seine Gemäldesammlung mit nach Hause gebracht. Es ist Rudolf Hirschs einzig erhaltener Gegenstand aus der »verlorenen Welt«. Als der Sohn sich ins ferne Palästina gerettet hatte, schickte ihm die Mutter dieses Bild als ein Gruß von Zuhaus. Viele Jahre hing es in der kleinen Emigrantenwohnung von Tel Aviv. Und als es für die Juden in Deutschland immer bedrohlicher wurde, symbolisierte die »Dunkle Grotte« ihm die Angst um das Leben seiner Mutter, wurde sie zum Zeichen seiner Ohnmacht. Zu dem wenigen, was Rudolf Hirsch aus Tel Aviv bei seiner Rückkehr 1949 mit sich führte, gehörte dieses kleine Ölgemälde.

Unter diesem Bild fanden über Jahrzehnte unsere Gespräche statt. Sehr lebendig erzählte Rudolf vom linken Niederrhein und seinen Menschen. »Es scheint mir, nicht zufällig wohnt das Trübe neben dem Hellen in meinem Inneren. Nicht nur in Gedanken und im Empfinden, auch in meinem Erleben. Die Fröhlichkeit, die ist am Niederrhein zu Hause, mein Vater aber stammt aus Witten an der Ruhr in Westfalen, dort wo die bedächtigen und ernsten Spökenkieker hausen,« charakterisiert Rudolf Hirsch sein Wesen. Die Gespräche mit ihm begannen immer humorvoll. Wenn es ans Essen ging, ganz gleich, was geboten wurde, schwärmte Rudolf von Apfelkraut und dicken Bohnen. Ausführlich beschrieb er die Zubereitung. Und dann war er schon bei den Menschen seiner Kindheit, der Mutter, der Schwester, dem holländischen Kindermädchen, den frühen Gespielinnen. »Kann man ohne Apfelkraut, ohne dicke Bohnen, ohne Stielmus und ohne Krefeld leben?« fragt er in »Patria Israel«. Wenn Rudolf Hirsch an Krefeld dachte, war ihm wunderlich zumute. Erinnerungen an Geliebtes und Gehaßtes, an Fremde, an Freunde, an Kämpfer und Ermordete, an Verschollene und Gleichgültige tauchten auf. »Und noch immer steht in seinem Personalausweis, in all seinen Akten, in seinem Reisepaß: Geburtsort Krefeld. Den Geburtsort kannst du nicht abschütteln. Er klebt an deinen Schuhsohlen. Auch an deinen Füßen, wenn du barfuß läufst. Und wenn einer so herumgetrieben wurde ... durch viele Länder und Städte, klingt immer noch in seiner Stimme jener unverwechselbare niederrheinische Ton mit.« Aber niemals blieb es beim Schwärmen, die Idylle wurde immer durchbrochen. Wenn von den Samt- und Seidenfabrikanten die Rede war, die das verträumte Krefeld einst zu Wohlstand und Ansehen gebracht hatten, dann war auch sehr schnell die Rede davon, was die einst mennonitischen Herren, die jeglichen Staats- und Kriegsdienst abgelehnt, inzwischen alles über Bord geworfen hatten. »Einer, aus einer alten Seidenweberfamilie, ein Herr ter Meer, gründete im benachbarten Uerdingen ... eine chemische Fabrik. Sie wurde groß und größer, die Firma Weiler ter Meer, und ging dann in den IG-Farben-Konzern über. Und einer aus der Familie, ein Dr. Fritz ter Meer, kam wegen seiner besonderen Fähigkeiten in das Trust-Direktorium. Herr Dr. Fritz ter Meer aus Krefeld-Uerdingen wurde Mitbegründer der Auschwitzer Bunafabrik. Im Todeslager mit der SS freundlichst zusammenarbeitend.« Da war es wieder, das Stigma, das ihn so umtriebig gemacht hat. Darin sah Rudolf Hirsch seine Aufgabe: Nicht zuzulassen, daß vergessen wird. Das war er seinen dahingemordeten Leidensgefährten und Genossen schuldig. Am Ende aller Gespräche stand unausgesprochen eine Mahnung.

Seinen Vater beschreibt Rudolf Hirsch als einen weitgehend assimilierten Juden, der mit dem Kaiserreich im großen und ganzen zufrieden war. Denn Moritz Samson gehörte zu den wohlhabenden Bürgern Krefelds, »er fand es völlig in Ordnung, daß die Wahl zu der Repräsentantenversammlung der Synagogengemeinde genau nach dem preußischen Dreiklassenwahlrecht vorgenommen wurde. Er war froh, zur ersten Steuerklasse zu gehören, und stolz darauf, in der Repräsentantenversammlung seinen Platz zu haben«, heißt es in »Patria Israel«. Und weiter: »Allem, was ostjüdisch klang und ostjüdisch aussah, stand er feindlich gegenüber. Er war fest davon überzeugt, daß die Ostjuden den Antisemitismus in Deutschland eingeschleppt hatten, diese Menschen, mit ihren seltsamen langen Kaftanen, mit ihren Bärten und Schläfenlocken, mit ihrem schlechten Deutsch.

›Ein junger Mann muß aussehen wie aus dem Ei gepellt‹, hieß einer seiner ständigen Leitsätze. Daß die armen Juden vor Pogromen aus Polen geflüchtet, aus einer anderen Welt kamen, das blieb ihm fremd. Er sorgte in der Repräsentantenversammlung dafür, daß Ostjuden, die sich in Krefeld niederlassen wollten, die zur Gemeinde kamen und um Unterstützung baten, sofort eine Fahrkarte nach Köln ausgehändigt wurde. Sollen Sie sich ruhig in Köln niederlassen, aber nicht in Krefeld. Das war seine Meinung. Und es war mit der Reichsbahn verabredet, diese Fahrkarten sollten nicht zurückgenommen und vergütet werden.« Das Schuhgeschäft interessierte den Vater nur am Rande. Sein Hauptinteresse, Rudolf Hirsch beschreibt es, galt seinem großen Garten Marienhof.

Anders die Mutter. »Über die Mutter ... muß vieles und wichtiges gesagt werden.« So steht es wiederum in »Patria Israel«. Und wieder gibt Rudolf Hirsch ein wenig genauer Auskunft, handelt es sich doch um die Mutter der »fiktiven« Hauptgestalt Georg Samson. »Sie war eine schöne schwarzhaarige Frau«, heißt es da, »sehr leidend, sehr ruhig. Sie lachte weniger, war stiller als ihr Mann.« Niemals haben Rudolf Hirsch und seine Schwester einen Streit zwischen den Eltern wahrnehmen können. Die Schwester, die die Eltern mit den Augen eines übergescheiten Mädchens betrachtete, glaubte zu wissen, daß die Mutter in ihrer Ehe nie ganz glücklich war. Nie konnte die Mutter »ihre wahren Gefühle zeigen. Die Familie, die Kinder, das Haus, die gepflegte Atmosphäre, das war ihr ein und alles. Sie las viel, und sie dachte viel ... Kein lautes Wort hat man je von ihr gehört. Man verehrte sie. Ein Zauber ging von ihr aus.

Am tiefsten traf es sie, daß sie den Gedanken ihrer Kinder nicht folgen konnte und nicht folgen wollte, Kinder, die sie mit Sorgfalt umhegt hatte, die sie mit viel Liebe und auch mit Strenge erzogen hatte. ... Als die Kinder anfingen, die Welt zu begreifen und sie nicht mehr so sahen, wie sie sich in der Villa am

Stadtwald darstellte, merkte die Mutter, wie fern sie gerückt war. ... Nachdem ihr Mann gestorben war, ging sie jeden Vormittag ins Geschäft, traf Entscheidungen, ohne ihr Herz ans Geldverdienen zu verschenken.

Eine selten glückliche Hand hatte sie mit Blumen.« Ihr letztes Foto, das der Sohn von ihr besaß, »zeigt eine müde, alte Frau in einem Meer von blühenden Orchideen. Ein unendlich trauriges Bild einer verlassenen, einsamen, gütigen Frau«.

Ich habe meinen alten Freund nur einmal weinen sehen. Das war, als er mir erzählte, er könne es sich nie verzeihen, die Mutter nicht gerettet zu haben. Es beschäftigte ihn sein ganzes Leben. Hätte er sie trotzdem zur Schiffspassage nach Palästina drängen sollen, wo er doch sah, wie strapaziös und gefährlich diese Reisen waren? »War es Trägheit des Herzens gewesen? Hätte er die dreihundert englischen Pfund nicht aufbringen können, aufbringen müssen? Immer wieder stand das quälend vor ihm. Er weiß, er hätte es tun müssen ... Letzte Möglichkeit. Er hätte Geld stehlen müssen. Hätte betteln müssen.

Aber hätte die alte Frau die monatelange Reise auf einem dieser kleinen Schiffe ertragen können? Auf einem dieser abgewrackten, abgetakelten Schiffe auf dem großen Meer, in quälender Enge, bei jammervoller Ernährung? Ausrede. Entschuldigung der Trägheit. Aber wäre diese Reise nicht besser gewesen als das, was jetzt kommen würde und jetzt kommen mußte?« Aus einem wunderbar menschlichen Brief aus Prag erfährt er von der Freundin der Mutter, wie grausam ihr Ende war. Sie will es ihm schonend beibringen, aber sie will doch auch sagen, wie es wirklich war. Ein erschütterndes Stück dünnes Papier, sehr abgegriffen vom Wieder- und Wiederlesen. Er holte es hervor, als er mir davon erzählte.

Wenn Rudolf Hirsch von seiner Schwester Liesel sprach, geriet er ins Schwärmen, und er gestand freimütig, daß er als Kind zuweilen ein wenig neidisch auf sie, auf ihre Begabungen, auf ihre Begehrtheit war. »Als an ihrem ersten Schultag die Lehrerin fragte, wer von den Kindern ein Liedchen wüßte, meldete sich [Liesel] sofort und sehr stürmisch, stellte sich vor die

Klasse und sang zum Entsetzen der Lehrerin: ›Winterstürme wichen dem Wonnemond, aus lindem Lichte lachet der Lenz‹, das Liebeslied aus der ›Walküre‹ von Richard Wagner. Das Liebeslied von Bruder Siegmund an Schwester Sieglinde. ›Der göttliche Bruder freite die Schwester‹, sang [Liesel], ›vereint sind Liebe und Lenz‹.« Die Mutter hatte eine Vorliebe für die Oper. Sie spielte alle Wagnerschen Opernauszüge auf dem Klavier und sang dazu. Schwester Liesel griff alles sofort auf, konnte alles und jeden nachahmen. Die besondere Zuneigung des Bruders zu seiner Schwester mag nicht allein in ihrer vielfachen Begabung, sondern auch in ihrem tragischen Schicksal begründet sein. Daß Liesel während der Stalinschen »Säuberungen« umgekommen ist, hat ihn tief getroffen.

Immer wieder ist in seinen Erinnerungen von der Erwerbsquelle der Familie die Rede, dem Schuhgeschäft, für das der junge Rudolf nach dem Tode des Vaters Verantwortung tragen mußte. Er riet der Mutter, das Geschäft in der etwas abgelegenen Dreikönigsstraße aufzugeben und dafür ein neues Geschäftshaus im Herzen der Stadt, Hochstraße, Ecke Rheinstraße zu erwerben. An diesem Standort blühte das Geschäft zunächst auf. Aber mit dem Herannahen der Hitlerdiktatur wurde es immer schwieriger, das Geschäft zu führen. Ein Geschäft am begehrtesten Platz der Stadt mit einem Juden und Kommunisten als Juniorchef, das war zuviel für die damalige Zeit und für das bürgerliche Krefeld. Es wuchsen Wut und Begehrlichkeiten. Zunächst boykottiert, dann, am 28. Februar 1933, von Krefelder SA-Horden verwüstet und schließlich als eines der ersten Unternehmen in Deutschland »arisiert«, das war und blieb das Schicksal des Hauses. 1951 kam es vor dem Landgericht Krefeld zu einem Rückerstattungs-Prozeß. Es standen sich der von den Nazis durch ganz Europa gejagte ehemalige Juniorchef und der Nutznießer der totalitären Verhältnisse gegenüber. Und der Nutznießer wußte als Zeugen all die Leute aufzubieten, die ihm entweder, wie der Makler Heesen, zu der Übernahme des Geschäftes im Mai 1933 verholfen oder bei der Geschäftsübernahme als Dekorateure und Verkäufer eine Anstellung gefunden hatten. Außerdem standen ihm als Zeugen Handelsvertreter zur Seite, die noch zum Zeitpunkt des Prozesses seine Lieferanten waren. Ein ehemaliger Direktor der Schuhfabrik »Rheinland« in Barmen gibt zu Protokoll, »daß die Firma Hirsch in Krefeld unter Leitung des alten Herrn Hirsch einen sehr guten Ruf hatte«. Und er führt weiter aus: »Ich wurde etwa Ende 1929 oder Anfang 1930 von namhaften Mitgliedern des Einkaufsbundes zur Vorsicht gegenüber der Firma Hirsch gemahnt. ... Ich bin daraufhin vorsichtig geworden.« Im weiteren Verfolg der Verhandlung muß der Herr Direktor zugeben, daß die Warnung ihn erst 1931 erreichte und er sich Mitte 1932 von der Firma Hirsch zurückgezogen habe. Weiter muß er auf Vorhalt zugeben: »Ich habe Verluste mit der Firma Hirsch nicht gehabt.« Und er meint hinzufügen zu müssen: »Ich hörte damals, daß die Interessen des Herrn Hirsch jun. stärker auf politischem Gebiet lägen.« Also nicht nur Jude, was im Vorfeld der nationalsozialistischen Machtübernahme Vorsicht genug gebot, sondern auch noch Kommunist. Auf Vorhalt muß er dann zugeben, daß er auch gegenwärtig noch Schuhe für die von ihm vertretene Firma an die Firma Grüterich verkaufe. Ganz anders hört sich die Aussage des ehemaligen Büroleiters der Firma Hirsch an. Er erinnert sich an einen Geschäftsumsatz für das Jahr 1930 in Höhe von etwa 700 000 Mark. »Es ist richtig, daß 1932 kein Gewinn erzielt wurde. ... Dies führe ich außer auf die allgemeine Konjunktur darauf zurück, daß damals bereits gewisse Volkskreise durch die antisemitische Propaganda beeinflußt gewesen sind. ... Bereits gleich nach der nationalsozialistischen Machtübernahme setzten erhebliche Belästigungen des Schuhhauses Hirsch ein in der Form, daß die Schaufensterscheiben beklebt wurden und Schimpfworte in den Laden gerufen wurden. Auch wurden Posten zur Behinderung vor die Ladentüre gestellt. Diese Maßnahmen waren offensichtlich heftiger als gegen andere jüdische Geschäfte, was ich auf die bekannte Einstellung des Herrn Hirsch jun. zurückführe. In das Geschäft wurde beispielsweise hereingerufen: ›Ist das Judenschwein noch da.‹ In Zusammenhang mit diesen Dingen ist dann auch Herr Hirsch jun. geflüchtet.« Eine Verkäuferin aus Krefeld-Bockum, die 1929 als Lehrling bei der Firma Hirsch eingetreten war und bis zur Übergabe an Herrn Grüterich angestellt war, berichtet: »Schon 1932 kamen politische Demonstrationen gegen die Firma vor. So wurden beispielsweise die Fenster mit Plakaten beklebt, die sich gegen den Einkauf bei Juden richteten. Das wurde nach der Machtübernahme noch erheblich schlimmer. Es kam auch zu mehreren Haussuchungen, sogar in den Räumen, in denen ich und meine Eltern wohnten, weil wir im selben Hause wohnten. Es wurde auch in den Laden hineingerufen: ›Ist das jüdische Schwein noch da?‹« Die Lektüre des Gerichtsprotokolls hinterläßt einen schalen Geschmack. Sie alle, die Herr Grüterich aufgeboten hatte, mit denen er zum Zeitpunkt des Prozesses noch geschäftlich verbunden war, wußten fast identisch zu berichten, daß die Übernahme kein gutes Geschäft gewesen sei, weil eine hohe Zahl fast unverkäuflicher Schuhe das Warenlager füllte. Dies war ihnen allen nach der langen Zeit noch genau erinnerlich; aber ab wann und ob überhaupt es in Krefeld antisemitische Vorbehalte gegen die Firma Hirsch gegeben habe, wie es mit dem besonderen Boykott gerade für dieses Geschäft beschaffen war und wie unmöglich es praktisch für die Mutter von Rudolf Hirsch wurde, das Geschäft weiterzuführen, davon wollten sie nichts gewußt haben, daran haben sie keinerlei Erinnerung. Ein paar beiläufige Sätze darüber, »daß die Interessen des Herrn Hirsch jun. stärker auf politischem Gebiet« gelegen hätten oder »daß Herr Hirsch jun. Mitglied der KPD gewesen sein soll«, verraten natürlich, was sich für die Verhandlung zu erinnern lohnte. Da ist es denn auch bezeichnend, daß der Landgerichtsrat Fuhrmann als beauftragter Richter an die Zeugen kaum Fragen dazu zu stellen wußte, was denn nun die entscheidenden politischen Gründe für den »Verkauf« gewesen seien. Er konnte das Rückerstattungsbegehren zurückweisen, da Herr Grüterich genügend Zeugen zu bieten hatte, die zu erklären bereit waren, daß das Geschäft allein deshalb veräußert wurde, weil »es schlecht ging«. Wie viele Jahre mußte man eigentlich dienen, um 1951 in Krefeld Landgerichtsrat zu sein? Und was waren das für Jahre? Welche Prozesse hatte man da zu führen? (Ist es ein Zufall, daß Rudolf Hirsch in seinem Roman »Patria Israel«, in dem er viele Personen mit den wirklichen Namen auftreten läßt, einem Krefelder Mitschüler, der ihn bei seiner ersten Rückkehr nach Deutschland als SA-Mann in Düsseldorf verhaftet und der Polizei ausliefert, den Namen Horst Fuhrmann gab? Wir können ihn nicht mehr danach fragen. Viele Fragen, die zur Geschichte seiner Stadt gehören, sind bis zum heutigen Tag nicht beantwortet.)

Für den jungen Rudolf Hirsch gab es nach dem Reichstagsbrand Anfang März 1933 nur noch die Möglichkeit der Flucht. Er, als Jude und Kommunist doppelt bedroht, hatte um sein Leben zu fürchten. In seinen Erinnerungen »Aus einer verlorenen Welt« beschreibt er die Odyssee ständiger Verfolgung in seiner ruhigen, sachlichen Art und immer gespickt mit einem leichten Lächeln, das ausdrücken will: Was wollt Ihr eigentlich? So war es damals eben, mein Leben – was sonst? In seinem Roman »Patria Israel« hat er gerade diese ungewöhnliche Fluchtgeschichte durch viele Länder facettenreich erzählt. Sie scheint kein Ende zu nehmen. Immer wieder versucht Rudolf Hirsch, trotz aller Gefahren nach Deutschland zurückzukehren. Er will sich nicht irgendwo in der Ferne zur Ruhe setzen. »Nein, nicht davonlaufen ... noch einmal sinnvoll etwas tun. Den Krieg, der da heraufzog, verhindern ... Das Schicksal aufhalten, das da heraufrollte.«

Für wenige Zeit wieder in Deutschland, fand er durch seine Gefährtin Lore Anschluß an eine Widerstandsgruppe. Damit beginnt das Kapitel »Neu Beginnen«. Rudolf Hirsch leitet es mit dem lapidaren Satz ein: »Lore fand in Berlin Anschluß an eine Widerstandsgruppe, in der Sozialdemokraten und Kommunisten unter Wahrung strengster Illegalität Widerstand leisteten, ›Neu Beginnen‹.« Als wäre dies das Selbstverständlichste von der Welt. In Wahrheit war diese Gruppe, in die seine Gespielin aus der Kindheit ihn da 1935 in Berlin eingeführt hat, etwas ganz Außergewöhnliches. Ihre Anfänge reichen bis in das Jahr 1929 zurück. Sie wurde von Walter Löwenheim bereits unter konspirativen Gesichtspunkten ins Leben gerufen. Löwenheim, einst ein kommunistischer Funktionär, der sich aber ebenso wie der zeitweilige Parteivorsitzende der KPD, Paul Levi, von der Partei getrennt hatte, wollte eine Organisation gründen, die die gespaltene deutsche Arbeiterbewegung wieder zusammenführen sollte. Es war seine Überzeugung, daß dies nicht über die Führungen der Parteien möglich war. Dazu war die Gegnerschaft, der Spaltungswille zwischen ihnen zu groß. Deshalb wollte er junge kritische Kommunisten und oppositionelle Sozialdemokraten gewinnen, die, in ihren Parteien bleibend, eine Erneuerung der deutschen Arbeiterbewegung vorbereiten helfen. Die »Organisation«, wie sich diese Gruppe zunächst nannte, sah ihre erste Aufgabe in der Wiedervereinigung der beiden immer starrer an ihren Ideologien festhaltenden Richtungen. Das setzte eine verschärfte Geheimhaltung voraus, um ihre Mitglieder in den Parteigremien nicht in unnötige Auseinandersetzungen zu bringen. Außerdem sah Löwenheim deutlich die Gefahr der Machtergreifung durch die Nationalsozialisten und den daraus folgenden Terror gegen die Arbeiterbewegung. Geheimhaltung wurde immer notwendiger. »Die ›Organisation‹ war ... von Miles [das ist der Deckname von Walter Löwenheim] in starker Anlehnung an die Vorstellungen aufgebaut worden, die Lenin während der illegalen Periode der russischen Sozialdemokratie in seiner Schrift ›Was tun?‹ entwickelt hatte. Von Lenin waren vor allem der straffe Zentralismus, die unbedingte Weisungsbefugnis der Leitung und die konspirative Abdeckung der Tätigkeit nach außen als Organisationsprinzipien übernommen worden«, heißt es in einer kleinen Studie Hans J. Reichhardts von 1963. Im März 1933, nach dem Reichstagsbrand, gab es für Löwenheim keinen Zweifel mehr, daß der Nationalsozialismus seine totalitäre Herrschaft errichtet. Neben der vollkommenen Umstellung auf die Illegalität stand nun die Erarbeitung einer Programmschrift im Vordergrund. Die Schrift erschien im September 1933; sie trug den Titel »Neu Beginnen«. Fortan war dies der Name der Gruppe. Diese illegale Schrift hatte ein beträchtliches Echo. Wilhelm Pieck und Fritz Heckert setzten sich auf dem 13. Plenum des Exekutivkomitees der Komintern mit der Broschüre auseinander und lehnten sie scharf ab. Leo Trotzki bezeichnete die Programmschrift als ein bösartiges Muster des »Zentrismus«. Ein positives Echo fand die Schrift vor allem bei den verschiedensten sozialdemokratischen Parteien des Auslands, die darin ein Zeichen sahen, daß sich wenigstens diese, aus der deutschen Sozialdemokratie hervorgegangene Gruppe nicht kampflos mit dem Ende der SPD abgefunden hat. Auch Karl Kautsky stimmte wesentlichen Thesen der Schrift zu. Löwenheim zielte auf eine wissenschaftliche Analyse der Lage, auf eine wissenschaftliche Analyse des Wesens und der Absichten der Nationalsozialisten. Erst wenn die Illegalen als »revolutionäre Marxisten aus der wissenschaftlichen Analyse der Gesellschaft klare Konsequenzen für ihre Arbeit zu ziehen gelernt haben«, werden sie in der Lage sein, wirkungsvoll Widerstand gegen das nationalsozialistische Regime zu leisten. Die Mitglieder der illegalen Gruppe sollten nicht in purem Aktionismus zerrieben werden, sie wollten Lehren aus den bitteren Erfahrungen der selbstmörderischen Aktionen der KPD ziehen und begreifen, »daß nur bestimmte günstige Konstellationen den unmittelbaren Kampf um die Niederringung des Regimes gestatten«. Auf diese Situation galt es, sich vorzubereiten. Die illegale Arbeit in der Organisation vollzog sich – wie von Rudolf Hirsch beschrieben – in Dreier- und Fünfergruppen. An der Spitze jeder Gruppe stand ein Beauftragter der Leitung, der als einziger Kontakt zu ihr hatte. In den einzelnen Gruppen wurden allgemeine politische Fragen diskutiert, wesentliche Problemfelder analysiert und die ihnen von der Leitung zugegangenen Analysen besprochen. Die erarbeiteten Analysen und Situationsberichte wurden verschlüsselt durch Kuriere ins Ausland gebracht. All dies geschah unter größtmöglicher Sicherheit. Alle Mitglieder benutzten Decknamen, auch untereinander, selbst wenn sie sich seit langem kannten. Wurde der Deckname einem Außenstehenden bekannt, mußte er sofort gewechselt werden. Schien ein Mitglied gefährdet, wurde er sofort von allen Kontakten zu seiner Gruppe isoliert. Erst wenn es danach längere Zeit von jeglichen polizeilichen Maßnahmen unbelästigt geblieben war, wurde es wieder in die Gruppe eingegliedert. Besonders gefährdete Mitglieder wurden in die Emigration geschickt.

Natürlich verlief die Arbeit von »Neu Beginnen« nicht widerspruchslos. In der sozialdemokratisch dominierten Leitung gab es Auseinandersetzungen darüber, inwieweit eine Einbeziehung von Kommunisten geduldet werden sollte. Als sich 1935 die Frage der »Volksfront«-Politik stellte, kam es in Prag zu einem Treffen mit Walter Ulbricht. Versuche der Führung, solche Kontakte zu verhindern, blieben bis zuletzt erfolglos, wenngleich SPD-Funktionäre wie Fritz Erler oder Richard Löwenthal dies nach dem Kriege immer wieder bestritten. Sie beharrten darauf, sich fest an den SPD-Beschluß gehalten zu haben, der zu Beginn der Illegalität gefaßt worden war und die Mitglieder verpflichtete, jede Berührung mit der KPD abzulehnen. Tatsächlich aber kam es im April und März 1936 in Prag zu neuen Treffen zwischen einem Mitglied von »Neu Beginnen« und Vertretern des Zentralkomitees der KPD, darunter Paul Merker, Walter Ulbricht und Herbert Wehner. Während in den kleinen illegalen Gruppen vielfach Sozaldemokraten und Kommunisten zusammenarbeiteten, blieben die Zusammenkünfte auf der Ebene von Leitungen ergebnislos. Nachdem sich Anfang 1937 in der SPD eine Volksfrontgruppe gebildet hatte, die sich mit einem Zehn-Punkte-Programm den illegalen Gremien stellte, erfuhr die Berliner Gruppe, die dieses Programm erarbeitet hatte, von der Prager Exilleitung einen ablehnenden Bescheid. Die Prager Exilleitung lehnte ein Zusammengehen mit den Kommunisten strikt ab. Dessenungeachtet traf sich der für die Berliner Gruppe verantwortliche ehemalige SPD-Reichstagsabgeordnete Otto Brass am nächsten Tag mit dem ZK-Mitglied der KPD

Anton Ackermann. Nach diesem Treffen sprach sich dann auch Otto Brass gegen eine Zusammenarbeit aus. Alle weiteren Versuche der KPD, doch noch zu einer Zusammenarbeit zu kommen, blieben erfolglos. Noch im April 1937 hatte Wilhelm Pieck einen Kurier zu Otto Brass geschickt und in einem erneuten Brief im Mai 1937 die Bildung eines Komitees der Volksfront in Berlin vorgeschlagen, dem 3 Sozialdemokraten, 2 Kommunisten und 1 Demokrat angehören sollten. Brass lehnte ab und ließ alle weiteren Briefe unbeantwortet. Im Herbst 1938 wurden die führenden Funktionäre von »Neu Beginnen« und der Volksfrontgruppe verhaftet und vor dem Volksgerichtshof im Sommer 1939 zu hohen Zuchthausstrafen verurteilt. Damit war die Arbeit dieser Gruppen endgültig zusammengebrochen.

Angesichts des diffizilen Versuchs eines Zusammengehens von Sozialdemokraten und Kommunisten ist es nur zu verständlich, daß die Geschichte dieses vor allem auch in ihrer wissenschaftlichen Analysearbeit so wichtigen Widerstandsgruppe wie »Neu Beginnen« nach dem Zusammenbruch des Naziregimes in der DDR-Geschichtsschreibung kaum eine Rolle spielte. Ja, neben dem Mißtrauen, das Rudolf Hirsch als Remigrant aus Israel entgegengebracht wurde, war es vor allem seine aktive Mitwirkung in der Gruppe »Neu Beginnen«, die durch eine persönliche Festlegung von Wilhelm Pieck dazu führte, daß dem bewußt in den Osten Deutschlands heimgekehrten Kommunisten die Aufnahme in die SED verwehrt wurde. Rudolf Hirsch, der den Zusammenschluß von SPD und KPD im Osten Deutschlands nur aus der Ferne erlebt hatte, fehlte jedes Verständnis für diesen Vorgang. Es wird Jahrzehnte dauern, bis die Partei diese Ausgrenzung revidierte. So ist es nur verständlich, daß er noch 1983 in seinem Roman »Patria Israel« sein Mitwirken in der Widerstandsgruppe »Neu Beginnen« genau schildert, aber den Namen der Gruppe nicht ein einziges Mal nennt.

Aber auch in der westlichen Geschichtsschreibung ist die Arbeit der Gruppe nie ins Zentrum gerückt worden. Das Bestreben dieser intellektuell sehr aktiv und weitblickend arbeitenden Gruppe, die auch die Führung der Sozialdemokraten kritisch betrachtete und davon ausging, daß nur eine erneuerte, geschlossene deutsche Arbeiterbewegung in einer günstigen geschichtlichen Konstellation in der Lage sein würde, den unmittelbaren Kampf um die Niederringung des nazistischen Regimes erfolgreich aufzunehmen, paßte in kein sozialdemokratisches Konzept. Solche Feststellungen konnten der SPD unter Kurt Schumacher nach dem Kriege nur hinderlich sein. Die Gruppe, in der Rudolf Hirsch wirkte, kümmerte sich offensichtlich nicht um die Ideologiekämpfe ihrer Führungen. Sie leisteten unter lebensgefährlichen Bedingungen ihre antinazistische Arbeit.

1937 war Rudolf Hirsch von seiner Gruppe vor dem Zugriff der Nazis gewarnt worden. Er mußte Deutschland verlassen. »Einbahnstraße Jerusalem« hieß eine Haßparole der Nazis. Er wollte nicht in Palästina bleiben, sondern nahe an Deutschland nach Deutschland hinein wirksam werden. Auf umständlichen Wegen – deutsches Gebiet durfte er nicht berühren – reiste er im Einverständnis mit den Genossen von »Neu Beginnen« nach Stockholm, um von hier aus für die Gruppe zu arbeiten. Er bekam in Schweden keine Aufenthaltserlaubnis, wurde verhaftet und im Mai 1939 ausgewiesen. Er mußte zurück nach Palästina.

Rudolf Hirsch muß nun in der für ihn fremden Welt Fuß zu fassen versuchen. Er trifft Ruth, die langjährige Freundin; sie heiraten und finden in Tel Aviv eine Wohnung. »Am Tage vor Kriegsbeginn, am Tag vor dem Einzug hatte ich zur Einweihung zwei Schallplatten gekauft, und ich spielte sie nun am 1. September für [Ruth] in der noch leeren Wohnung. Und es erklang – war es Hohn oder war es Sehnsucht – ›Du bist Orplid, mein Land, das ferne leuchtet. Vom Meere dampfet der besonnte Strand ...‹ Träumende Romantik. Von Mörike die Verse, von Hugo Wolf vertont, von Heinrich Schlusnus gesungen. Eine verträumte Welt, unwirklich, die so gar nichts mit der Gegenwart gemein hat. Ein Leben, das es in dieser

Welt nicht gibt und nie geben wird. Aber nach dem man sich sehnt. Der Wunsch nach einer Welt ohne Haß und Verfolgung. Ohne Krieg.« So lesen wir es in »Die arische Jüdin«. Der Emigrant findet schließlich in Tel Aviv ein dürftiges Auskommen als Schuhfräser in verschiedenen Kleinstunternehmen und sucht sehr bald Verbindung zu Antifaschisten, die – wie er – noch aus der Ferne für die Unterdrückung der unterdrückten Heimat wirken wollen. Und Rudolf Hirsch gewinnt für die antifaschistische Arbeit seiner politischen Gefährten den in Haifa lebenden Schriftsteller Arnold Zweig, mit dem ihn von nun an eine lebenslange Freundschaft verbinden wird. Das Exil aber endet für ihn erst im September 1949. Der Staat Israel war inzwischen gegründet, arabisches Gebiet erobert. Noch herrscht Kriegszustand, eine Ausreiseerlaubnis ist nicht zu bekommen. Lea Grundig und Arnold Zweig erwirken schließlich eine Einreise in die sowjetische Besatzungszone Deutschlands.

»Don Quichote in Berlin«

Nach der endlichen Heimkehr nach Deutschland ordneten sich die Dinge für Rudolf Hirsch nicht sehr bald. »Die Zukunft der Welt und auch meine lag noch offen vor mir«, heißt es bei ihm. In der alten Schloßgutvilla am Ossietzkyplatz in Niederschönhausen bei Arnold Zweig hatten seine Frau Ruth und er vorläufig unterkommen können. Auf dem Anmeldeformular bei der polizeilichen Meldebehörde in Berlin-Pankow vom 12. November 1949 trug Rudolf Hirsch als Beruf Schuhfacharbeiter ein und unter der Rubrik »Bezeichnung des religiösen Bekenntnisses« steht: jüdisch. Wie das? Der Mann, der sich »vom jüdischen Glauben und seinen vielfältigen religiösen Vorschriften, von seinen komplizierten Speisegesetzen entfernt« hatte, schreibt: *jüdisch.* Ist es ein Zugeständnis an Arnold Zweig, der weitaus inniger dem Judentum verhaftet ist als er? Oder – und dies scheint gewiß – ist es ein Bekenntnis zu

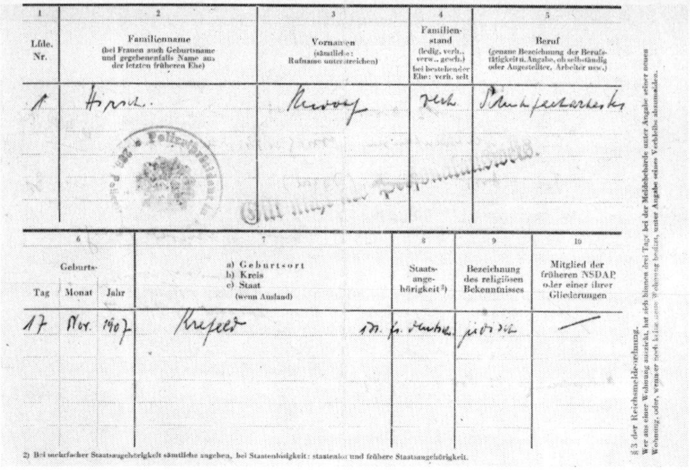

Lfde. Nr.	Familienname (bei Frauen auch Geburtsname und gegebenenfalls Name aus der letzten früheren Ehe)	Vornamen (sämtliche: Rufname unterstreichen)	Familienstand (ledig, verh., verw., gesch.) bei bestehender Ehe: verh. seit	Beruf (genaue Bezeichnung der Berufstätigkeit u. Angabe, ob selbständig oder Angestellter, Arbeiter usw.)
1	Hirsch.	Werner	verh.	[illegible]

Geburts- Tag	Monat	Jahr	a) Geburtsort b) Kreis c) Staat (wenn Ausland)	Staatsangehörigkeit ²)	Bezeichnung des religiösen Bekenntnisses	Mitglied der früheren NSDAP oder einer ihrer Gliederungen
17	Nov.	1907	Krefeld	[illegible]	jüdisch	—

2) Bei mehrfacher Staatsangehörigkeit sämtliche angeben, bei Staatenlosigkeit: staatenlos und frühere Staatsangehörigkeit.

§ 3 der Reichsmeldeordnung. Wer aus einer Wohnung auszieht, hat sich binnen drei Tage bei der Meldebehörde unter Angabe seiner neuen Wohnung, oder, wenn er noch keine neue Wohnung besitzt, unter Angabe seines Verbleibs abzumelden.

Anmeldung in Berlin-Pankow. Die Rückseite

seiner Herkunft, seiner Familie, seinen Leidensgefährten, seinem Schicksal?

Während seine Frau in der Aufbruchswelt des Ostens sofort Fuß gefaßt hatte – ihre Sprachkenntnisse waren begehrt, »sie saß an mehr Übersetzungsaufträgen, als sie schaffen konnte« –, ebneten sich die Dinge für ihn selbst nicht so schnell. Bereits einen Tag nach seiner Rückkehr hatte er sich im Zentralkomitee der SED gemeldet. Aber sein Mitgliedsantrag blieb unbeantwortet. Er mußte die bittere Erfahrung machen, daß er, der Kommunist, der aktive Widerstandskämpfer, nicht in die Partei aufgenommen wurde. Das Mißtrauen gegen den aus Israel heimkehrenden Westemigranten war groß. Hinzu kam jene, von Wilhelm Pieck persönlich getroffene Festlegung, dem Mann, der in der Widerstandsgruppe »Neu Beginnen« gearbeitet hatte, die SED zu verschließen. Nicht einmal als Fräser in der Weißenfelser Schuhfabrik wurde er mit offenen Armen empfangen. Man bot ihm dort zunächst eine Anstellung an; aber die Bestätigung blieb aus. So half er seiner Frau Ruth bei ihren Übersetzungsarbeiten der amerikanischen Protokolle des McCarthy-Ausschusses zur Untersuchung unamerikanischer Umtriebe. Die Befragungen zeigten vielfach deutlich einen antisemitischen Unterton. Auch dort also.

Ein Zufall war mit im Spiel, als Rudolf Hirsch endlich einen Kontakt zu der Redaktion der von der sowjetischen Militäradministration geleiteten »Täglichen Rundschau« erhielt. Er traf in Pankow eine Cousine, die aus der Moskauer Emigration heimgekehrt war und als Sekretärin des Chefredakteurs der »Täglichen Rundschau« arbeitete. Sie hatte den leitenden Redakteur für Außenpolitik auf ihn aufmerksam gemacht. Rudolf Hirsch erhielt eine Einladung zu einem Gespräch. Die Geschicke dieser Zeitung wurden in der Anfangszeit weitgehend von den überwiegend jüdischen Kulturoffizieren bestimmt, die eine enge Beziehung zur deutschen Kultur hatten und eine Vielzahl leistungskräftiger ostdeutscher Intellektueller in ihre Arbeit einbezogen. Später, als der Kalte Krieg die Politik dominierte, verschwanden diese Offiziere ebenso von der ostdeutschen Bildfläche wie jenseits der Elbe die kompetenten amerikanischen Kulturoffiziere abgezogen wurden.

Leutnant Stefan Doernberg vom Ressort Außenpolitik beauftragte ihn, einen Artikel über die Situation in Israel zu schreiben. Damit war eine Arbeitsmöglichkeit geebnet. Sehr bald landete Rudolf Hirsch beim Ressortleiter der Lokalabteilung und begann, Gerichtsreportagen zu schreiben. Auf diese Weise wollte Rudolf Hirsch die Verhältnisse in dem ihm fremd gewordenen Land studieren. Und da er sich bereits in der Emigration an einem Kriminalroman versucht hatte, dessen Manuskript bei seiner Rückkehr im Gepäck war, meinte er, auf diesem Gebiet durchaus etwas leisten zu können. Ob er wohl ahnte, daß diese Tätigkeit sehr bald sein Markenzeichen werden würde?

Sehr schnell wurde Rudolf Hirsch in den Kreis der Berliner Reporter aufgenommen. Es hatte sich eine Art von Arbeitsteilung unter den Reportern von Ost und West herausgebildet. Ging ein Reporter in den einen Prozeß, saß ein anderer in einem anderen Prozeß. Danach traf man sich in den Kantinen der Gerichte, mal im Ostteil, mal im Westteil Berlins. Dort tauschte man sich aus. Häufig übernahm dann ein Reporter, der – etwa weil ein Zeuge nicht erschien – in einen »geplatzten« Prozeßtermin geraten war, den interessanteren Bericht seines Kollegen. Das betraf sowohl West- als auch Ostkollegen. Auch der Reporter der »Täglichen Rundschau« war anfangs auf eine solche Methode angewiesen, denn die Redaktion verlangte für jeden Tag einen Gerichtsbericht. Außer montags. Später erschienen die Tageszeitungen auch am Montag. Nun mußte auch für die »Rundschau am Montag« ein Bericht her. Woher sollte Rudolf Hirsch aber die Verhandlung für die Montagsausgabe nehmen? Diese Zwangslage brachte ihn dazu, die Hilfe der Kollegen in Anspruch zu nehmen.

Unter den Berliner Reportern befanden sich aber nun auch ein paar besonders phantasiebegabte Kollegen, die sich in jeder Situation zu helfen wußten. Zu Weihnachten beispielsweise brauchte man immer eine besondere Weihnachtsgeschichte. Also erfanden sie einen Schwindler, der sich in den Mantel eines Weihnachtsmannes hüllte und dann in irgendwelchen Läden und Kaufhäusern Waren »mitgehen« ließ. Nach anfänglichem Spaß wurde es immer mehr Usus, erfundene Geschichten sowohl in Ost- als auch in Westzeitungen zu drucken. Die Leser blieben davon überzeugt, daß alle diese Fälle tatsächlich stattgefunden hatten. Rudolf Hirsch, zu manchem Spaß geneigt, beteiligte sich gern an der Konstruktion solcher besonders originellen und sich in Ost und West besonderer Beliebtheit erfreuenden, nur leider pur erfundenen Gerichtsfälle. Aber als Reporter der »Täglichen Rundschau« hat er seiner Redaktion die Ergebnisse dieses Spiels nicht angeboten. Er hat es durchgehalten. Einmal allerdings wurde er »geleimt«. Nachdem die »Tägliche Rundschau« einen Beitrag abgedruckt hatte, den Hirsch von einem Kollegen erzählt bekam, bekannte sich der Kollege dazu: »Einmal, Rudolf, wollten wir dich reinlegen! Es ist gelungen.« Rudolf Hirsch war klar, daß dies, würde es in der »Täglichen Rundschau« ruchbar werden, übelste Konsequenzen für ihn nach sich ziehen würde.

Wenige Wochen, nachdem Rudolf Hirsch seine Tätigkeit als Gerichtsreporter aufgenommen hatte, erteilte ihm die Redaktion den Auftrag, vom Prozeß über die Köpenicker Blutwoche zu berichten, der am 5. Juni 1950 vor dem (Ost) Berliner Landgericht eröffnet wurde und am 19. Juli 1950 endete. 32 ehemalige SA-Leute waren wegen Mordes angeklagt. Es wurden noch einhundertsiebzig Beschuldigte der SA-Schlägertruppen gesucht, sie waren untergetaucht, hatten sich der Verurteilung entzogen. Sie alle waren im Juni 1933 in die Wohnungen von Köpenicker Kommunisten, Sozialdemokraten sowie christlichen und parteilosen Antifaschisten eingedrungen, hatten alles verwüstet und die Opfer in ihre Sturmlokale verschleppt, wo sie brutal gequält und ermordet wurden. Die verstümmelten Leichen wurden von den Schlägertrupps in Säcke genäht und in die Dahme geworfen. Andere Verfolgte wurden im Schmöckwitzer Wald erhängt. Schon bei der Feststellung der Personalien fiel Rudolf Hirsch der überaus scharfe Ton des Präsidenten auf. Er wandte sich am Ende des ersten Verhandlungstages an den Pressereferenten und erklärte ihm, daß er nicht verstehe, warum der Präsident bei seinen Fragen nach den Personalien einen solch scharfen Ton gebraucht. »Wir vertreten doch die beste Sache der Welt!« Am nächsten Verhandlungstag kannte er den Präsidenten kaum wieder. Er bediente sich eines normalen Tons, fast zu liebenswürdig. Und am Ende des zweiten Verhandlungstages kam der Präsident auf den Reporter der »Täglichen Rundschau« zu. »Ist die Presse jetzt zufrieden?« Für ihn war Rudolf Hirsch also kein gewöhnlicher Reporter, sondern ein Vertreter der Sowjetmacht. Rudolf Hirsch war nicht stolz auf die plötzlich erworbene Autorität, er schämte sich für den deutschen Untertan, den Präsidenten des Berliner Landgerichts. Hier kam eine Grundhaltung des heimgekehrten Antifaschisten zum Ausdruck, die seine gesamte Tätigkeit als Gerichtsreporter bestimmte. Er, der kritische Beobachter, wünschte, daß sich das Leben in dem von ihm gewählten Teil des geteilten Landes bei allen Schwierigkeiten und Entbehrungen fortan menschlich gestalten möge.

In der Berichterstattung über den Prozeß um die Köpenikker Blutwoche erwarb sich der von den Nazis als Jude und Kommunist doppelt verwerflich betrachtete Antifaschist, den man durch ganz Europa gehetzt, der aber den Widerstand gegen das Naziregime niemals aufgegeben hatte, das Rüstzeug für seine leidenschaftliche Arbeit als Chronist der zahlreichen Prozesse in Deutschland gegen die Nazischergen. Hier spürte er seine Verpflichtung. Dafür hatte er überlebt. Diese jahrzehntelange, seismographische Chronistenpflicht meinte er seinen jüdischen Leidensgefährten und seinen tapferen Genossen schuldig zu sein.

Die Atmosphäre in der Redaktion veränderte sich zusehends; Mitarbeiter, die ihm eine Chance gegeben hatten, obgleich sie doch wußten, daß ihm die Aufnahme in die SED wegen übler Verdächtigungen versagt geblieben war, verschwanden aus der Redaktion. Niemand erfuhr warum und wohin. So kam dem Gerichtsreporter die Diskussion darüber, ob eine sowjetische Zeitung, nachdem der DDR der Status eines souveränen Staates übertragen worden war, noch in einer besonderen Kolumne das Rechtsgebaren des jungen DDR-Staates kritisch beschreiben dürfe, gerade recht. Unkritisch wollte er den Rechtsprozeß in der DDR nicht begleiten. So kündigte Rudolf Hirsch Ende 1953 der Redaktion. Dieser Zeitpunkt fiel mit der Umorientierung der Politik in der DDR nach Stalins Tod und der Verkündung eines sogenannten »Neuen Kurses« nach den Ereignissen des 17. Juni 1953 zusammen, der die Rücknahme allzu überzogener Schritte beim »Aufbau des Sozialismus« durch die SED-Führung bedeutete. Zu den Maßnahmen des »Neuen Kurses« gehörte auch das Erscheinen einer Zeitschrift, die sich an der 1927 gegründeten »Grünen Post« orientieren sollte. Diese »Sonntagszeitung für Stadt und Land« hatte es sehr schnell zu einer Millionenauflage gebracht, war aber 1934, nach dem Abdruck eines offenen Briefes aus der Feder des Hauptschriftleiters Ehm Welk an den Propagandaminister Goebbels, »Herr Reichsminister auf ein Wort, bitte!«, für drei Monate verboten worden und fristete

Rudolf Hirsch in Berlin, 1952

danach bis 1944 ein unwesentliches Dasein. Ehm Welk war 1934 für Monate in das KZ Oranienburg eingeliefert worden. Die erste Probenummer, die Nummer 0 des nun neugeschaffenen Periodikums, das sich den Titel »Wochenpost« gab, erschien kurz vor Weihnachten 1953. Auf der Rückseite dieser allerersten Ausgabe der »Wochenpost« stand ein Gerichtsbericht von Rudolf Hirsch, »Als Zeuge in dieser Sache«, der von nun an bis 1981 die Zeitung zierte; der »Leitartikel des kleinen Mannes«, wie er sehr bald genannt wurde, der Beitrag, um dessentwillen viele Leser diese Zeitung überhaupt kauften und den sie stets als erstes lasen.

In der »Wochenpost« formte Rudolf Hirsch seine Gerichtsreportagen weiter aus. Er blieb nicht der bloße Reporter. Seine Berichte wurden zu echten Kurzgeschichten. Auf engem Raum skizzierte er die Agierenden der Gerichtsverhandlungen. Immer deutlicher wurde dem Reporter, daß er sich mit seiner Tätigkeit die Möglichkeit geschaffen hatte, über wirkliche Konflikte zu schreiben, Konflikte des Alltags zumeist. Es lag in der Natur der Sache, sich in einer Gerichtsreportage mit Menschen zu befassen, die mit den Gesetzen in Konflikt geraten waren. Loblieder waren nicht zu erbringen. Die damals bis zur Ermüdung geführten Diskussionen über nichtantagonistische Konflikte, über das Typische, über revolutionäre Romantik mußten Rudolf Hirsch nicht belasten. Er schrieb seine konfliktgeladenen Gerichtsfälle und gab so ein lebendiges

Bild der Alltagsprobleme von Menschen im Osten. Oftmals wurde er der Sachwalter der Angeklagten, erwirkte die Revision. Zuweilen ließ er Angeklagte, meist jugendliche Täter, nicht aus dem Blickwinkel und half ihnen, die Bewährung durchzustehen und nach verbüßter Strafe schneller ins zivile Leben zurückzufinden. Auf dem langen Weg durch die Gerichtssäle sind dem Reporter aber nicht nur die Angeklagten, die Straftäter begegnet. Gern erzählte er von wunderbaren Menschen, die ihm zu Weggefährten wurden. Er lernte die Jugendrichterin Elisabeth Samain vom Stadtbezirksgericht Prenzlauer Berg kennen, die als Tochter eines sorbischen Windmüllers in den zwanziger Jahren nach Berlin gekommen war. Als Dienstmädchen war sie bei dem Ingenieur Georg Klingenberg angestellt, nach dem das Rummelsburger Kraftwerk benannt wurde. Ihre Schulbildung war bescheiden, ihre Herzensbildung aber groß. Und groß war auch ihre Güte und Menschlichkeit. Sie wurde Kommunistin, rettete in der Nazizeit unter Einsatz ihres Lebens jüdische Kinder vor dem Gastod. Sie half Mitgliedern der Roten Kapelle, darunter der Lebensgefährtin von Walter Küchenmeister, bei der Beschaffung illegaler Quartiere. Nach dem Krieg wurde sie zunächst gemeinsam mit dem Schriftsteller Günter Weisenborn als Bürgermeisterin eines kleinen Ortes in der Nähe von Luckau eingesetzt. Aber sie wollte Jugendrichterin werden. Als Richterin verurteilte sie gestrauchelte Jugendliche zu gerechten Strafen und nahm sie dann an Kindes Statt bei sich auf. Als sie bereits in einem Feierabendheim lebte, wurde sie noch immer von ›ihren‹ Angeklagten, denen sie einen Weg ins Leben gewiesen hatte, besucht. In ihrer Bescheidenheit hatte sie nicht dagegen aufbegehrt, daß man sie in diesem Heim in einem kleinen Raum mit einer zweiten Rentnerin untergebracht hatte. Die Mitbewohnerin teilte den kleinen Tisch durch einen Kreidestrich, um ihren Besitzanteil deutlich zu machen. Rudolf Hirsch setzte sich dafür ein, daß diese Frau, die sich nicht als Verfolgte des Naziregimes gemeldet hatte, um nicht als etwas Besonderes zu erscheinen, eine ordentliche Rente erhielt und nahm sie solange in seine Wohnung auf, bis man ihr eine angemessene Unterkunft im Feierabendheim zuerkannte. Später widmeten sich einige Schriftstellerinnen der Geschichte dieser außergewöhnlichen Frau. Inge von Wangenheim schrieb den Roman »Einer Mutter Sohn«, und auch Elfriede Brüning hat mehrmals über sie berichtet.

Klaus Polkehn hat in seinem »Wochenpost«-Buch darauf hingewiesen, daß sich »Rudolf Hirschs Popularität ... nicht allein und vielleicht auch nicht vorrangig aus der Lesbarkeit seiner Artikel, aus dem allgemeinen Interesse an Missetat und -tätern, sondern zu einem guten Teil aus der Unabhängigkeit des Urteils« speiste. »Wo es ihm nötig erschien, artikulierte er eben sein Unverständnis für den Antrag eines Staatsanwalts oder ein Urteil.« Voraussetzung für ein solches Verhalten, für das Durchstehen der damit verbundenen Schwierigkeiten und Auseinandersetzungen war eine Persönlichkeit, wie Rudolf Hirsch sie verkörperte. Dahinter stand die Erfahrung eines schicksalsschweren Lebens, die Schule des Nicht-Aufgebens, die Stärke eines Charakters, der immer auf Gerechtigkeit zielt, der den Menschen zugetan ist, mit leisen Tönen zu überzeugen versucht, der sein ganzes Wissen aus Literatur und Leben einbringt, oft mit feiner Ironie, immer voll engagiert. In die Möglichkeiten und Schwierigkeiten der Gerichtsreportage ist er erst allmählich eingedrungen. Das ganze Ausmaß der Verantwortung war ihm im vorhinein nicht klar.

Freilich, er hatte ein großes Vorbild. Es war Paul Schlesinger (1879–1928), der unter dem Pseudonym Sling in den Weimarer Jahren die fortschrittliche Gerichtsreportage begründete. Auch Sling hatte nie Jura studiert, war aber voller Sachkenntnis und sicherem Urteil. In seiner Laudatio auf den Heinrich-Heine-Preisträger des Jahres 1980 zitierte Rudolf Hirschs »Stallgefährte« aus der »Wochenpost«, Heinz Knobloch, die Personenbeschreibung Slings: »Eine kurze, gedrungene Gestalt, etwas behäbig, mit sehr breiten, massiven Schultern, so ging er mit kleinen Schritten durch den Alltag. Was an ihm auffiel, war der Kopf, nein, man muß schon sagen: sein Haupt!«

Und Knobloch fügte hinzu: »Klingt das nicht, als sei die Rede von jemand, den wir kennen?« – Hirsch wußte natürlich, daß Sling in der »Vossischen Zeitung« ständig die Richter und bestehenden Verhältnisse kritisiert hatte. Aber welche Dimension ein solches Tun in der DDR haben würde, war ihm nicht bewußt. Er konnte nicht wissen, mit welchen Schwierigkeiten er zu kämpfen haben würde, um seine Forderung einer kritischen Gerichtsberichterstattung durchzusetzen. So wie andere war Rudolf Hirsch anfangs voller Hoffnung auf eine gedeihliche Entwicklung; auch er war von der Aufbruchstimmung erfaßt. In seinem Vorwort zur ersten Sammlung seiner Gerichtsreportagen faßte er den Sinn seines Tuns zusammen: »Die Scheu vor der eigenen Verantwortung, das schematische Erledigen eines Falles nach dem Muster einer scheinbar analogen Entscheidung, das sind menschliche Unzulänglichkeiten, die in jeder Verwaltungsarbeit – also auch in der Justiz – auftreten. Der Kampf gegen die Routine in der Rechtsprechung ist ein Kleinkrieg, den jeder Richter und jeder Staatsanwalt unserer sozialistischen Ordnung täglich mit sich selbst führt und führen muß. Hier muß ihnen eine Kritik helfen, denn die Arbeit unserer Justizorgane ist eine Verwaltungsarbeit besonderer Art, sie entscheidet über Schicksale von Menschen.« Der Gerichtsreporter Rudolf Hirsch wurde in seinem Lande zur Institution. Aber die Widerstände durch den Generalstaatsanwalt, die Präsidentin des Obersten Gerichts ließen nicht lange auf sich warten. Auch für ihn gab es Grenzen. »So weit sich Rudolf Hirsch auch immer wieder vorwagte, so sehr er gegen den Stachel löckte, auch er mußte sich einigen Tabus unterwerfen. Dazu gehörten die politischen Prozesse, beispielsweise die Verfahren wegen versuchter Republikflucht. Aber bei dergleichen Prozessen war ohnehin die Öffentlichkeit ausgesperrt. Wo das Ministerium für Staatssicherheit die Prozeßregie führte, war ein Rudolf Hirsch nicht erwünscht.« (Klaus Polkehn)

Das Interesse der Leser seiner Gerichtsreportagen war so groß, daß man sie sehr bald in zahlreichen Auswahlbänden

»Die Wochenpost« vom 21. Dezember 1963

Zehn Jahre schreibe ich, und Sie – hoffentlich – lesen auch jede Woche an dieser Stelle meine kleine Geschichte von den Taten und Untaten anderer Leute, von Schuld und Strafe, und zehn Jahre lang sehen Sie Richter und Gerichtete, Ankläger und Angeklagte, Urteile und Beurteilungen durch meine Augen.

Wie ich dazu gekommen bin, wollen manche Leute wissen. Es begann an einem Sonnabend vor zwanzig Jahren, im Jahre 1943, als niemand etwas von der Existenz einer „Wochenpost" ahnte. Da fuhr ich mit einem Freund von Tel-Aviv nach Jerusalem. Wir waren in einer kleinen Gruppe deutscher Antifaschisten, die sich vorgenommen hatten, nach dem Krieg in Deutschland für ein besseres Deutschland zu wirken. Von Tel-Aviv fuhren wir

Auf einem Vortrag, den ich in den ersten Tagen in Berlin hörte, sprach Anna Seghers über junge Schriftsteller. Sie sagte damals, ein Neuling auf dem Gebiet der Literatur sollte es nicht mit einem großen Roman versuchen, er könne sich erst einmal auf dem Gebiet der Reportage betätigen. Das fand ich einleuchtend, und zufällig traf ich auf der Straße eine Cousine; ich hatte sie vielleicht zwanzig Jahre nicht gesehen, sie war bei der „Täglichen Rundschau" beschäftigt. Und sie fragte ich, ob dort nicht vielleicht ein Gerichtsreporter gesucht würde, ich wolle mir Stoff für einen deutschen Kriminalroman besorgen und die neuen Verhältnisse erst einmal studieren.

Zufällig suchte die „Tägliche Rundschau" gerade einen Gerichtsreporter. Ich begann zu

Wie der Zeuge in einem arabischen Bus erzeugt wurde

nach Jerusalem, der hochgebauten Stadt – nein, wir gingen zu Fuß erst vom jüdischen Tel-Aviv in die arabische Schwester- oder, besser gesagt, Mutterstadt Jaffa; denn am Sonnabend oder Sabbath fährt aus religiösen Gründen kein „jüdischer" Autobus. Wir mußten mit dem arabischen Bus von Jaffa fahren. Auf dieser Fahrt sprach mein Freund, ein begeisterter Leser der Kriminalliteratur, von einem Kriminalroman, der antifaschistische Tendenzen zeigt, und er meinte, so etwas müßten wir auch einmal machen.

Ich war damals als Schnitt- und Absatzfräser in einer kleinen Sandalenfabrik tätig, und während des Winters, der sich dort durch Dauerregen bemerkbar macht, schloß mein Fabrikant die Bude. Ich hatte also keine Arbeit, ich setzte mich hin und schrieb. Und als ich nach vielen, vielen Jahren endlich im Jahre 1949 nach Deutschland zurückkam, hatte ich das Manuskript eines Kriminalromans bei mir, „Das gefälschte Logbuch"; er erschien im Jahre 1950 im Mitteldeutschen Verlag.

Rudolf Hirsch

verschiedener Verlage nachlesen konnte. Als 1958 der erste dieser Sammelbände erschien, schrieb Arnold Zweig in der »Jungen Welt«: »In unserer jungen Literatur hat man, wie mir scheint, noch immer nicht die nötige Achtung vor der kleinen Form, sofern sie nicht als Gedicht auftritt. Diese kleine Form aber, mit der ganzen Wachheit einer schriftstellerischen Begabung durchgestaltet, verrät Wert und Gewicht eines Autors ganz so wie das Gedicht ... Ein Musterbeispiel möchte ich heute den jugendlichen Lesern vorführen – gerade ich, als Verfasser umfangreicher Romane. Es handelt sich um den Schriftsteller Rudolf Hirsch und seine Reportagen aus dem Alltag unserer Gerichte ... Jeder Satz, jeder kurze Bericht prägt sich dem Leser ein ... Rudolf Hirsch liebt unsere Gegenwart. Und seine Liebe durchleuchtet seine Prosa, ohne jede Sentimentalität, voll wahren Sehens, mit jener Frische, die Werktag und Wirklichkeit bejaht. Seinen stillen Humor würde ich gelegentlich manchem unserer Erzähler wünschen ...«

Das führt uns direkt zu dem *Schriftsteller* Rudolf Hirsch. Der Kriminalroman, den er bereits im Rückkehrgepäck hatte, »Das gefälschte Logbuch«, erschien 1956, nachdem es zunächst im Dietz Verlag, aber auch in anderen Verlagen gelegen hatte, im Mitteldeutschen Verlag Halle. Es blieb der einzige Kriminalroman, den Rudolf Hirsch schrieb. Gewiß nicht sein wichtigstes Buch. Es war in Wintermonaten seines Exils in Palästina entstanden, wenn der Sandalenfabrikbesitzer, bei dem er angestellt war, sein Geschäft schloß und der Exilant arbeitslos wurde. Natürlich ahnte er nicht, daß das, was er da in seiner Tel Aviver Wohnung betrieb, auf sein zukünftiges Leben wies. Aber ein Talent muß ja durchgeschienen haben. Wie anders soll man sich erklären, daß Arnold Zweig sehr angetan war, als ihm Rudolf Hirschs damalige Frau Ruth in der Schloßgutvilla aus dem Manuskript dieses Kriminalromans vorlas, der im Vorderen Orient spielt. Am meisten habe Arnold Zweig imponiert, daß der Autor dem Meister der erzählenden Kunst nie etwas von seinem literarischen Versuch erzählt habe. Dazu wäre doch in den acht Jahren des gemeinsamen Exils viel Zeit gewesen. »Acht Jahre verschweigen, was man wirklich ist, diese Leistung soll mir erst mal ein bei uns tätiger Kollege vormachen. Erst diese Tatsache verleiht Rudolf Hirschs Person das volle Gewicht.«

Etwas anders stand es schon mit dem zweiten erzählerischen Versuch Rudolf Hirschs, dem bereits 1955 in der Reihe »Spannend erzählt« des Jugendbuchverlages erschienenen Abenteuerroman »Herrn Louisides bittere Mandeln«. Dafür erhielt er einen Preis des Ministeriums für Kultur. Das Buch spielt im Jahre 1944; es führt den Leser an die Küsten des östlichen

Mittelmeeres, nach Kairo und in die Berglandschaft des Peloponnes, in denen griechische Partisanen mutig gegen mörderische Eindringlinge kämpfen.

1955 trennten sich Ruth und Rudolf Hirsch. In seinem Roman »Die arische Jüdin« findet sich eine Passage, die auf die besondere Beziehung der beiden schließen läßt. 1939 nach Tel Aviv gekommen, suchte Georg Samson alias Rudolf Hirsch seine Freundin Ellen auf, die bereits einige Jahre vor ihm hier angekommen war. »Und nach wenigen Tagen wußten wir: Es ist für jeden von uns das Beste, zusammenzubleiben. Doch ganz leise ahnten wir, die ganz große Liebe war es nicht, wir fanden uns gegenseitig sympathisch. Und es war noch etwas mehr, begehrenswert. Jeder hatte schon seine Erfahrungen mit anderen Partnern gehabt. Und jeder war von der Aufrichtigkeit des anderen überzeugt.« Natürlich ist diese Beschreibung nicht pur auf das Leben von Ruth und Rudolf zu übertragen, aber sie korrespondiert doch sehr mit dem sensibleren Text der Autobiographie: »Manchmal schien uns der Alltag zu erdrükken. Und vielleicht hatte uns bald die Sehnsucht und auch die Liebe verlassen. Aber wir mochten uns noch immer und kamen schließlich gut miteinander aus. Wir lernten, uns zu respektieren.«

Im gleichen Jahr 1955, sein erstes Buch war erschienen, wurde Rudolf Hirsch in den Schriftstellerverband aufgenommen. Anna Seghers, der der Antrag vorgelegt wurde, notierte darauf kurz: »Ja, A. S. Ist er noch Gerichtsreporter?« Das blieb sein Gütezeichen. Noch immer versagte man ihm die Mitgliedschaft in der SED. So beteiligte er sich nun aktiv an der Arbeit des Verbandes, ohne dort je ein Amt übertragen zu bekommen. Bis zum Ende der DDR war er ohne jegliche politische Funktion. Auch in anderen Gremien der Gesellschaft war für ihn kein Platz. Das war für einen politisch bewußt denkenden Menschen, einen Kommunisten wie Rudolf Hirsch in der DDR außergewöhnlich. Der über ihn verhängte, nie verhandelte, nie ausgesprochene Bann wirkte lange nach; er war noch wirksam, als man auf Drängen vieler Genossen endlich

Rosemarie Schuder-Hirsch

seine Mitgliedschaft seit 1931 anerkannte. Diesen Bann, den die eigenen Genossen über ihn verhängt hatten, wird er besonders schmerzhaft registriert haben. Er hat es schweigend ertragen. Darüber gesprochen hat er erst, als der Bann zumindest formal gebrochen war. Allerdings hat diese besondere Situation auch dazu geführt, daß er unabhängiger als andere war, daß er zuweilen nicht den gleichen Zwängen unterlag. Es war ihm bewußt. Er nutzte die daraus entstehenden Freiräume, suchte keine Festanstellung in der »Wochenpost«. Und sein langjähriger Chefredakteur Kurt Neheimer, dem er Freund und manchmal auch unerbittlicher Partner war, hatte oft für den starken Gerechtigkeitssinn seines Gerichtsreporters einzustehen.

1956 begegnete er auf dem Schriftstellerkongreß Rosemarie Schuder, die gerade mit ihrem Prosadebüt, dem historischen Roman »Der Ketzer von Naumburg«, Beachtung gefunden hatte. Es wurde ein Bündnis fürs Leben. 1958 heirateten die beiden und gründeten auch eine »geistige Gütergemeinschaft«: er, der Kommunist jüdischer Herkunft und sie, aus einem protestantischen Hause kommend. 1986 wird Rudolf Hirsch ein Vorwort zu dem Roman Rosemarie Schuders, »Die Erleuchteten«, über die Wiedertäufer von Münster schreiben. »Sicher ist es ungewöhnlich und vielleicht auch ungehörig, daß ein Mann das Buch seiner Frau einleitet und es auch noch zum Lesen empfiehlt, man schreibt nicht fürs eigene Haus«, wird es gleich zu Beginn heißen, aber dann wird er beschreiben, wie diese beiden Schriftsteller sich geistig ergänzten, wie sie zwar oftmals gemeinsam auf Recherchen-Reise gingen, was ja für das Hervorbringen von zahlreichen Renaissance-Romanen unabdingbar ist, wie dann aber getrennt gearbeitet wurde und der eine vom anderen dennoch manche Anregung empfing. Erst viel später, 1981, werden sie in gemeinsamer Arbeit ein Buch schreiben, »Der gelbe Fleck«.

In den Jahren nach 1956 widmete sich Rudolf Hirsch voll und ganz der Reportertätigkeit. Woche für Woche erschienen seine Gerichtsreportagen. Bis er sich 1981 mit 74 Jahren aus dieser Tätigkeit zurückzog, war er über 1 400 mal »Zeuge in dieser Sache«. Seine Reportage »Seltsame Rechnung« über einen Mann, dem es Freude machte, nach Feierabend fahruntüchtige Autos neu aufzubauen und der eigentlich nur deshalb bestraft wurde, veranlaßte Rudolf Hirsch, sein ganzes Mißbehagen deutlich zu machen. Das Urteil hatte ihn tief getroffen. Danach hat er nur noch über einen einzigen Fall berichtet, dann verstummte »Der Zeuge in dieser Sache«. Er kündigte seinen Vertrag »wegen eines zunehmenden Augenleidens«. Tag für Tag hatte er sich in die Gerichtssäle gesetzt, hatte er notiert und geschrieben. Und sich so seine hohe Kompetenz erworben. Heinz Knobloch hat es auf den Punkt gebracht: »Wenn eine Gerichtsverhandlung zu Ende geht, ist es jedesmal so, als ob der Vorsitzende mit einem Seitenblick auch den Mann mit dem Notizbuch streift, wenn er fragt: ›Nehmen *Sie* das Urteil an?‹« Daneben bereitete er die kontinuierlich erscheinenden Auswahlbände vor, insgesamt 17 an der Zahl. Man schaue sich die originellen Titel an (darunter »Rechtsbrecher – Rechtsprecher«, »Kleingärtner der Liebe«, »Wofür ein Hirsch seine Haut zu Markte tragen muß«), lese die pointierten Nachworte, um zu ermessen, wieviel Geist aus der Feder sprühte, welch Wissen eingebracht wurde und mit welch feiner Ironie dieser Publizist zu überzeugen wußte. »Wenn man kein Herz in der Brust hat, kann man nicht für die große Masse schreiben«, heißt es bei Heinrich Heine. Rudolf Hirsch war bei Heine in die Lehre gegangen. Zu keinem anderen

Rudolf Hirsch auf dem Rostocker Buchbasar, Juli 1971

Dichter hatte der Vielbelesene eine so tiefe Bindung wie zu Heine. Bereits als Kind hatte er des Dichters Fragment »Der Rabbi von Bacharach« mehrfach vorgelesen bekommen und oft auch selbst gelesen und sich später auch immer wieder neu damit beschäftigt. Er analysierte, daß der Schluß dieser Legende nicht, wie Heine es darlegte, verbrannt, sondern gar nicht geschrieben war, weil er nicht geschrieben werden konnte. Er flicht diese Überlegungen am Ende seines Romans »Patria Israel« ein. Auch in seiner »arischen Jüdin« taucht Heinrich Heine auf. Als die deutschen Expansionstruppen unter General Rommel, den man noch heute als ein Vorbild deutschen Soldatentums hinstellt, bis in die Wüste Afrikas vorstoßen, erinnert sich Rudolf Hirsch im nun ebenfalls bedrohten Palästina an Heinrich Heines Prophezeiungen über die deutschen »Naturphilosophen«, deren furchtbare Gedanken der Tat vorausgehen werden, »wie der Blitz dem Donner«. Dann werde es krachen, »wie es noch niemals in der Weltgeschichte gekracht hat ... und die Löwen in der fernsten Wüste Afrikas werden die Schwänze einkneifen und sich in ihren königlichen Höhlen verkriechen.« Er nennt ihn seinen »alten Freund

Heinrich Heine«, den »einzigen modernen Propheten, der etwas von der deutschen Ideologie verstand«.

Seinen alten Traum, doch noch einmal Einfluß zu nehmen auf die Schuhherstellung im Land seiner Rückkehr, hat Rudolf Hirsch niemals aufgegeben. Schließlich wußte er alles, was mit der Herstellung von Schuhen zusammenhing. Er hatte Maßschuhe entworfen und gefertigt, ja, er wußte mit allen Maschinen des Schuhhandwerks umzugehen. In der »Wochenpost« schrieb er sich 1959 seinen Frust über die ideenlose Schuhversorgung der DDR in einem Artikel, »Gestepptes, Gestanztes, Gezwicktes« von der Seele. »Wir stehen ein wenig resigniert vor den Schaufenstern. Manchmal siehst du einen hochmodernen Schuh dort; aber wenn du zufällig kein Geld in der Tasche hast ... Am nächsten Tage ist er weg ... Hat man keine Reserven an Leder und Zubehör, werden die Schuhfabriken diejenigen Schuhe überplanmäßig herstellen lassen, für die zufällig gerade Material da ist. Ob diese Schuhe von den Käufern verlangt werden, das weiß kein Mensch. Auch das Wetter und die Modelaunen richten sich nicht immer nach der Staatlichen Plankommission ... Gibt es einmal eine berechtigte Reklamation, müssen die Käufer bis zu sechs oder sieben Wochen warten, ehe der Schaden von dem Herstellerwerk beseitigt wird. Die Käufer haben das Geld ausgegeben, aber noch immer nichts an den Füßen. Gegenwärtig scheint jedenfalls in weiten Kreisen der Schuhindustrie unbekannt zu sein, daß es Menschen gibt, die sich Schuhe kaufen, um damit zu laufen.«

Am 20. Dezember 1963 begann in Frankfurt am Main der erste Auschwitz-Prozeß. Er endete nach 183 Prozeßtagen am 20. August 1965. Rudolf Hirsch wird zum Chronisten dieses Prozesses. Seine Berichte erregen Aufmerksamkeit aber nicht allein, weil er das Unfaßbare der Zeugenaussagen vermittelt, sondern weil er eben nicht bei der Wiedergabe des Protokolls verharrt, sondern hinter die Fassade leuchtet. Er ist sich gewiß, daß es diesen Prozeß 1963 in Frankfurt am Main nicht gegeben hätte, wäre nicht nach dem Eichmann-Prozeß in Jerusalem 1961 in der ganzen Welt die Frage gestellt worden: Wo sind

Verhandlungspause während des ersten Auschwitz-Prozesses in Frankfurt am Main.
Von links: Herbert Meyer (1913-1973), Rudolf Hirsch, Rechtsanwalt Friedrich Karl Kaul (1907-1981)

eigentlich die anderen geblieben? In Frankfurt erlebt er, daß man den turnusmäßigen Vorsitzenden des Schwurgerichts zum Rücktritt zwingt, weil seine Schwägerin Opfer der Nazis wurde. Er könne in seiner Voreingenommenheit den Angeklagten nicht zugemutet werden. Rudolf Hirsch berichtet, daß das danach eingesetzte Schwurgericht zunächst die drei SS-Ärzte, obwohl als Massenmörder angeklagt, von der Haft befreite. »Sie waren es, die auf der Rampe des Bahnhofs Auschwitz standen und mit einem Fingerzeig die Ankommenden nach rechts oder links wiesen – nach rechts, wenn sie ihnen noch kräftig genug erschienen, um für einige Wochen in der Buna-Fabrik des I.G.-Farben-Konzerns zu arbeiten; nach links, wenn es hieß: sofort entkleiden und sofort in die Gaskammer.« Hauptangeklagter sollte eigentlich der letzte Auschwitz-Kommandant Richard Baer sein. Man konnte seiner lange nicht habhaft werden, »ihn Baer, hatte der Bundestagsabgeordnete der CDU, Fürst von Bismarck, jahrelang auf seinem

Gut versteckt. Dann wurde er doch entdeckt und verstarb in der Untersuchungshaft im Juni 1963«. Die Vorgänge um diesen Prozeß ließen Rudolf Hirsch nicht ruhen. Gewissenhaft recherchierte er, was in der übrigen Berichterstattung über diesen Prozeß nicht zu lesen war. Mit seinen Reportagen wurde er der Anwalt aller Nazi-Verfolgten. 1965 hielt er vor Berliner Journalisten einen Vortrag über diesen ersten Auschwitz-Prozeß. Darin führte er auch aus, was ihn als ein Sohn Krefelds besonders betroffen gemacht hatte: »Ich erlebte am 13. März 1964, dem 26. Verhandlungstag, einen Zeugen, der mich persönlich sehr erschütterte, Helmut Bartsch, dreiundfünfzig Jahre alt, SS-Hauptsturmführer im Reichskriminalamt, einer Unterabteilung des Reichssicherheitshauptamtes. Er kam mit einer Sonderkommission in das Lager Auschwitz, um Korruptionsvergehen der SS-Führer zu untersuchen, Effektenunterschlagungen. Jetzt, bei seiner Aussage stotterte er sehr; von den Morden hatte er nichts gesehen, es war eben nicht sein Ressort, sagte er, es ging ihn nichts an. Er führte die Untersuchung bei seinen SS-Kameraden in der gleichen Manier, wie 1919 der Kriegsgerichtsrat Jorns seine Ermittlung bei den Mördern von Rosa Luxemburg und Karl Liebknecht. Jorns feierte mit seinen Kameraden, die das Morden verübten; genauso feierte dieser Ermittlungsbeamte, der SS-Hauptsturmführer und SS-Richter, Weihnachten mit seinen SS-Kameraden, die das Vergasen in Auschwitz verübten. Sie feierten gemeinsam ihr Weihnachten unter dem Geruch des Zyklon B. Und dieser Mann, Bartsch, dieser stotternde, jammervolle Kriminalbeamte, ist heute Kriminalhauptkommissar in meiner Heimatstadt Krefeld.« Nachdem der Bericht »Der Kriminalhauptkommissar von Krefeld« in der »Wochenpost« erschienen war, erfuhr Herr Bartsch eine mit seiner Beförderung verbundene Versetzung nach Düsseldorf.

Für Rudolf Hirsch ist es unbegreifbar, daß der Vorsitzende, Senatspräsident Hofmeyer, zwar bewegende Wort über das Leiden der Lagerinsassen, über den grauenvollen Tod der Millionen in Auschwitz fand, aber ausdrücklich in seiner

Urteilsdarlegung all die wichtigen Hintergründe ausklammerte, die in das Geschehen von Auschwitz hineingewirkt haben. Kein Wort über die Herren Ambros und Bütefisch, die in Auschwitz das ideale Gelände für ihre Buna-Fabrik entdeckten, kein Wort über die Vorarbeit, die Minsterialbürokratie und Wehrmachtsführung geleistet hatten. »Justiz und Wehrmacht«, so betonte der Senatspräsident, »waren – bis auf wenige Ausnahmen – zur Nazizeit integer.« Rudolf Hirsch recherchierte die Gründe für eine solche Erklärung: »Hier allerdings ist Hofmeyer befangen«, so steht es in seinem Bericht, »er diente selbst der verbrecherischen Naziclique als Oberstabsrichter bis zum Schluß.«

1965 war Rudolf Hirsch dann auch Berichterstatter eines Prozesses vor dem Obersten Gericht der DDR. Ein Landarzt namens Fischer war enttarnt worden, der zwanzig Jahre lang als praktischer Arzt vierteljährlich eintausendfünfhundert Patienten behandelt hatte, der aber von 1942–1945 als SS-Arzt in Auschwitz für die Selektionen an der Rampe und die Gaskammern verantwortlich war. Rudolf Hirschs Prozeßbericht erschütterte die Leser der »Wochenpost«. Es war möglich, daß auch 20 Jahre nach der Niederschlagung des Nationalsozialismus noch immer Massenmörder unter ihnen lebten.

Rudolf Hirsch findet keine Ruhe. Als 1966 der zweite Auschwitz-Prozeß vor dem Schwurgericht in Frankfurt am Main beginnt, ist er wieder der leidenschaftliche Berichterstatter. Er, dessen Mutter 1944 in Auschwitz sofort von der Rampe ins Gas geschickt wurde, sieht sich erneut den Mördern gegenüber, die dies bedenkenlos vollzogen haben. Aber er kann sich der selbstgestellten Verpflichtung nicht entziehen.

Am Rande des zweiten Auschwitz-Prozesses traf Rudolf Hirsch in Frankfurt am Main auf einen sehr liebenswürdigen, sehr routinierten weißhaarigen Amtsgerichtsdirektor, von dessen souveränen Verhandlungsführung er sehr angetan war. Rudolf Hirsch schenkte ihm sein Buch »Zeuge in Ost und West« und schrieb ihm eine freundliche Widmung hinein. Durch das anschließende Gespräch mit dem Amtsgerichtsdirektor aufmerksam geworden, nahm er nach seiner Rückkehr nach Berlin Einsicht in die Akten des nazistischen Sondergerichts in Frankfurt am Main und mußte feststellen, daß dieser Richter an einem Verfahren mitgewirkt hatte, das einen jungen Polen wegen eines Bagatelldiebstahls zu verschärftem Straflager verurteilt hatte, was den sicheren Tod bedeutete. »Ich hätte es wissen müssen, wem ich das Buch gewidmet habe. Ich hätte mißtrauisch sein müssen ... Ein so alter, routinierter und so erfahrener Richter muß eine Vergangenheit gehabt haben ... Das hätte ich prüfen müssen. Das bereue ich«, so steht es in seinem Bericht »Über das Schwarz-Weiß-Malen«.

Immer wieder verwandelte sich seine Berichterstattung über die Vergangenheit zu einer Auseinandersetzung mit der Gegenwart. Die Stunde Null, den Schlußstrich, hat es in Deutschland nicht gegeben. Diese Erkenntnis beließ den Gerichtsreporter in der Ruhelosigkeit. Als er sich aus dem Zwang der wöchentlichen Gerichtsreportage befreit hatte und die Arbeit in der »Wochenpost« aufgab, sprach er mit Recht davon, daß er sich nun »zur Unruhe setzt«. Die Arbeit, seine »Aufarbeitung« der Geschichte ging weiter. Rudolf Hirsch vermochte nicht zu ruhen.

Vor mir liegt ein Gutachten zu einem Buch, das 1966 mit einem Nachwort von Rudolf Hirsch im Berliner Union Verlag erschien. Das Buch enthält ein Romanfragment, einige Entwürfe und Skizzen aus den Jahren 1940 bis 1943, die nach der Befreiung Warschaus in den Bunkern des Ghettobezirks gefunden wurden. Nur zufällig hatten diese Seiten den Tod ihrer Verfasser und die Vernichtung des Ghettos überdauert. Das Ringelblum-Archiv in Warschau hatte diese Arbeiten in jiddischer Sprache veröffentlicht und bei dieser deutschen Ausgabe mitgewirkt. Aber nun war ein Gutachter, Dr. Dohle, aufgetreten, der auf vier Seiten »nachwies«, daß Rudolf Hirschs Vorwort für dieses Buch nicht erwünscht sei. Zunächst verwarf dieser Dr. Dohle den gesamten Aufbau des Vorworts und legte fest, wie »also wirklich ein Vorwort zu diesem Manuskript« auszusehen habe. Seite 1 bis 6 »sollte man streichen, weil sie die Geschichte der Juden in Deutschland von ihren Anfängen behandeln und insofern mit dem Manuskript überhaupt nichts zu tun haben«. Er schrieb vor, in Rubriken von a bis d, daß nur auf die polnischen Ereignisse eingegangen werden soll. Weiterhin solle »statt des Begriffes Nationalsozialisten stets der Begriff Faschisten« verwendet werden.Und, dies vor allem, Dr. Dohle belehrte Rudolf Hirsch über den Antisemitismus: »Der Antisemitismus hat zunächst nichts mit Zu- oder Abneigung gegen die Juden zu tun.« Das Phänomen sei hier zu psychologisch definiert. Es folgen noch neun andere Einwände. Etwa über das – wie er schreibt – »Grünspanattentat«. Der Zusammenhang zur SS könne nicht bewiesen werden. Und überhaupt sei es nicht angängig, den Judenhaß als Staatsdoktrin nach 1933 zu bezeichnen.

Aus dem Schreiben des Verlagsleiters Hubert Faensen an die Zensurstelle, die Hauptverwaltung Verlage und Buchhandlung im Ministerium für Kultur, geht nun hervor, daß Rudolf Hirsch »freilich nicht alle Einwände akzeptiert. Er meint, der Abriß der Geschichte der Juden in Deutschland bezweckt, vor allem jungen Lesern, die von diesen Dingen nie gehört haben, eine Einführung in die historische Problematik des Antisemitismus zu geben. Es soll daher unbedingt bleiben.« Und Faensen schrieb weiter: »Der Judenhaß war – das ist nicht zu bestreiten – wesentlicher Bestandteil der Staatsdoktrin nach 1933.« Also werden diese Passagen nicht geändert. »Die Ausführungen Hirschs zum Grynspan-Attentat stützen sich auf das Buch von F. K. Kaul, ›Der Fall des Herschel Grynspan, 1965, Dokumentation‹.« Die höfliche Formulierung des Verlegers, daß »freilich nicht alle Einwände akzeptiert« werden können, führte dazu, daß das Buch mit dem unveränderten Vorwort erschien.

1967 reiste Rudolf Hirsch bereits wieder zum Frankfurter Schwurgericht. Angeklagt waren die Verantwortlichen für die Mordaktion gegen geistig und körperlich Behinderte. Auch diese Mörder arbeiteten längst wieder als Rechtsanwalt in Köln, als Syndikus der Deutschen Werft in Hamburg oder, allerdings unter falschem Namen, als leitender Angestellter eines Werks in Bonn. Gegen eine geringe Kaution, die von diesen Herren leicht zu erbringen war, lebten sie auf freiem Fuß und hatten nur zwei- oder dreimal in der Woche an der Sitzung des Schwurgerichts teilzunehmen. Einer von ihnen »ist aus dem Prozeß ausgeschieden: Herzinfarkt. Er war den Aufregungen nicht mehr gewachsen. Die Erörterung der Ermordung von Geisteskranken, das war zuviel für das arme Herz.« – Die Erfahrungen des von den Nazis durch ganz Europa gehetzten Rudolf Hirsch mit der Art deutscher »Vergangenheitsbewältigung« ließen ihn nur noch intensiver zum Chronisten dieses Prozesses werden.

Immer wieder zurück zu seiner Rubrik »Als Zeuge in dieser Sache«, stieß er mehrfach auf Versuche, ihn, den Unbotmäßigen, zu disziplinieren. Hirsch blieb auch da hart. Im Oktober 1970 löckte er mit seinem Beitrag »Kaspar Hauser heute und des Lebens ernstes Fühlen« gegen den Stachel. Ein Jugendlicher, ohne Eltern in einem Heim erzogen, war straffällig geworden, und der Gerichtsreporter nutzt seinen Bericht zu einer kritischen Betrachtung der Gesellschaft. »Sicher, die Erzieher in den Kinderheimen geben sich die größte Mühe, sie haben alle Mittel. Aber Familienerziehung können sie nicht ersetzen, allzuoft müssen die Kinder die Heime wechseln, und in den Heimen wechseln die Erzieher und ihre Methoden.« Damit verstieß er gegen ein Tabu. Er stellte die sozialistische Erziehung in der DDR in Frage. Das rief die Volksbildungsministerin auf den Plan. »Wir haben jetzt eine fast fünfundzwanzigjährige Erfahrung mit Heimerziehung, ihre Ergebnisse liegen vor«, schloß Rudolf Hirsch seinen Artikel, »wir müßten sie einmal wissenschaftlich untersuchen.« Monate dauerten die Auseinandersetzungen im Berliner Verlag. Hirsch schrieb weiter seine Berichte. Neben begeisterten Leserbriefen erreichten den Gerichtsreporter zuweilen auch andere Zuschriften. Im Juli 1976 schrieb ihm eine Gabriele N. aus Hilbersdorf: »Wenn man die Gerichtsberichte liest, dann sollte man meinen, es gäbe bei uns nur kleine soziale Ganoven mit

Rudolf Hirsch signiert seine Bücher am Stand der »Wochenpost« auf dem Berliner Pressefest 1979.

sozialistischem Bewußtsein nach der Tat. Aber bei uns gibt es Mord, versuchten Selbstmord, Kindesmißhandlung, fahrlässige Tötung, Verletzung der Aufsichtspflicht, Republikflucht, Grenzzwischenfälle, Spionage, Schmuggel, Raub, Gefängnisflucht usw. Darf R. Hirsch da nicht in diesen Sachen Zeuge sein? Auch geraten nicht nur Asoziale auf die schiefe Bahn, sondern auch führende Persönlichkeiten, staatliche Leiter, Ärzte, Pädagogen, Politiker usw. Warum wird davon nicht berichtet?« Auch von dem einen oder anderen in diesem Brief aufgeführten Fall hat Rudolf Hirsch berichtet. Aber im Grunde waren hier seine Grenzen beschrieben. Er hat den Radius des Kreises so breit wie möglich gestreckt, zuweilen hat er über den möglichen Kreis hinaus agiert. Aber auch er war eingegrenzt in den Zwängen der Zeit.

Anfang der achtziger Jahre wandte sich Rudolf Hirsch noch einmal – bereits in den fünfziger Jahren hatte er Hörspiele und Feature für den Rundfunk geschrieben – der dramatischen Arbeit zu und schrieb eine Reihe von Fernsehspielen nach realen

Gerichtsfällen. In kurzer Folge wurden die Stücke »Engelsexisch«, »Der Löwenbiß«, »Um Heidemarie« und »Die betagte Nachtausgabe« gesendet. Aber dann griff der Pressechef beim Generalstaatsanwalt der DDR ein. Er monierte an dem Stück »Her mit dem neuen Leben«, daß die Umwelt der Zentralfigur »fast durchweg fragwürdig oder gar abstoßend gestaltet« sei. Und er forderte, da »das Stück hier und heute spielen soll, ... müßte es auch etwas von unserer heilen Welt widerspiegeln«. Hirsch reagierte promt: »Die heile Welt der DDR ist ein Stück Metaphysik, sie hat nichts in einem realistischen Fernsehspiel über die Praxis unserer Gerichte zu tun. Eine heile Welt vorgaukeln zu wollen ist unwissenschaftlich, unkünstlerisch und unmarxistisch«, schrieb er dem Fernsehen. Es kam nicht zu einer Inszenierung. Der Pressechef schrieb ein eigenes Stück, übernahm freizügig die von Rudolf Hirsch vorgegebene Rahmenhandlung und einiges mehr, änderte den Namen des Gerichtsreporters von Hirsch in Rehbein und tat erstaunt, als der eigentliche Autor sich nicht gefallen ließ, daß ein Pressechef der Generalstaatsanwaltschaft der DDR, der in etwa 60 Fernsehsendungen der Bevölkerung die Einhaltung der Gesetze und Verordnungen des Staates angemahnt hatte, sich selber nicht an das Urheberrecht halten zu müssen meint. Derselbe Mann unternahm es denn auch – nach 1989 sich flugs wendend – die ihm dienstlich anvertrauten Verfahrensakten im Prozeß gegen Erich Honecker in »hartes« Geld umzumünzen.

Noch zwei weitere Prozesse der »Vergangenheitsbewältigung« hat Rudolf Hirsch in den nächsten Jahren beobachtet. Er setzt sich den Spannungen aus, die ihm die Beschäftigung mit der leidvollen Geschichte bereiten, und bewegt die Leser seiner Berichte, sich den Bedrängnissen und Verpflichtungen der Geschichte zu stellen. Diese Tätigkeit füllte seine ganze Zeit aus, denn nie beließ er es bei dem in der Verhandlung Gehörten. Penibel recherchierte er das ganze Umfeld des Prozesses, studierte, wie die Gesellschaft reagierte, welche Medien berichteten – wie sehr das Interesse der Journalistenkollegen schwand. In seinen Berichten finden wir all dies seismographisch und zugleich pointiert widergespiegelt. Rudolf Hirsch knüpft an beste deutsche Traditionen literarischer Publizistik an; er baut nicht auf die Läuterung Unverbesserlicher, er rührt an das Gewissen und Verantwortungsgefühl seiner Leser.

Der Majdanek-Prozeß vor der 17. Großen Strafkammer des Landgerichts Düsseldorf begann am 26. November 1975; er dauerte länger als dreieinhalb Jahre. Angeklagt waren 16 Personen, ehemalige SS-Aufseherinnen und SS-Aufseher. Als einer der Verteidiger hat ein Rechtsanwalt Hermann Stolting II aus Frankfurt am Main Platz genommen. Rudolf Hirsch kannte ihn bereits vom Auschwitz-Prozeß. Während des Zweiten Weltkrieges war er ein enger Komplize der nun auf der Anklagebank Sitzenden. Im besetzten Polen als Staatsanwalt tätig, hatte er das »Polen-Strafrecht« gehandhabt. Wer durch »deutschfeindliche Gesinnung« oder wer nur als Bauer bei einer Schwarzschlachtung auffiel, gegen den beantragte Staatsanwalt Stolting II vor dem Sondergericht die Todesstrafe. »Dieser Mann kann heute Rechtsanwalt sein«, heißt es in Hirschs Bericht. »Er ist, wir wissen es, ein Tierfreund. Präsident aller Tierschutzverbände in der Bundesrepublik.« Rudolf Hirschs Berichte warfen nicht nur einen Schatten auf die deutsche Vergangenheit, sie durchleuchteten zugleich die damalige deutsche Gegenwart. Dabei weiß er zu differenzieren. Er hebt die gewissenhafte Prozeßführung des Vorsitzenden Richters, Günter Bogen, hervor, der sich bemüht, das sich hinschleppende Verfahren zu Ende zu bringen. Aber die SS-Bewacher leugnen hartnäckig, im Lager Majdanek etwas von den Unmenschlichkeiten gesehen, geschweige denn sie begangen zu haben.

Schließlich unterzog sich Rudolf Hirsch, nun schon älter als siebzig Jahre, der selbstgestellten Pflicht und fuhr in die Große Strafkammer des Landgerichts Köln zum Lischka-Prozeß. Der Prozeß begann im Oktober 1979 und endete nach 30 Verhandlungstagen im Februar 1980. Angeklagt waren der Gestapochef von Paris und seine beiden Gehilfen. Es ist immer wieder das gleiche. Der Prozeß deckte die fürchterlichsten Verbrechen der deutschen Besatzer in Frankreich auf. Jahrelang hatte der französische Rechtsanwalt Maître Serge Klarsfeld die Vorgänge recherchiert, die Verantwortlichen ausfindig gemacht und somit den Prozeß erzwungen. Rudolf Hirsch erlebte und beschrieb, wie eine ganze Anzahl von Tätern lediglich in den Zeugenstand gerufen wurden und gegen jegliche Beweislage ihre Unschuld beteuerten. Unter ihnen der Senatspräsident a. D. am Landessozialgericht Niedersachsen in Celle, Dr. Heinrich Illers – in Paris war der SS-Hauptsturmführer zeitweilig der Gestapochef und verantwortlich für die zahllosen Geiselerschießungen. Als er von dem Ehepaar Klarsfeld in Celle aufgespürt wurde, ließ er sich sofort pensionieren. Senatspräsident a. D. Dr. Illers verweigerte die Aussage, grüßte beim Hinausgehen seinen alten Chef, den Hauptangeklagten Lischka, verließ den Saal als freier Mann und zog sich auf seinen Ruhesitz nach Greetsiel zurück, einem idyllischen Dorf an der Nordseeküste. »Daß ein Gestapochef die schwer erklimmbare Leiter vom Richter bis zum Senatspräsidenten hinaufgeklettert ist in Celle, mit C geschrieben, wo er doch eigentlich in eine Zelle mit Z gehört, das ist wohl mehr als üblich«, lautet der bittere Kommentar von Rudolf Hirsch. Und er fügte noch einen Sarkasmus des Nebenklägers Prof. Kaul hinzu, der auf die an ihn gewandte, scherzhaft gemeinte Frage des Vorsitzenden Richters: »Sie hätten sicher gern gefragt, wie er Senatspräsident wurde«, geantwortet hat: »Keineswegs. Das ist ja üblich.« Die Erfahrungen dieser Prozesse ließen den Reporter Hirsch nicht ruhen. Er faßte sie in seinem, 1982 erstmals erschienenen, vielbeachteten Buch »Um die Endlösung« zusammen.

Nachdem Rudolf Hirsch 1981 seine Arbeit als Gerichtsreporter beendete, konnte er sich nun ganz der schriftstellerischen Arbeit widmen. Zunächst reifte ein autobiographisch intendierter Roman, der ein Novum in der DDR darstellte: »Patria Israel.« Der Palästina-Emigrant hatte das diffizile Problem des Zionismus in diesem Roman zu einem Zeitpunkt thematisiert, da die DDR-Führung an diesem Tabu-Bruch nicht interessiert war. Sie wollte die differenzierte kritische Haltung des Autors nicht gelten lassen; vor allem aber wünschte sie aus außenpolitischer Rücksichtnahme keine öffentliche Diskussion dieser Problematik. Rudolf Hirsch ließ sich von seinen Erfahrungen leiten. Er war von Kurt Neheimer, dem Chefredakteur der »Wochenpost«, zu dem Buch angeregt worden. Neheimer konnte 1940 als Fünfzehnjähriger auf einem der »Totenschiffe« nach Palästina entkommen, erlebte später in der britischen Armee die schweren Kämpfe in Nordafrika, Italien und Belgien, kehrte nach Deutschland zurück, wurde in der DDR zunächst Richter, dann – wie so viele Westemigranten – verdächtigt, ein englischer Spion zu sein, verlor er seine Funktionen, wurde rehabilitiert und ist schließlich als Journalist zu Ansehen gelangt. Auch die Graphikerin Lea Grundig, die den Untergang der »Patria« mit den jüdischen Flüchtlingen vor der palästinensischen Küste überlebt hatte, bestärkte Rudolf Hirsch, dieses Vorhaben zu realisieren. Als die Zensurstelle im Ministerium für Kultur harte Forderungen zu Veränderungen des Manuskripts erhob, weigerte sich der Autor, irgendwelche Zugeständnisse zu machen. Er sei nicht bereit, die »Zionisten einfach als Kapitalistenknechte zu kennzeichnen«. Am Ende seines Romans »Patria Israel« heißt es: »Das mit den eigenen Augen Gesehene prägt sich tiefer ein als das nur mit dem Verstand Erfaßte. Und mit den eigenen Augen sah ich: Seinen ursprünglichen Zweck konnte der Zionismus nicht erfüllen, er wollte dem Judenhaß oder dem modernen Antisemitismus etwas entgegensetzen, die Heimstatt für die verfolgten Juden, den Judenstaat.

Ich erkannte, der ursprüngliche Zweck konnte nicht erreicht werden, im Gegenteil, durch die Siedlungs- und Vertreibungspolitik wurden die großen arabischen Völker – selbst der Sprache nach Semiten – zu erbitterten Feinden des Staates Israel. Völker, die bisher einen Judenhaß nicht gekannt hatten.« Und er beschreibt weiter, wie ihm im Dezember 1948 von der Straße aus lange Zeit unverwandt ein Araber schweigend bei seiner Arbeit als Schuhfräser zuschaute. »War er es«, überlegt

Rudolf Hirsch, »der vor mir hier an dieser Maschine gestanden hatte? Nun aus seiner Werkstatt, dem Platz seiner Arbeit, vertrieben? Seiner Existenz beraubt? Auch durch mich verdrängt? Auch durch mich vertrieben, der ich selber ein Vertriebener war? Ein Deutscher, aus jüdischer Familie, von den Nazis aus seiner Heimat gejagt, macht er sich schuldig? Wird durch ihn ein palästinensischer Araber brotlos? Müssen die Vertriebenen Vertreiber werden? Die Verfolgten Verfolger? Die Augen des alten Arabers habe ich nie vergessen.«

Der Autor, der »mit eigenen Augen« gesehen hatte, war zu keinem Kompromiß bereit. Kurt Neheimer schrieb darauf ein Gutachten, das schließlich die Drucklegung ermöglichte. Er sagte damals entschieden: »Und wenn ich durch den Jordan waten müßte, ich will das Buch durchbringen. Es ist ja auch so: Rudolf Hirsch ist mein Freund. Ich habe nicht viele Freunde.«

Ein gemeinsames Schicksal führte die jüdischen Remigranten zusammen; sie hatten kaum eine Bindung zur Jüdischen Gemeinde, entstammten zumeist dem assimilierten jüdischen Bürgertum, sie gehörten den unterschiedlichsten politischen Gruppierungen an, waren aber stets solidarisch, wenn jemand von ihnen in Schwierigkeiten geriet. Und davon war niemand ausgenommen. 1953 hatten sie fast alle ihre Ämter verloren. In der neugegründeten »Wochenpost« fanden dann außer Rudolf Hirsch auch Gerhart und Hilde Eisler Unterschlupf, Kurt Neheimer kam später dazu. Rudolf Hirsch hatte erleben müssen, daß der von ihm besonders verehrte Romancier Arnold Zweig die Präsidentschaft der Akademie der Künste abgeben mußte, Jürgen Kuczinsky verlor seine Ämter. Viele von ihnen fanden sich bei mancherlei Gelegenheit im Hause von Rudolf Hirsch wieder. Irgend etwas verband sie. Das Wort »jüdische Identität« akzeptierten sie nicht. »Ich bin Deutscher und Kommunist, sonst nichts«, sagten die meisten von ihnen. Aber aus ihrer Kindheit trugen sie ein Wissen um die Geschichte des Judentums mit sich, das sie weiter beschäftigte. In der großen Bibliothek von Rudolf Hirsch stehen nicht nur das berühmte

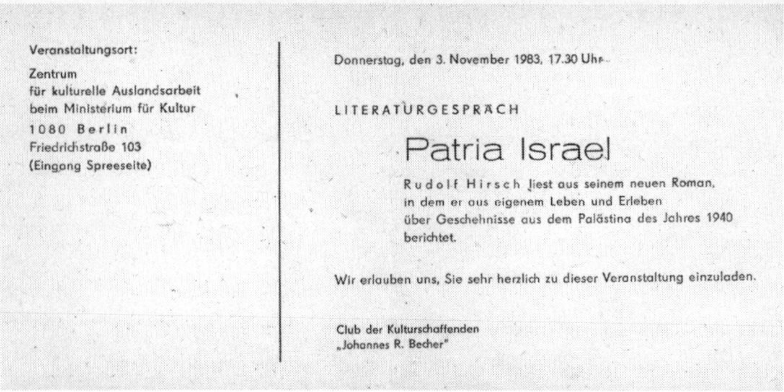

Veranstaltungsort:
Zentrum
für kulturelle Auslandsarbeit
beim Ministerium für Kultur
1080 Berlin
Friedrichstraße 103
(Eingang Spreeseite)

Donnerstag, den 3. November 1983, 17.30 Uhr

LITERATURGESPRÄCH

Patria Israel

Rudolf Hirsch liest aus seinem neuen Roman,
in dem er aus eigenem Leben und Erleben
über Geschehnisse aus dem Palästina des Jahres 1940
berichtet.

Wir erlauben uns, Sie sehr herzlich zu dieser Veranstaltung einzuladen.

Club der Kulturschaffenden
„Johannes R. Becher"

Einladung zum Literaturgespräch mit Rudolf Hirsch

fünfbändige jüdische Lexikon, sondern jiddische und hebräische Wörterbücher, auch Theodor Herzls Schriften und die Werke manch anderer jüdischer Theoretiker und nicht zuletzt der Talmud. Ein Besuch bei Rudolf Hirsch, ohne einige jiddische Witze gehört zu haben, war nicht denkbar. Wenn man ihm sagte, wie wunderbar er sie zu erzählen weiß, winkte er ab: »Da mußt du erst mal Jurek Becker hören!« – Und auch damit hatte er recht. Ich hatte oftmals das Vergnügen. Und als man in den achtziger Jahren begann, in der Oranienburger Straße in Berlin die Synagoge wiederaufzubauen, da war es Rudolf Hirsch – und nicht nur er –, der diesen Wiederaufbau mit einer großen Spende unterstützte. Sie alle lebten Verantwortung gegenüber ihren dahingemordeten Familien und Leidensgefährten. Das bestimmte ihr ganzes Leben.

Noch während die Verhandlungen um Druck oder Nichtdruck von »Patria Israel« liefen, begann Rudolf Hirsch gemeinsam mit seiner Frau Rosemarie Schuder die Vorarbeiten zu einem Werk, dessen Anfänge in das Jahr 1935 zurückreichen, als Rudolf Hirsch noch einmal nach Deutschland zurückgekehrt war, um in Deutschland selbst am illegalen Kampf gegen die Nazis teilzunehmen und sich der Widerstandsgruppe »Neu Beginnen« angeschlossen hatte. In den geheimen Zusammenkünften in Berlin begann man mit gemeinsamen

Untersuchungen über den Judenhaß in der deutschen Geschichte. Als er 1937 erneut fliehen mußte und schließlich nach Tel Aviv gelangte, hat ihn der Gedanke, die Arbeit an der Geschichte des Judenhasses in Deutschland weiterzuführen, nie verlassen. Nun, Anfang 1982, machte er sich gemeinsam mit seiner Frau an die Arbeit. Es sollte die erste Gemeinschaftsarbeit der längst auch in »geistiger Gütergemeinschaft« lebenden werden. Ihrem beruflichen Herkommen gemäß entstanden zahlreiche, einer genauen Konzeption folgende, Essays. Die Partner ergänzten sich. Rosemarie Schuder, vielfach erfolgreich mit Romanen über Renaissance-Gestalten hervorgetreten, wandte sich Martin Luther zu, Rudolf Hirsch forschte über Josef Süß Oppenheimer. Dabei beschäftigte ihn durchaus nicht nur das Aktenmaterial. Vielmehr hatte er noch immer die Antwort des SS-Rottenführers Stefan Baretzky im Ohr, der, im ersten Auschwitz-Prozeß nach der Schulungstätigkeit der SS befragt, anwortete, es seien ihnen Filme wie »Jud Süß« gezeigt worden. »Und wie haben die Häftlinge am nächsten Tag ausgesehen.« Als das Buch »Der gelbe Fleck – Wurzeln und Wirkungen des Judenhasses in der deutschen Geschichte« 1987 erschien, leitete es eine völlig neue Form der Auseinandersetzung mit dem Nationalsozialismus, insbesondere mit dem Antisemitismus, ein. Bis 1990 wurden allein in der DDR 93 000 Exemplare verkauft, die Autoren wurden zu mehr als 100 Lesungen eingeladen. Bisher hatten die Bücher über den aktiven Widerstandskampf dominiert. Das millionenfache Leiden vornehmlich der Juden hatte in der Öffentlichkeitsarbeit keine Priorität. Man kann nicht sagen – wie das zuweilen heute aus propagandistischen Gründen getan wird –, daß diese Thematik tabu war, als hätte es solche hervorragenden Kunstwerke wie »Ehe im Schatten«, »Die letzte Etappe«, »Jakob der Lügner«, »Die Bilder des Zeugen Schattmann« oder gar Victor Klemperers »LTI« und die Arbeit von Kurt Pätzold, »Verfolgung, Vertreibung, Vernichtung«, nicht gegeben, als hätten sie nicht Millionen Menschen aufgewühlt. Aber die Orientierung ging in eine andere Richtung.

Das Erscheinen des Buches stieß auch in ein dafür günstiges politisches Klima. Gerade hatte man begonnen, die verwilderten jüdischen Friedhöfe in freiwilligen Arbeitsstunden wieder herzurichten, es entstand eine Stiftung zum Wiederaufbau der Berliner Synagoge, die Arbeit der Jüdischen Gemeinde wurde stärker in das gesellschaftliche Leben einbezogen. Das Drängen zahlreicher kritischer Kräfte ging einher mit dem immer deutlicheren Wunsch der Führung des Landes, die Beziehungen zu den USA auf eine neue Stufe zu stellen. Das – so wußte man – war aber nur möglich, wenn man die Politik gegenüber dem Staate Israel revidierte und die einseitige antizionistische Haltung aufgab. Und dies wiederum zog innenpolitische Veränderungen nach sich. In dieser Zeit tauchten auch allenthalben neue Begriffe auf, die vorher in den Medien nicht anzutreffen waren, beispielsweise der Begriff der »Identität«.

Nun hätte man meinen können, daß das Lebenswerk des nimmermüden Antifaschisten abgerundet, daß das, was er bei

Der Schriftsteller in seinem Arbeitszimmer, Dezember 1982

seinem Ausscheiden aus der »Wochenpost« noch in den Begriff »zur Unruhe gesetzt« gefaßt hatte, inzwischen eingelöst sei. Doch der Zweiundachtzigjährige ruht noch immer nicht. Im Oktober 1989 war er, inzwischen gebeugt und schwer herzkrank, unter den jungen Leuten in der Berliner Erlöserkirche und sprach zu ihnen von der Idee eines menschlichen Sozialismus. Ein Jahr später wird er seine Ansicht über die Ursachen des Zerfalls der von ihm einst als Hoffnung bezeichneten DDR in der »Jüdischen Rundschau Maccabi« in die Worte fassen: »Wir haben jegliche Kritik auf die Dauer rigoros unterdrückt, so verschwanden mit der Zeit alle noch ehedem vorhandenen Kontrollmechanismen. Außerdem wirkte sich die fehlende Gewaltentrennung verheerend aus: Die gleiche schmale Gruppe kontrollierte Justiz, Wirtschaft, Presse und öffentliches Leben, hatte also ein absolutes Machtmonopol, da wirkte sich die mangelnde oder fehlende Kritik noch schlimmer aus: Denn ohne Kritik gibt es keinen Fortschritt.« Und während das Politbüro und das ZK gestürzt wurden, initiierte er den von Stefan Heym, Christa Wolf und anderen unterzeichneten »Appell der 89« zur totalen einseitigen Abrüstung der Republik bis zum Jahr 2000. Als dann die DDR von der Landkarte verschwand und der Beitritt erfolgte, überwog bei ihm nicht die Freude darüber, daß die von ihm schon lange – zum großen Teil öffentlich – kritisierte Verkrüppelung der erstrebten Ziele, daß das wachsende Unrecht nun überwunden war, sein Kommentar – wie konnte es anders sein – lautete: »Es bedrückt mich sehr, daß ein Gedanke, daß die Verwirklichung des Sozialismus, für den man sein Leben lang gekämpft hat, für den man in der Illegalität sein Leben eingesetzt, für den man die Emigration ertragen hat, für den man auch eingetreten ist in all seinen Veröffentlichungen, so traurig enden muß.«

Die Nachwendezeit sieht Rudolf Hirsch nicht untätig; er ordnet seine Gerichtsreportagen für eine Gesamtausgabe seiner Berichte. Er gibt der Ausgabe den Titel: »Das Leben – was sonst.« Bereits 1990 erscheint der erste Band. Inzwischen ist die Ausgabe auf 6 Bände angewachsen. Und er beginnt einen

Signierstunde mit Rosemarie Schuder und Rudolf Hirsch, 1988

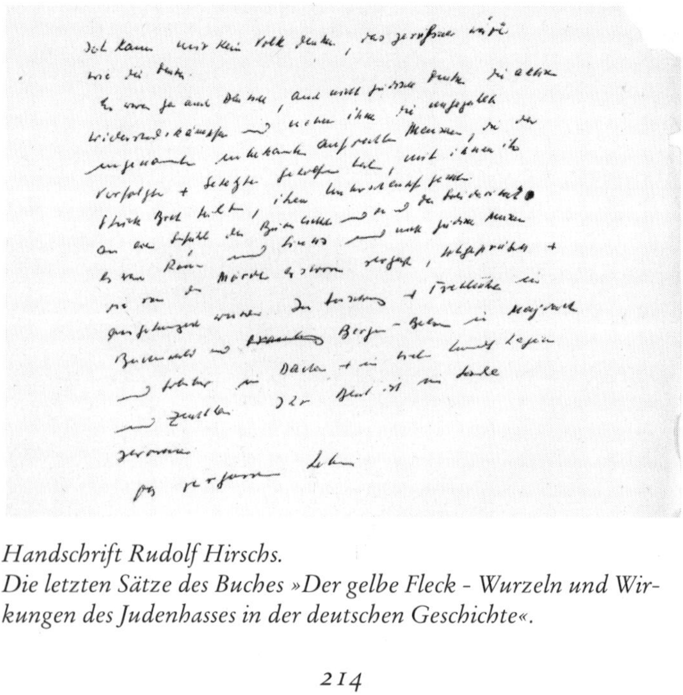

Handschrift Rudolf Hirschs.
Die letzten Sätze des Buches »Der gelbe Fleck - Wurzeln und Wirkungen des Judenhasses in der deutschen Geschichte«.

neuen Roman. Er nimmt die Geschichte seiner autobiographischen Gestalt des Georg Samson wieder auf und erzählt von der Liebe zu einer außergewöhnlichen Frau, die Geschichte zweier deutscher Exilanten, die in den verworrenen politischen Verhältnissen in Palästina nicht zueinanderfinden können. Er gibt dem Roman den Titel »Die arische Jüdin«. Als Rudolf Hirsch das Manuskript seines Romans 1992 beendet hatte, versuchte er, die Frau zu finden, der dieses Buch gewidmet war. Er wünschte, sie sollte es vor der Drucklegung lesen. Es gelang. Sie kam aus Tel Aviv nach Eastborn in England. Dort trafen sie sich, und sie sprachen miteinander, als hätten sie sich erst gestern getrennt. Sie nahmen lange Wege an der Uferpromenade, sie, die Zionistin, und er, der Marxist, hatten sich trotz aller Gegensätze in alter Freundschaft wiedergefunden. Sie erinnerte sich noch an die im Roman erwähnten roten Pantoffeln, die er in Palästina für sie angefertigt hatte. Sie war es, die zu ihm beim Abschied sagte: »Und wir sind doch die Königskinder.«

Noch einmal zieht es Rudolf Hirsch zu einem politischen Prozeß in die Sonderstrafkammer des Oberlandesgerichts nach Düsseldorf. Am 4. Mai 1993 wird das Verfahren gegen den Chef der Hauptverwaltung Aufklärung im Ministerium für Staatssicherheit der DDR in Ostberlin, Markus Wolf eröffnet. Seit Jahrzehnten hat der Vorsitzende Richter Dr. Klaus Wagner Woche für Woche, Jahr um Jahr mit seinen Beisitzenden Richterinnen und Richtern in Düsseldorf Angeklagte als Spione zu hohen Freiheitsstrafen verurteilt. Es waren Bundesbürger, die nach Meinung von Dr. Wagner ihr und auch sein Land verraten hatten. Und in fast all diesen Fällen stand ein Mann im Hintergrund, der »alle Fäden in der Hand« hielt. Nun, fast am Ende seiner Richterlaufbahn, stand der »Drahtzieher«, der »Verführer« all dieser Täter vor seinem Richterstuhl. Der legendenumwobene Markus Wolf. Er war, als er die HVA leitete, nicht Bürger der Bundesrepublik, er war DDR-Bürger. Seine Tätigkeit war nach den Gesetzen der DDR nicht strafbar, er leitete einen Geheimdienst, wie es jedes souveräne

2 RUNDSCHAU

Jüdische Rundschau Maccabi Nr. 50 – 13. Dezember 1990

Neue JR-Serie: «Jüdische Persönlichkeiten» – das Leben des Rudolf Hirsch

Deutschland hin und zurück – via Palästina

November 1940 – Im Hafen von Haifa, einer Stadt am Mittelmeer im britischen Mandatsgebiet Palästina. Vor Anker liegt seit Tagen das Flüchtlingsschiff «Patria», ein ehemaliger französischer Luxusdampfer, den die Engländer requiriert hatten. Denn in Europa herrscht Krieg – die Flüchtlingswelle rollt. Speziell jüdische Flüchtlinge versuchen der deutschen Kriegsmaschinerie und der drohenden Vernichtung zu entkommen – auch nach Palästina. Dort ist eine Landung aber nicht so ohne weiteres möglich, denn auch in diesem Teil der Welt schwelt ein Konflikt, wenn auch kein zurzeit offener: der jüdisch-arabische. Gegen Mittag erschüttert eine Explosion die Bucht. Innert Minuten, so berichten Augenzeugen später, neigt sich die «Patria» zur Seite und sinkt – 260 Menschen verlieren ihr Leben.

Von Peter Bollag

Hirsch über NS-Prozesse in Ost und West

Entscheidende Begegnungen

«Jüdische Persönlichkeiten» – neue JR-Serie

Wie war es wirklich?

Wieder etwas Neues

Hirsch über das DDR-Ende

JR-Serie

Jüdische Persönlichkeiten

Porträtreihe »Jüdische Persönlichkeiten« von Peter Bollag in der Jüdischen Rundschau, Basel, 13. Dezember 1990.

Land für sich beansprucht. Er leitete ihn, wie es selbst seine Ankläger im Prozeß feststellten, als einen der erfolgreichsten Dienste der Welt. Wie man jetzt verfahren würde und vor allem wie man seine Urteile begründen würde, das wollte der erfahrene Gerichtsreporter aus drei Jahrzehnten noch erleben. Und, wie immer, schrieb er seine Berichte und fügte sie 1994 zu einer Reportage zusammen: »Der Markus-Wolf-Prozeß.« Er läßt alle Zeugen aufmarschieren: die bereits verurteilten Spione Günter Guillaume, Rainer Rupp, Johanna Olbrich, Dr. Gabriele Gast, aber auch so bunte Vögel wie Heinrich Lummer. Der kalte Krieg an der Nahtstelle der beiden Machtblökke wird noch einmal lebendig. Der Blick des Reporters richtet sich hinter die Kulissen des Prozesses und zeigt die Beweggründe und Zwänge aller handelnden oder schweigenden Personen. Er stellt sich aber auch die Frage: »Braucht ein Staat solch aufgeblähte Dienste? Ihre wirklichen Erkenntnisse sind minimal im Vergleich zum Aufwand, den Kosten. Auch ein so genialer Chef einer Spionage, international anerkannt als erfolgreichster Leiter eines solchen Dienstes, konnte den Zerfall des Staates, dem er diente, nicht aufhalten.«

Noch immer setzt er sich nicht zur Ruhe. Zusammen mit Rosemarie Schuder, nun schon in bewährter Gemeinschaftsarbeit, legt er die Biographie eines engen Freundes vor. Aus dem in langen Gesprächen mit Kurt Julius Goldstein entstandenem Buch über Leben und Erleben dieses Mannes ist zu erfahren, was in diesem Jahrhundert Menschen ertragen mußten. Sie gaben dem Buch den Titel: »Nummer 58866 Judenkönig« – die Tätowierungs-Nummer in Auschwitz und die Kurt Goldstein von einem SS-Schergen zugedachte zynische Benennung. Kurt Goldstein hat die Flucht nach Palästina überlebt, den Spanienkrieg als Interbrigadist, danach das Internierungslager Le Vernet, das Vernichtungslager Auschwitz, den Todesmarsch nach Buchenwald und schließlich die Selbstbefreiung der Häftlinge. 1996 erscheint das Buch des neunundachtzigjährigen Rudolf Hirsch als ein Buch gegen das Vergessen. Nun endlich konzentrierte er sich, soweit ihm das noch möglich war, auf seine Erinnerungen aus einer verlorenen Welt. Es fiel ihm schwer. Aber jeden Morgen in der Frühe, auch in den letzten Tagen, als die Schwäche zunahm, sagte er: »Aufstehen – arbeiten.« Doch bald verließ ihn die innere Kraft. Die vorletzte Ehre, dem Lebenden gewidmet, gab Bettina, die Geigerin. Sie war in das Zimmer des Sterbenden gekommen und spielte seinen Mozart. Die engsten Freunde kamen. Er erkannte uns alle. Das Ende kam zwei Tage später, am 7. Juni 1998, am Nachmittag; er schlief ruhig ein, ohne Schmerzen.

Rudolf Hirsch in der Gedenkstätte Yad Vashem in Tel Aviv, 1993

Neunundvierzig Jahre hat Rudolf Hirsch in Ostberlin gelebt und gearbeitet. Oft war er skeptisch über die Wirksamkeit seiner Beiträge in der »Wochenpost« unter der selbstgewählten Dachzeile »Als Zeuge in dieser Sache«. Einmal fragte er in einem Artikel »Sind Gerichtsberichte Narreteien?« Gleichzeitig ernsthaft und spielerisch sah er sich als einen, der gegen Windmühlen losreitet. Und als er 1993 anfing, darüber nachzudenken, doch seine Erinnerungen festzuhalten ohne die Figur des Vermittlers Georg Samson aus seinen Romanen »Patria Israel« und »Die arische Jüdin«, stand der Titel für den letzten Teil der Arbeit, den er dann doch nicht mehr diktieren konnte, sofort fest: »Don Quichote in Berlin«. Er fühlte sich dem »Ritter von der traurigen Gestalt« wesensverwandt.

Juni 2001

Zeittafel

1907 Rudolf Hirsch wird am 17. November als Sohn des Kaufmanns Moritz Hirsch und seiner Frau Meta, geb. Samson, in Krefeld geboren

1914 Einschulung in die Vorschule des Krefelder Realgymnasiums (dem späteren Gymnasium am Moltkeplatz)

1924 Abbruch der Schulausbildung im Realgymnasium wegen der aggressiv antisemitischen Einstellung der Mehrheit seiner Lehrer
Beginn der Lehre im Schuhhaus Rosenbaum in Hagen zur Vorbereitung der Leitung des elterlichen Schuhwarengeschäfts in Krefeld

1925 Lehre in der Schuhfabrik Rheinberger in Pirmasens

1926 Tod des Vaters

1928 Geschäftsführer des elterlichen Schuhhauses

1931 Eintritt in die KPD

1933 Boykott des Schuhgeschäfts nach dem Reichstagsbrand am 27. Februar
Anfang März: Flucht nach Köln
Emigration in die Niederlande
Abschiebung nach Belgien
Mai: Aufgabe des Schuhgeschäftes durch Meta Hirsch. Es wird »arisiert«

1934 21. November: Rückkehr nach Deutschland. Arbeit in einem Düsseldorfer Schuhwarenhaus, danach in einer Schuhfabrik in Rheydt

1935 Illegale Tätigkeit in der Berliner Widerstandsgruppe »Neu Beginnen«

1937 Erneute Emigration: Palästina. Arbeit in einer Schuhfabrik. Aufrechterhaltung des Kontaktes zur Gruppe »Neu Beginnen«

1938 Zurück nach Schweden. Versuch, von Stockholm aus die illegale Arbeit für die Gruppe »Neu Beginnen« fortzusetzen

1939 Verhaftung und Ausweisung aus Schweden
Rückkehr nach Palästina. In Tel Aviv Arbeit als Schuhfräser
Heirat mit Ruth Nassau

1940 Mitglied in der Liga V (Victory) zur Unterstützung der Sowjetunion

1943 Erste Begegnung mit Arnold Zweig in Haifa. Rudolf Hirsch gewinnt Zweig als Ehrenvorsitzenden für den Tel Aviver Kreis »Freies Deutschland«

1944 9. Oktober: Deportation der Mutter in das Vernichtungslager Auschwitz

1949 Rückkehr nach Deutschland
Einreiseverbot für die britische Zone
Berlin (DDR) wird bleibender Wohnort

1950 Arbeit als Publizist bei der »Täglichen Rundschau«, Tageszeitung der sowjetischen Militäradministration
5. Juni–19. Juli: Gerichtsberichterstatter im Prozeß um die »Köpenicker Blutwoche«

1953 Bei der neugegründeten »Wochenpost« Gerichtsreporter, »Als Zeuge in dieser Sache«

1955 Im Februar Gerichtsberichterstatter im Prozeß vor dem Ost-Berliner Stadtgericht gegen SS-Sanitätsdienstgrad Karl Theiner
Trennung von Ruth Hirsch
Herrn Louisides bittere Mandeln, Verlag Neues Leben, Berlin (»Spannend erzählt«)
Gäste und Gastronomen, Hörspiel, zusammen mit Arno Schmuckler

1956 *Das gefälschte Logbuch*, Kriminalroman, Mitteldeutscher Verlag, Halle
Achmed und die bitteren Mandeln, Kinderhörspiel

1958 Heirat mit Rosemarie Schuder
Als Zeuge in dieser Sache, Berichte aus dem Gerichtsalltag, Greifenverlag zu Rudolstadt

1960 *Dr. Meyers Zaubertrick,* eine Gerichtsreportage vom Düsseldorfer Prozeß gegen Mitglieder des westdeutschen Friedenskomitees, Kongreß-Verlag Berlin

1961 *Der Doppelagent,* in: *Abenteuer ernster Leute*«, Hrsg. von Maximilian Scheer, Aufbau Verlag, Berlin
12.–17. Mai: Gerichtsberichterstatter im Prozeß gegen Wilhelm Schäfer, SS-Hauptscharführer im KZ Buchenwald, vor dem Obersten Gericht der DDR in Ostberlin

1962 *Zeuge in vielen anderen Sachen,* Aus dem Gerichtsalltag berichtet, Greifenverlag zu Rudolstadt
Die Heimfahrt des Rabbi Chanina und andere Erzählungen und Geschichten aus dem Jiddischen, Hrsg. von Rudolf Hirsch, Union Verlag, Berlin

1963 *Zeuge in Sachen Liebe und Ehe*, Aus dem Gerichtsalltag, Greifenverlag zu Rudolstadt
Aktion Polarkuß, Jugendstück
20. Dezember 1963–20. August 1965: Gerichtsberichterstatter des ersten Auschwitz-Prozesses vor dem Landgericht in Frankfurt am Main

1964 *Zeuge mit weinendem und lächelndem Auge*, Aus dem Gerichtsalltag, Greifenverlag zu Rudolstadt (2. Auflage 1967)

1965 Gerichtsberichterstatter im Prozeß gegen Dr. Horst Fischer, ehemals SS-Arzt in Auschwitz vor dem Obersten Gericht in Ostberlin
Zeuge in Ost und West, Aus dem Gerichtsalltag, Greifenverlag zu Rudolstadt

1966 Gerichtsberichterstatter im zweiten Auschwitz-Prozeß vor dem Schwurgericht in Frankfurt am Main
Zeuge in neuen Liebes- und Ehesachen, Aus dem Gerichtsalltag, Greifenverlag zu Rudolstadt
Die vergifteten Hunde, Jugendstück

1967 Gerichtsberichterstatter in Sachen Mordaktion gegen geistig und körperlich Behinderte vor dem Frankfurter Schwurgericht
Ghetto, Berichte aus dem Warschauer Ghetto 1939–1945, mit einem Vorwort von Rudolf Hirsch, Union Verlag, Berlin

1968 *Gehört – unerhört*, Aus dem Gerichtsalltag, Greifenverlag zu Rudolstadt (2. Auflage 1970)

1970 *Das erste Beste*, Ausgewählte Gerichtsreportagen 1950–1960, Greifenverlag zu Rudolstadt

1971 *Rechtsbrecher – Rechtsprecher*, Aus dem Gerichtsalltag, Greifenverlag zu Rudolstadt

1972 *In Sachen Liebe und Ehe*, Ausgewählte Gerichtsreportagen, Greifenverlag zu Rudolstadt

1975 26. November: Gerichtsberichterstatter im Majdanek-Prozeß vor dem Landgericht Düsseldorf (Der Prozeß dauerte länger als drei Jahre)

1976 *Tragikomödien des Alltags*, Gerichtsberichte, Verlag Das Neue Berlin (2. Auflage 1985)

1979 23. Oktober 1979–11. Februar 1980: Gerichtsberichterstatter im Lischka-Prozeß vor dem Landgericht Köln
Junge Leute und ihre Nöte vor Gericht, Gerichtsberichte, Verlag Das Neue Berlin (2. Auflage 1987)

1980 *Exil in Palästina*, unter Mitarbeit von Ursula Behse in: »Kunst und Kultur im antifaschistischen Exil 1933–1945, Band 5, Verlag Philipp Reclam jun., Leipzig
Heinrich-Heine-Preis der Akademie der Künste
Ehe und Eros vor Gericht, Gerichtsberichte, Verlag Das Neue Berlin

1981 *Unter Tränen lächeln?*, Gerichtsberichte, Verlag Das Neue Berlin
Beginn der Arbeit an dem Geschichtswerk *Der gelbe Fleck –*

Wurzeln und Wirkungen des Judenhasses in der deutschen Geschichte

1982 *Um die Endlösung*, Prozeßberichte über den Lischka-Prozeß in Köln und den Auschwitz-Prozeß in Frankfurt/M., Greifenverlag zu Rudolstadt (3. Auflage 1986, Erweiterte Neuauflage Karl Dietz Verlag, Berlin 2001)
Engelsexisch, Fernsehspiel

1983 *Patria Israel*, Roman, Greifenverlag zu Rudolstadt (2. Auflage 1984)
Gestolpert – Gestrauchelt – Gerichtet, Gerichtsberichte, Verlag Das Neue Berlin (2. Auflage 1987)
Die betagte Nachtausgabe, Fernsehspiel
Um Heidemarie, Fernsehspiel
Der Löwenbiß, Fernsehspiel

1986 *Die merkwürdigsten Fälle des R. H.*, Ausgewählte Gerichtsreportagen, Verlag Tribüne, Berlin

1987 *Der gelbe Fleck – Wurzeln und Wirkungen des Judenhasses in der deutschen Geschichte*, gemeinsam mit Rosemarie Schuder, Verlag Rütten & Loening, Berlin (3. Auflage 1989, Neuauflage PapyRossa Verlag, Köln 1999)
Ja, aber ..., Der Zeuge in dieser Sache als Angeklagter im Verhör (UA: TIP, Theater im Palast, Berlin)
Die Tochter des Windmüllers, Monologstück, in: Neue Deutsche Literatur, Berlin, Heft 11

1988 *Wofür ein Hirsch seine Haut zu Markte tragen muß und andere Gerichtsreportagen*, Greifenverlag zu Rudolstadt

1989 Oktober: Auftritt in der Erlöserkirche, Plädoyer für einen demokratischen Sozialismus

1990 *Das Leben – was sonst*, Gerichtsreportagen aus drei Jahrzehnten, Reiher Verlag, Berlin (4 Bände), edition q, Berlin (2 Bände).

1993 *Die arische Jüdin*, Roman, edition q, Berlin

1994 *Der Markus-Wolf-Prozeß*, Eine Reportage, Brandenburgisches Verlagshaus, Berlin

1996 *Nummer 58866 Judenkönig*, Eine Biographie, edition ost, Berlin

1997 *Ausgesuchte Sündenfälle*, Der Reporter als Zeuge in eigener Sache, Verlag Neues Leben, Berlin
Arbeit an der Autobiographie *Aus einer verlorenen Welt* und an der erweiterten Neuausgabe *Um die Endlösung*

1998 Rudolf Hirsch stirbt am 7. Juni in Berlin-Friedrichshagen

Inhalt